"中国教材研究文库"
第二辑总目

徐特立论教材

李廉方论教材

俞子夷论教材

陈鹤琴论教材

陈伯吹论教材

熊承涤论教材

武永兴论教材

刘默耕论教材

苏寿桐论教材

张玺恩论教材

黄光硕论教材

臧　嵘论教材

"中国教材研究文库"第二辑选编委员会

总 主 编：郭　戈

副总主编：刘立德

委员（按姓名汉语拼音排序）：

　　曹周天　丁道勇　顾之川　韩华球

　　李海东　李　卿　吕　达　任长松

　　石筠弢　王　岳　尤　炜　张军霞

丛书责编：韩华球　刘立德

本卷责编：胡兰江

装帧设计：何安冉

中国教材研究文库

李廉方论教材

李廉方　著
郭　戈　编

人民教育出版社
·北京·

图书在版编目（CIP）数据

李廉方论教材 / 李廉方著；郭戈编.—北京：人民教育出版社，2023.12
（中国教材研究文库）
ISBN 978-7-107-37677-1

Ⅰ.①李… Ⅱ.①李… ②郭… Ⅲ.①教材－研究 Ⅳ.①G423.3

中国国家版本馆 CIP 数据核字（2023）第 254646 号

李廉方论教材

出版发行　人民教育出版社
（北京市海淀区中关村南大街 17 号院 1 号楼　邮编：100081）
网　　址　http://www.pep.com.cn
经　　销　全国新华书店
印　　刷　山东临沂新华印刷物流集团有限责任公司
版　　次　2023 年 12 月第 1 版
印　　次　2024 年 1 月第 1 次印刷
开　　本　787 毫米×1 092 毫米　1/16
印　　张　30.75
字　　数　351 千字
印　　数　0 001～1 500 册
定　　价　57.00 元

版权所有·未经许可不得采用任何方式擅自复制或使用本产品任何部分·违者必究
如发现内容质量问题、印装质量问题，请与本社联系。电话：400-810-5788

"中国教材研究文库"总序

郭戈

古人说得好:"以铜为镜,可以正衣冠;以史为镜,可以知兴替;以人为镜,可以明得失。"对于教材工作而言,以史为镜、以人为镜也是至关重要的。我国古代常用的教材主要是"三百千千""四书五经"。新式教材起步于清末,活跃于民初,先学日本,后仿美国。1897年上海南洋公学外院效法外国,编了国文、算术、历史、舆地、格致等课本,这便是打破老传统,把各门知识较有系统地编为学科教材的开始。随后出现的各种课本和教育著作大都是模拟日本或直接译自日本。清末以来,特别是民国建立后,教材自由编写,实行审定制,民间掀起了一股编撰出版教科书的热潮,一批出版机构如商务印书馆、文明书局、中华书局等,与一批出版家、教育家,为此做出了奠基性、开创性的重要贡献。

五四新文化运动以降,教育理念和课程教材发生了新变革,特别是全国教育会联合会在主要借鉴美国教育的基础上而研制的新学制以及课程标准纲要,影响巨大。一时间,欧美新教育思潮、实用主义教育思想引入中国,教材也从过去主要效仿日本一变而为仿效美国。当时,许多教材在内容编写上都强调以儿童生活经验为中心,甚至一些中学理科教学更直接采用美国的课本。新中国成立之前,民国政府虽然曾几次颁布课程标准,教材的内容和形式却基本上没有大的改观,只不过是更多地借鉴和学习美国的经验罢了。并且,清末及民国历届政府都有统一教科书的意愿和行动,但由于旧中国持续不断的内忧外患和政府的腐败无能,加上课本编写质量不佳等原因,所谓"国定教科书"或"统一教科书"最终都以失败而告终。

新中国的成立开创了中华民族历史的新纪元,也掀开了我国教材事业发展的新篇章。新中国成立伊始的教材,文科主要借鉴了解放区的经验,理科主要选取了国统区的本子,还有一部分选取了编译的苏联教材。接着,便在全面学习苏联教育经验的基础上开始了教材自编或重编的历程,并逐步走出了一条具有中国特色的以统为主、统分结合的教材道路。总的来说,与旧中国相比,新中国成立70多年来,全国中小学实施的是统一的教学大纲或课程标准,使用的基本上是由国家统一供应、教育部组织编写、人民教育出版社编辑出版的通用教材或统编教材,并做到了所有地方、每所学校、全部学生都使用上了这样的教材。为此,中央确立了集中统一教材制度的大政方针,制定了统一的教学大纲或课程标准,组建了专门的教材编写和审查机构,配备了强有力、专业化的编审人员,还建立了保证"课前到书,人手一册"的教材出版发行渠道和机制。当前,党中央、国务院高度重视教材工作,把教材建设作为一项战略工程、基础工程,成立了国家教材委员会,教育部组建了教材局,并先后颁布了一系列有关规章制度,在义务教育和高中阶段全面实施政治、语文、历史三科教材统编、统审、统用政策,标志着我国教材建设进入了新时代。

"江山代有才人出，各领风骚数百年。"社会发展史也是个体发展史。历史由人民创造，又有杰出历史人物的巨大作用。讲述历史离不开历史人物，回顾教育不能回避教育家，同样，总结和借鉴教材的历史经验，也不能回避曾经为教材事业创造出重大业绩的历史人物。在我国新式教材100多年的发展过程中，不仅编辑出版了不计其数、数以万计的各个学科、多种形式的教材，而且涌现出了一大批教材编辑家、出版家、研究者，他们都为我国的教材建设事业做出了奠基性、开创性的重要贡献。归纳起来，这些大家在清末及民国时期主要有：张元济、陆费逵、范源廉、蒋维乔、马君武、戴克敦、沈恩孚、高梦旦、王云五、舒新城、徐特立、李廉方、庄俞、沈颐、张相、杜亚泉、吕思勉、陈宝泉、范祥善、金兆梓、周建人、黎锦熙、顾树森、俞子夷、吴研因、叶圣陶、丰子恺、朱经农、朱文叔、刘薰宇、宋云彬、丁晓先（韦息予）、赵欲仁、艾伟、沈百英、吕伯攸、陆殿扬、陈鹤琴、辛安亭等。在新中国成立后的主要代表是：叶圣陶、周建人、胡绳、辛安亭、戴伯韬、朱文叔、刘薰宇、金灿然、吉少甫、朱智贤、陈元晖、叶立群、张志公、吴伯箫、张毕来、蒋仲仁、袁微子、刘国正、张中行、邱汉生、苏寿桐、陈尔寿、方宗熙、雷树人、梁英豪、张玺恩、张孝达、王占春、陈侠、熊承涤等。他们都是对一定历史时期的教材建设，特别是一些学科教材领域做出过重要贡献并产生了广泛影响的人物，并大都在编辑出版教材的过程中发表过论述教材的著述，提出了关于教材问题的看法和认识，内容涉及教材的政策管理、编写审查、出版发行、使用教学或教材本体等诸多领域，其中一些人还形成了较为系统和全面的思想观点。这些思想观点成为我国教材建设和教材学术研究史上的一笔笔宝贵的财富。有鉴于此，在人民教育出版社成立70周年之际，我们启动了"中国教材研究文库"这个大型丛书项目，旨在通过挖掘、收集、辑录、整理百年以来教材领域众多大家的研究成果，分期分批出版，比较系统地展示中国近现代以来教材研究的主要成果，从一个侧面呈现中国近现代以来教材发展的基本脉络，为新时代教材建设和研究事业提供参考和借鉴。这套大型丛书的编辑出版也是我们缅怀和纪念老一辈教材大家的最好方式。

改革开放以来，国内出版了不少教育名家的著作、文集甚至全集，其中涉及一些教材编辑家、出版家的论著，这是我们选编工作的基础。对有的教材大家已出版的文集，我们进行了重新编排、补充和校核，以体现新的特色。对于尚未有文集出版的一些教材大家，其教材文集的收集、整理、选编任务则比较繁重。好在现代信息技术很发达，网络文献查阅很方便，我们将传统方法与现代手段相结合，大大提高了工作效率。本文库入选的人物全都是我国百年以来教材建设，特别是教材研究开发和编辑出版事业的主要参与者、贡献者、引领者。本文库秉持按人设卷、一人一卷的原则，但对于教材史上的一些重要人物，我们也不排斥两人或多人合为一册的情况。我们对每卷文集的篇目都大致进行了分类，并基本按照时间先后顺序或一定专题加以排列，但鉴于作者的经历和作品情况的差异，也为了突出某些重要作品，以满足读者现实需要，每卷目录的编排方式也各具特色。无论哪种编排方式，对每篇文章的出处和时间我们都尽量说明清楚，必要时增加注释。读者阅读之后可以感受到，这些教材文集见证和记录了中国近现代课程教材的成长史、演进史,也是教材大家们辛勤耕耘、笔耕不辍的学术思想的集中体现。可以说,每一卷的文字都曾经为教材建设史的推进铺下过坚实的一砖一瓦,也都曾经拨动过教材人的心弦。我们希望,通过重温教材大家精到的论断、深邃的思考、严密的逻辑、优美的文字,以及字里行间蕴含的学术风范、治学之道和人格魅力,可以为后来者提供学习和传承的典范。

"中国教材研究文库"包括三辑,每辑12卷。"众人拾柴火焰高。"热诚欢迎国内教育学者特别是课程教材研究者积极参与到这套文库的编辑出版中来。

"闻道有先后,术业有专攻。"教材建设是个专业,也是门学问,教材工作有其自身的特点和规律。当前,教材问题越来越受到重视,从事教材研究开发和编辑出版工作的人也越来越多,如果说有所谓捷径可循的话,那恐怕就是直接阅读和学习以往这些教材大家的有关论著了。了解教材历史,知晓教材大家,汲取和借鉴以往的智慧和经验,继承和发扬他们的思想和观点,可以使我们明理启智、审时度势、推陈出新,对于做好当下教材改革发展工作、提升教材科学化水平大有裨益,对于教材研究和学术创新更是必不可少。

"中国教材研究文库"作为中国近现代教材成长史、演进史的记录和见证,实为百年中国教材研究的缩影和写照,具有较高的文献史料价值,能为教材建设者和教育学者的编辑出版工作和研究工作提供较为完整的基础性材料。我们相信,本文库的出版对于推动教材事业建设、促进教材理论的创新发展会有一份积极的贡献。我们也希望在新时代,教材事业蒸蒸日上、人才辈出,创作出更多扎根中国大地、师生喜爱的各科教材,不断提升教材研究水平,加快构建中国特色、世界一流的教材建设体系和教材理论体系。

  本文库由我忝任总主编。教育学界、课程教材界的专家学者以及社会各界人士对本文库给予了热情关注，我社黄强社长以及有关领导、员工和离退休老同志提出了宝贵意见和建议；丛书责任编辑和各分卷编者及责任编辑也付出了辛勤劳动。谨在此一并致谢！

  限于水平，本文库的编辑出版工作或有不妥不足甚至错误之处，敬请读者不吝指正！

2020 年 9 月 10 日

本卷前言

李廉方（1878—1959），湖北京山人，名步青，字思诚，号莲舫，后改号廉方，是中国近现代著名的教育家。6岁从父读书，初奠国学基础；12岁考取安陆府秀才第一名，有"神童"之说。1896年，入武昌经心书院，后转入两湖书院。1902年，留学日本东京弘文学院速成师范科。1903年夏，因排满嫌疑被勒令返国。回国后，在其武昌花园山寓所组织进步师生秘密集会，又被取缔遣散，遂赴长沙明德学堂任教，并主经正学堂教务。后历任两湖总师范学堂教习、湖北方言学堂教务长兼斋务长、省视学、艺师养习所总理等。辛亥武昌首义时，被推举为中华民国军政府鄂军都督府（又称湖北军政府）秘书长，后一度任襄阳卫戍司令兼署襄阳道。南北议和时，被任命为湖北军政府教育司副司长，辞而不就，遂主持筹办了武昌共和编译社。在1912年全国临时教育会议上，李廉方力主将武昌首义日定为国庆节，获得大会及后来国会的通过，成为民国"双十节"的首倡者。随后加入中华书局，编辑出版了大量图书和教材。1915年，李廉方到北京工作，先后担任教育部编纂处编纂员、视学主任、内务部秘书长、北京政府国语统一筹备会委员。

1920年后，历任河南省教育厅厅长、教育部编审员兼审查股干事、国立武昌高等师范学校（后更名为国立武昌师范大学、国立武昌大学，是武汉大学前身之一）教授兼事务主任。北伐胜利后，历任中国国民党中央政治会议北平分会代秘书长、南京国民政府国语统一筹备委员会委员、河南中山大学文科主任兼教育系主任、河南大学文学院院长兼教育系主任、开封教育实验区主任，迎来了他学术研究和实验创新的黄金时代。全民族抗战开始后，李廉方历任教育部实验教育教材编辑组主任，教科用书编辑委员会委员兼教材编译组主任、特约编辑，国民教育辅导研究委员会委员，第二、第三届国民参政会参政员，湖北通志馆总纂兼副馆长。1949年9月，作为特邀代表出席了第一届全国政治协商会议。新中国成立后，历任中央人民政府政务院文化教育委员会委员、中南军政委员会委员兼教育部副部长、湖北省第一届政协副主席、中南行政委员会高教局副局长等职。

李廉方一生经历了清朝、民国、新中国三个时期，主要致力于教育特别是小学教育和平民教育事业，撰写过近300种论著，形成了具有创造性、理论与实践相结合的教育思想观点，尤以主持开封教育实验区时创立的"廉方教学法"而闻名遐迩。李廉方又是辛亥革命的老前辈和"国语运动"的倡行者，对中国语言文字学、辛亥革命史、编辑出版、政治文化、地方志和民俗学等领域也作出了重要贡献，在作诗填词上也颇有造诣。概而言之，在政治立场上，李廉方是民主的、进步的甚至是革命的；在教育事业上，他是执着的、坚定的和革新的；在学术探索上，他是创新的、多方面的和中国化的；在研究方法上，他是科学的、实证的和实验的。

值得一提的是，李廉方是一位对课程和教材，尤其是小学教材编撰、出版和研究都有贡献的教育家，正如他自己所说："余夙治教育学，专究国民教育，尤致力于教材研究。"（1949年）① "所以我当省视学、部视学、教育厅长，都时常去实际参观，为系统研究三十余年，历在师范学校及大学任课专讲小学教材、小学课程、小学教学法，并且多次在小学任课或作指导，以及为书坊编读本及教授书，都是以全副精力，集注于小学课本。"（1937年）② 归纳李廉方的教材生涯，可以得出如下结论：他是我国近现代教科书的开拓者和奠基者之一，曾在清末较早从日本引入了新式教法和西式教材，在民初较早编撰了配合新学制的教科书和教学参考书，后来还经过多年实验，创立了革新小学课程、教材和教学的"廉方教学法"；他所编写和校阅的许多读本、教本，既涉及中小学的一些主要学科，如修身、国文、国语、算术、劳作等，也涉及师范教育的一些重要领域，如教学法、教育史、管理法、地理、修身和伦理学等，其中既有北京政府教育部的国定教科书及其编纂纲要，又有一些地方教材和中华书局出版的一系列课本，还有不少乡土教材或校本教材。此外，他对一般课程论、教材论、学科教学和语文课本、乡村教材等领域，也有深入系统的研究。这些成果既表明了李廉方对我国早期新式教材建设和研究的贡献，也确立了他在中国20世纪教材史上的地位。

编选者从李廉方的诸多论著中选取了50多篇文章，主要涉及教材问题，以及与教材密切相关的课程和教学问题，并以发表的先后为序加以排列，结集为《李廉方论教材》一书，作为"中国教材研究文库"的

---

①② 郭戈编：《李廉方教育文存》，人民教育出版社2006年版，第510、414页。

一种。这些作品大部分选自过去编的《李廉方教育文存》（人民教育出版社2006年版）和《李廉方语文教育论著选》（语文出版社2006年版），又增加了不少新的篇目。在编选过程中，编选者对一些文章作了适当删节，对文中的序号等作了技术性处理，对从有关论著中摘录的部分文章重新取名，并都作了注释。

在编辑出版过程中，人教社教育理论室资深编辑刘立德、冯卫斌和责任编辑胡兰江付出了大量心血，提供了很多建议，特表示感谢！

编选者
2023年5月18日

目　录

上编 ··· 1

嘉纳治五郎演说中国教育和教科书问题 ·································· 2
　　附:《师范讲义》序 ··· 6
为创设共和编译社呈教育部文 ··· 7
《初等小学国文教科书》编辑大意 ······································ 12
《初等小学国文教授书》编辑大意和教授要例 ···························· 14
各科教授之材料 ·· 18
　　附:《新制各科教授法》编辑大意及目录 ··························· 38
《中华女子修身教科书》编辑大意 ······································ 43
　　附:《中华女子修身教科书》第一册至第三册目录 ··················· 44
《新制修身教本》编辑大意 ·· 48
　　附:《新制修身教本》第一册至第三册目录 ························· 49
《新制教育史》编辑大意 ·· 54
　　附:《新制教育史》目录 ··· 55
小学校修身教科书编纂商榷书 ·· 57
初等小学校修身教科书编纂纲要草案 ···································· 67
高等小学修身教科书编纂纲要草案 ······································ 71

初等小学校国文教科书编纂纲要草案 …… 74
高等小学校国文教科书编纂纲要草案 …… 80
师范学校国文教授要目草案 …… 84
《新式国文教科书》编辑大意 …… 86
  附：《新式国文教科书》第三册至第八册目录 …… 89
关于中小学教科书问题的演说 …… 98
中学校学科问题之商榷 …… 103

中编 …… 109

改进河南学校教学与教材工作 …… 110
新式国民学校课程计划书 …… 114
小学教材之商榷 …… 128
新小学教科书国语文学读本说明书 …… 148
《新小学教科书国语文学读本》（初级）编辑大意 …… 189
  附：《新小学教科书国语文学读本》（初级）第二册至
    第八册目录 …… 190
《新小学教科书国语文学读本教授书》（初级）凡例 …… 195
  附：闪烁片制法举例 …… 196
小学校国语文学之研究征求批评 …… 199
《新小学国语文学读本》（高级）凡例 …… 200
  附：《新小学国语文学读本》（高级）第一册至第四册
    目录 …… 202
《新小学教科书国语文学读本教授书》（高级）例言 …… 205
教材研究 …… 207
教学单元应有的基本认识 …… 220

就单级课程问题答小学教员高天锡 ·················· 226
　　附：高天锡来信 ························· 228
对乡村教育课程的意见 ························· 229
小学各科活用教材的编辑计划 ····················· 230
对于劳作科课程及教学之意见 ····················· 233
关于小学课外作业问题 ························· 237
《儿童读物审查》卷首 ························· 240
《改造小学国语课程第一期方案》序言 ················· 242
　　附：《改造小学国语课程第一期方案》目录 ············ 244
小学教学活动纲领
　　——以"龙亭"为例 ······················ 245
　　附：《龙亭》目录 ······················· 261
《禹王台与繁塔》例言 ························· 263
论小学的基本教材 ··························· 265
《岳飞与朱仙镇》弁言 ························· 294
写在相国寺《民众读物调查》卷首 ··················· 296
《改造小学国语课程第二期方案》序言 ················· 299
　　附：《改造小学国语课程第二期方案》目录 ············ 300
《相国寺》序言 ···························· 302
本区实验小学国语课程实验标准 ···················· 303
《改造小学国语课程第三期方案》序言 ················· 309
　　附：《改造小学国语课程第三期方案》目录 ············ 312
以一般小学学龄儿童二年半授课时数修完部定四年课程
　　之试验经过 ·························· 314
我的实验教育的课程、教材、教法 ··················· 327

下编 ·············· 345
中国古代小学的课程及其教学 ·············· 346
编辑儿童读物应有的认识 ·············· 356
合科教学法 ·············· 369
卡片教学与三个研讨问题 ·············· 385
论小学的单元活动教材 ·············· 400
综合课程的研究 ·············· 422
《京山县新志》序言 ·············· 433
对识字课程和课本的教学建议 ·············· 435

附录 ·············· 455
李廉方对清末民初教科书的贡献 ·············· 456

上编

嘉纳治五郎①演说中国教育和教科书问题*

美哉中国，地大物博，具有雄视宇内之资格也。一旦振兴，当可与欧美各国并驾齐驱，其或凌而上之，亦未可知。惜乎内治腐败，事事敷衍，不识世界，故步自封，遂有今日。自吾观之，以改革行政机关为第一要义。中国弊端不可枚举，今借新法以淘汰旧弊，岂宜留病自误？惟当步步为营，渐渐改良，决不可以一朝夕课其效耳。其最不可缓者，为教育一事。欧美各国今日之强盛，实教育之结果。觇国势者，莫不以教

---

* 选自《师范讲义》第四册"课外讲义"部分，昌明公司1903年3月出版。《师范讲义》一共四册，由黄珍（黄兴）、李步青（李廉方）等湖北游学日本师范生在东京合编，内容有教育原理、法制大意、小学教育制度、小学教授法、德法英美教育制度、国家教育学、学校种类及系统、师范学校、中学校、经济大意、地理大要、理化概要、生理卫生学、课外讲义、参观笔记，共15种，是中国近代最早出版、影响较大的师范学校教材之一（王有朋主编：《中国近代中小学教科书总目》，上海辞书出版社2010年版，第784页）。其中，"课外讲义"部分由李廉方记录整理。文章题目为编者所加。

① 嘉纳治五郎（1860—1938），日本著名教育家、现代柔道创始人。1881年从东京大学毕业后一直从事教育工作，曾先后任旧制第五高等学校校长和东京高等师范学校校长。中日甲午战争后，受日本文部省委托，为中国留学生开设弘文学院（一译宏文学院），培养了一大批从事新式教育的人才，陈天华、鲁迅、陈独秀、黄兴、杨度、汤尔和、陈宝泉、杨昌济、林伯渠、陈寅恪、李四光、许寿裳、李书城、张难先、张继煦、李廉方等许多对近现代中国贡献巨大的人物都曾经求学于此。

育之盛衰为其强弱之比例差。其竞争剧烈如此，岂容有无教育之国永立于地球上哉？

中国古时本有学校，至科举行而学校遂废，其弊使学者脑力专注于利禄上而不能用之于各种学问。人人欲博利禄，则人人思为官；人人思为官，则人人从事于科举之学。吾不知于国家当强果有何关系也。夫孔孟之道诚不可废，然当存其精神，不当存其形式。今日施教育之方面，当合东西为一冶，而趋重于实际，使人之为学，为国家富强起见，非为科第起见，则教育始可行也。吾至南京，晤陆师学堂俞总办，云学生纷纷请假乡试，深为太息。夫中国之弱，果因应科举者之少乎，抑因应科举者之多乎？惟以科举之无济实用，故设陆师学堂，而不谓处此学堂者仍趋于科举之一途，则焉用此学校为矣？吾向闻诸英人云，中国学者知有科举，不知有国家，征诸所见而益信。此弊不除，恐教育无由收其效也。吾愿君等养成高尚之志趣，而不为科举所累也。

又中国人向有自尊自大之习，今日风气渐开，颇以不如人为恨，渐趋于谦虚一派。吾谓谦虚与尊大当并用之。一味尊大，则不知取他人之长，以图进步；一意谦虚，则震于外人物质之文明，不知己国尚有致强之道，必至心灰气沮，不能自振。

诸君皆有教育国民之责，吾请为诸君筹二方法：一当述他国之胜己，以生国人奋起直追之心。吾明治二十二年始游欧洲，观其政俗，亦未能尽满人意，颇怪先时自欧洲归者赞美不绝于口，颇有夸张之处。继而思之，盖亦具有苦心。当时风气初开，守旧者并起为难，苟一闻外人之短，必将纷纷借口，阻挠新政，而平日之持欧化主义者，亦将因外人之不足法而生其怠心，故不欲以一言阻国人之进步也。诸君归国，本此义以行之，其庶有济乎？一当阐本国之特长，以生其爱国之心。中国有四千余年之历史，文明制度发达最早，地球各国之所无也。其人民之众、天然物之富，又为外人之所欣羡，而非他洲之所及。日日宣此义，印于国民之脑中，则人人知爱国，而谋所以保之，岂欲其国之久居人下哉？诸君如欲施教育，必自此始矣。

......

中国教育，今始基耳，而各省已纷纷建大学堂。夫无中小学堂，大学堂学生将焉取之？学生且无，教习又将焉取？譬筑墙而无基础，登高而无阶级，规模虽阔，绝无实效。且大学所以授专门之业，若于大学而教普通，适足贻笑于万国耳。为中国今日计，师范学校与小学校最宜急设。师范学校所以造教习之材，小学校所以造国民之一般知识。国民者，国之所赖以立。而小学校者，又国民之先导也。

次则实业学校。各国之实业学校，其程度与中学校等，中国此时尚不能企及，莫如设殖产讲习所。视各地方之土产民俗而酌之，宜于农者则设农学讲习所，宜于商者则设商学讲习所。果推行之，必能收其效。

以言德育，实为养国民资格之第一要义。中国所云德育，系孔子之经训，本为纯粹无弊，惜学者嚼其糟粕而遗其精神，入于二十世纪文明之世界，辄扞格而不相合。非孔教之不可行于今日，学者不能活用文明之咎也。闻中国教科书皆用经训，最为迂缓无效。夫经训至深，岂能责之于人人，岂能责之于童蒙？使孔子而生于今日，其方针固不变，其教育之方法吾知其必有异也。今日岂必于孔教之外别有所增加，然当活用，不当墨守。取泰西之新道德、新伦理而参酌用之，期无失孔子之意，可矣。教授之法，泰西尚讲解，中国尚记诵。夫专尚记诵，则其脑筋束缚，但知模仿他人，而不能发挥一己之思想，新机阻滞，为害匪浅。此弊不除，虽设学校，恐亦不能大获其益。

又一国之中，语言不一律，情谊不能联络，最为团体之阻力。欲齐一语言，当自小学校办起，或全国通用北京语。此亦一大问题，不能豫决，是在各处主持学务者留心考察耳。

至于教科书，为造就国民之种子。教科书一不善，则全国受其影响。中国现有教科书，非失之讹误，即失之芜杂，亟宜编辑简易教科书。虽迟延时日，耗损经费，所不宜惜。如以事体重大，难以分办，莫如各省联络一气，庶全国之书不相歧异，名词亦可一律。其有地方情形不同者，则多编数种，听其自择可也。编书之人，则中学深者，加以考察外国教授之法，即可从事，不甚难也。

以言体育，今世界日进于文明，国民不可无活泼之精神，故各国学校中未有无体育者。中国文武分途，文人皆有一种柔脆气习。夫人身体充实，乃能耐劳，耐劳而后有勇敢冒险之气概。国民之力量增一分，则国家之势力增一分矣。惟欲尚体育，不可不变通服制。吾于北京见管学大臣张尚书，语及此事，谓中国衣服于身体不相宜，于体操尤不相宜，学校中不可不另定一种制服。张云："吾国习惯恐不易改。"中国凡事皆坐此病，可叹也！

更有卫生一事，亦当讲究。中国街道污秽，细菌麇集，传染病由此而生。又井水弗洁，其上无盖，细菌入其中，亦易受害。幸中国人惯食热物，尚可幸免。然如今年各省瘟疫盛行，未始非卫生不讲所致也。诸君归国，若提倡卫生之学，其造福岂浅乎？！

附：《师范讲义》序

壬寅之夏，某等以学速成师范至日本，考其国学制之崖略及教授之方法。八阅月而毕，乃萃所听讲义，编次付梓。区区私怀，冀以此为吾国教育之嚆矢，使凡有志斯学者手此一编，如游各国学校，听其教育家之言论，而与之俯仰周旋于其间也。又使有志斯学者睹此一编，群以教育为己任，振兴学校，作育国民，而与欧美、日本各国抗衡也。虽然，某等有说焉，教育之道，精深广大，以彼教育家研究十余年，尚苦其不逮者，而匆匆讲习数月间，乌足窥其蕴奥？况居东日浅，语言弗尽解，假舌人以从事，既不无隔膜之弊，而仓促笔记，遗忘者又十之二三，间取资于他书以补之，恒苦失其原意。重以编辑者非一人，彼此不无出入，体例不无参差，一切名词半沿用东文，未暇译其意义。具此数端，谓为完善之书，诚不免有遗憾矣。然则持此以往，其遂足应用乎哉？且教育者因国势民俗而异，其施者也，美不必同乎英，德不必同乎法，而谓采日本之制度，胶柱鼓瑟行于中国，无毫发窒碍，尤非智者所敢信也。惟是吾国教育，今始基耳，方伥伥焉，如夜行之无烛，如瞽者之无相，势不能不取法于人，以为推行利导之具。日本，同洲同文之国也，其国势民俗较近焉，取彼教育之陈案，以备参考，其于吾国学校之前途，或不无什一之裨益欤！梓人既蒇事，因弁数语于简首，以质诸留心教育之君子。

光绪癸卯二月二十日湖北游学日本师范生记

为创设共和编译社呈教育部文*

具呈共和编译社代表、前办理安襄郧荆善后事宜、襄阳卫戍司令李步青，为呈请立案事：

窃闻世界文明，各国每年书籍出版之数，恒与其国进化之度为正比例。盖言论自由，学术日新，甲治一学，乙引而伸之，而其说愈明；此著一书，彼纠而正之，而其义弥精。理论之所濡染，政教因而转移，文化之盛有由来已。吾国海通以来，社会日有变迁，西潮东渐收效，译书弗可没也。然取我十年来刊印书籍，曾不敌列国一岁出书之数，相形见绌，进化遂滞。推究其故，全国印书之区，仅上海一二书馆规模较大，蹄涔勺水，不能灌溉全国，一也；著书之士，大半寒酸，付印无资，因而退阻，二也；凡著一书必需参考，而坊间译本，定价过昂，学者无力购取，以供参考，三也；著书贵合群力，一人向壁，成书弥艰，四也。

今民国成立，政体大更，从前言政言教之书，具成刍狗；顺时势之

---

* 选自中国第二历史档案馆编：《中华民国史档案资料汇编》第五辑第一编"文化"，江苏古籍出版社1994年版，第477—480页。原标题为《李步青创设共和编译社呈并批（1912年8月）》。

所趋，本共和之精神，搜辑译著，将有刻不容缓者矣。步青等期文化之发达，通学界之津筏，宏发大愿，匀集厚资，组织共和编译社，建馆武汉，九省通衢，与上海各书馆桴鼓相应，负文化转输之责，则易普及于内地。凡有纂辑一得之长，皆为代印流行，则寓提倡著述之意。定价从廉，破除市侩射利之习，使学者购书较易，而岁出之书弥多。延集通才，附设学舍，有讲习讨论之益，无向壁虚造之患，是则本社组织之微意也。至本社下手之初，胥注重于教育一方面，诚以破坏之业可燦发于崇朝，而建设之功必渐渍于岁月。日前之建设可以法律维持秩序，完全之建设必以教育增益程度，故本社对于有关教育之教科书、参考书及通俗书，愿先从事焉。凡一书之出，固将远瞩世界趋势，近察社会情状，体念国民心理，推究历史习惯，斟酌完善，振励俗尚，以期上副大部启发民智之意，下慰国民喁喁向学之心。

所有共和编译社成立缘由，除具呈教育部外，理合呈请大部批准立案，将来刊印各书随时呈请教育部检定，并呈大部备查。伏希批示，以重版权而振学业，实为公便。实至呈者。

附呈章程一纸，并教育部批示。

中华民国元年八月

共和编译社开办简章

第一章 名 称

第一条 本社出版之书，以适用于共和国民为主，故定名曰共和编译社。

第二章　地　　址

第二条　本社设于汉口，各处分设发行所，现暂假法租界长清里十三号为事。

第三章　宗　　旨

第三条　灌输共和之精神，增进国民之学识，尤注重小学及社会教育。

第四章　办　　法

第四条　本社分编译、印刷、发行三部。但印刷部未成立时，暂由中外著名印刷所代印。

第五条　编译部以编纂小学、师范、专门各教科书及通俗书为主，兼译各国之法政、经济、教育、实业、军学各书。其有本国秘本尚未通行，或近人名著待梓行世者，亦得广为搜辑，选辑付印。

第六条　除由本社选聘专员编译外，并购私家稿本或照本社购稿定章（另有专章），分别给价，或由本社代印，以售出之额平均分利，均听私家自便。

第七条　私家售稿与本社，所刊纲要选材定例不合者不取。

第八条　本社出版各书，凡关于教科之用，订价格外从廉，与专事营业者不同。

第五章　经　　费

第九条　本社开办，定资本十万元，除由社员担任五万元外，另招股份五万元（招股另订专章）。

第六章　职员及任务

第十条　本社应置职员如左：

总理一员，规划本社全体事宜，监督各部职务。

庶务一员，受总理之指挥，料理一切杂事。

会计一员，专司银钱出入登记账目。

名誉社长，凡以实力赞助本社而学行为众所推服者充之。

名誉社员，凡以实力赞助本社者，均得为本社名誉社员。

（甲）编译部

经理一员，主管编译部一切事务。

总纂、协纂各一员，规定编译纲要，鉴核付印各书。

编译若干员，分门担任编译事宜，由总纂分配之。

审订若干员，以本部总协纂及编译员共同组织之，讨论编译体例，评订付印各书。

司书若干人，誊真修定稿本。

（乙）印刷部

经理一员，主管印刷部一切事务。

校对若干员，专核付印文稿。

司事一人，支配工人印刷，并考察勤惰，以素娴印刷者任之。

（丙）发行部

经理一员，筹划各处发行分配一切事宜。

司事若干员，专司发行事宜。

第十一条　各部进退职员，均由本部经理商同办理。惟编译部经理与总纂分辖职务，其进退编译员时，须由总纂会同经理协商办理。

第十二条　本社规定职员，如各部事务扩充，得随时酌量增设。

第七章 会　议

第十三条　每月由经理召集任事职员会议一次，商榷改良进行事宜。每年由总理召集有议决权之股东报告出入账目，提议扩充进行事宜。

附　则

本章程不适用时，由发起人提议修改。

（北洋政府内务部档案）

《初等小学国文教科书》编辑大意[*]

一、本书遵照教育部所定教育宗旨选择材料，匀配排列，惟道德主义多蕴蓄于实物教授之中，使儿童习有趣之事物，获无形之观感，与前清部定教科书采及伦理训辞者不同。

二、近出各教科书选材之病：（一）以文人思想写景绘意，不合儿童心理；（二）授予知识或占修身理科地步，不合国文教旨。选辞之病：（一）前数册泥于句法长短，由二字而三字而四字，例鲜变通，语近板滞，不能增进儿童兴味；（二）三册以下进功太骤，所读课本不足为当时练习文法之标准。本书精心体察，庶免斯病。

三、近出各教科书纯用文体，虽意求浅显，而文不通俗，不易了解。本书由语入文，先选列常用名词，进为言文一致之语，再进为通俗

---

[*] 选自张继煦、李步青合编：《初等小学国文教科书》（共二册，万声扬、王式玉校阅），共和编译社1912年11月、1913年2月初版。第一册60课，第二册100课，多有插图。 张继煦（1876—1955），又名张勋，号春霆，湖北枝江人，我国近代教育家，爱国进步人士。武昌两湖书院毕业，1902年与李步青等同时官费留学日本东京弘文学院速成师范科。1905年加入同盟会，同年回国参加乡试中举人。后历任湖北省学务公所实业科长，湖北省立第一师范学校校长，教育部视学、普通教育司司长、代理总长，安徽省教育厅厅长，武昌高等师范学校（后改名武昌师范大学）校长，湖北通志馆总纂等。著有《教育学讲义》《张文襄公治鄂记》《异字考》等书。

之文话，更进为平易之文言。语法与文法同异，极费斟酌；循序渐进，儿童易于领悟。

四、吾国文字，一物数名及义同字异者屡见不一。本书除必不可少者外，概予删节。至于日常应用之字，必一一列出，勿稍遗漏。

五、本书课文，成句之文各种句法皆备，成章之文应用各体皆备，可为儿童练习范本。

六、本书选取材料，本教授原则及经验，务求合于儿童心理，一、二学年纯就直观事物，由身体、家庭、学校而渐及于社会、国家，课文多有韵致，足以增学生之美感；三、四学年教材范围稍广，对社会、国家之事亦较详，期于完成国民之人格，但以适于情兴、切于日用为主。

七、各教科书童话事多捏造，本书比喻事例皆取事所必有，俾学生于观感之中，不致掺入虚妄之想。

八、本书遵部令分三学期，以八月为学年之始，时令材料依序排比，课本每学年第一学期为一册，二、三学期合为一册。

九、本书另有教授书，按照钟点用白话编为教案，以供教员之用。

十、本书另有习字帖，对照课文教授时限依序练习。

《初等小学国文教授书》编辑大意和教授要例*

一、编辑大意

（一）近出各教授书所定教案，非本实验义，复单简预定答辞，施之实用亦多不合，仅足供教授之参考。乡间教师才力不齐，鲜贯通抉择之能，且以一教师担任全班教授，预备教案时间甚少，临时运用颇难变化。编者曩曾视察学务，参观各处小学，深知各书局教授书不合吾国现在教师之用。本书参以历年经验，义求精审，语求普通，复实施于教授，斟酌取舍，录为教案，足供实用。

（二）吾国言文歧异，以仓促时间用俗语解释文字，恒难精当，毫厘之差，谬以千里。又儿童于学术上用语不易了解，非多方比喻终致隔膜。本书有鉴于此，全用白话体，经编者惨淡经营，复由同人更番讨论，编为定本，俾教师持书教授，但有语法次序之变，更无文字翻演之繁难。各教师临时试用，比较他书，自能分判。

---

* 选自李步青、向大锦合编：《初等小学国文教授书》（万声扬、张继煦、王式玉校阅），共和编译社1912年11月初版，供初小教师用。标题为编者所加。

（三）五段教授法本极精密，惟过泥形式，儿童反难领悟。本书取新式教授法之精意，纯用启发式，而讲义亦不过略。各段教授循序引导，多方变化，但期适用，不拘定式。

（四）各学期教授法均详见本册。

（五）本书多待匡正，各教师用书教授时，遇教材及教案有不合之处，尚希随时函示，以为修改数据。

二、教授要例

（一）授课之初，教师应将问答方式仔细说明。教师发问，学生能答者举右手为号，不能答者不举手；如同时举手者多，教师应细察学生态度，指定一生对答。如所答合当，续问全班是否，再加判决；如所答不合，再令他生续答。未指定者不准掺言，惟宜随时轮指，不可专指数人。

（二）本书预备问答，专取学生所习知者，应多方设法，使学生必如所答，而后己提示问答。勿论学生所答合否，即令全班表决，教师再加判定，接续讲解。答是者重复申说，期于全班明晓；答否者即行更正，不必限定学生恰如所答。应用问答仅举其例，教师可审时限长短，随时增损，迎机启发。

（三）本书预备及应用发问，令学生能知者举手，由教师择令一生对答。提示中发问有连问十数次者，全依举手例耽误时限必多。发问繁者，可由教师审察学生能力，以问题难易指名分令对答，并令全班表决；发问简者，仍依举手例。应由教师斟酌本课发问繁简，随时运用适宜方法。指名问答本非善法，但偶用于适宜之时，且令全班表决，实无不合。

（四）合读全文时，宜令优生先读，他生后读。合读亦分全班合读、分排合读两种。用分排合读法，一排读毕，他排再读，迄全读而止。由教师随时施用。

（五）本书所设问答及讲说，现在语言尚未统一，各处土语不同，语法次第稍有歧异。教师可随时变通，务合儿童口吻，期于明晓，不必泥定原文，但不宜与大旨抵触，致失教授本义。

（六）教师发问或讲说时，遇有名词为儿童不能领悟，及当最注意之处，应反复申明。

（七）教师讲说，勿论何课，凡有形可指者必指形，有式可作者必作式，说话宜慢，讲说稍长，须分段停顿。如数名词相连，每说一句词，必略停顿。

（八）教科书于预备问答前，即令揭开。因小学教具难尽完全，有时预备问答，即指图发问，不得不然。若使儿童注意黑牌，是在教师随时留心。

（九）本书中大字及作"（ ）"式为指示教师语，由教师自行演述；作"……"式为答辞，余均向学生讲说之辞；……连点为不确定之答，提示项下答语均缀连点，系为教师留讲说地步。

三、第一学年第一学期教授上之心得

（一）本册教材单记名词，预备段在识名，提示段在识字识义。如教材虚实字相间，预备段在引起零碎旧观念，以资提示段之讲说。

（二）本书用启发式，儿童初时入学，知识极为幼稚，故本册提示段多就习见习闻事实，以引导新授之知识。

（三）本册单记名词各课，教材单纯提示段分读法、讲解为二。联字成句各课，教材较为复杂，随读随讲，均为儿童容易领受起见。

（四）本册应用段多用练习法，俾儿童初时识字得以坚其记忆。

（五）本册形似、音近、义通之字，均为揭开，俾儿童易于分辨。

各科教授之材料*

一、总论

欲达教授之目的，必取资于材料，大体分选择、排列、联络三项。今分论如左。

（一）教材之选择

小学教科之材料，必求其确合小学教授之用者，然后可采取之。此其标准有三：

（1）当为生活所必需之智识；

（2）适切于道德陶冶及国民陶冶之用；

（3）适应于儿童身心发达之度。

标准既定，若其选择之方，又当求之于人身周围之事物。此当注意者：（1）世界进化，社会所有之事物，日趋于复杂，选择材料，不可不应文化之发达。（2）各人所处之地方、所遭之境遇、所执之职业，种种

---

* 摘自李廉方：《新制各科教授法》（范源廉、姚汉章校阅），中华书局1914年6月初版，师范学校适用，教育部审定。本书依据的是该教材1921年1月第12版。

不同，因人施教，不可不有特殊之趋向。又教育部宣布宗旨："注重道德教育，以实利教育、军国民教育辅之，更以美感教育完成其道德。"此宗旨之表示，亦选择材料者所当注意者也。

十九世纪以前，欧洲各教育家，于教科案之问题，颇费讨论。今科目益臻于完善。日本揭取各国之长，我国采用之。《国民学校令》规定教科目为修身、国文、算术、手工、图画、唱歌、体操，女子加课缝纫。《高等小学校令》规定教科目为修身、读经、国文、算术、本国历史、地理、理科、手工、图画、唱歌、体操，男子加课农业或商业，女子加课家事。视地方情形，并可加设外国语。此教授者所当遵行者也。

至各科内容，在最近教育家研究，小学注重直观教授，教科书殆可不用。然以我国教授术之未发达，其所用新式教科书，殊为改良教授之初步，是教科书之取材，深宜讨论。惟各学校大率采用教育部审定之书，似关于教材选择，教授者几无所用其研究。然因土地异宜，执业各殊，与夫坊间教科书之未完善，当实际教授时，其有待于教师增损改订者，正自不少。此上列选择材料之标准，不可不一一理会之也。

（二）教材之排列

教材之排列，其方法不一，要以参用直进、循环二法为最善。惟须即各教材固有之性质，按儿童发达之程度，及各学年教授时间，平均分配，以求得其宜。其事项约有三种：一教科课程表，二教授细目，三时间表。

就国民高等小学各教科，分配于各学年，又规定其各科教授程度、每周教授时数，是谓教科课程表。今将部定"国民学校课程表"及"高等小学校课程表"录于卷末，以供一览。依课程表分年程度，将各科教材先分配于各学年，次分配于各学期，再分配于各周，是谓教授细目。编制教授细目，当注意者列如左：

（1）本教科课程表及教科书，依选择教材之标准而选定事项。

（2）当适应于学级之编制、土地之状况、男女之性质。

（3）顺材料固有之序。

（4）当注意他科及本科内前后之联络。

（5）选定之教材，当与时令相应。

（6）应教材之难易，定教授时间之分量。

（7）各段落及休假期，宜留复习之时间。

（8）从实际经验之所得，每年加以修正。

以每周各科教授时间，分配于各日者，是谓时间表。定时间表，当注意者如左：

（1）主要教科及费脑力之教科，宜于精神振作时授之；值疲乏时，则授以活动筋骨、快乐心情之教科。

（2）费脑力之教科与不费脑力之教科宜错综分配。

（3）同科目及种类近似之科目，不可连续教授数时。

（4）每一科目之时数，宜于一周内之各曜日，间隔前后，为适当之分配。

（三）教材之联络

教材联络之法，在顺各科固有之序，提出联络之点，而不妨害其独立。使儿童领受之知识，秩然而有统系，又能就已得之知识，整理其旧观念，而理会新受之知识。非如中心统合法，邻于强制牵合也。例如理科与算术、历史与地理，各有密接之关系。国文之材料，则包括各方面，实与各科相衔接。至修身科则就教授各科之便，择适当之时机，以陶冶其心情，且不失为各科之中心。实施此法，当注意者有二：

（1）顺各科固有之序，使其程度渐进，互为联络；当教授时，了然于前后之关系。

（2）在教授细目中，记入各科联络关系，以便实际之运用。

二、分论①

（一）修身科之材料

小学教授之材料，弗论何种教科，无不有下列二方面之研究：其一谓当授以何项材料，而后可达小学教育之目的；其二谓当授以何项材料，而后与儿童之心理相应然。此二方面性质虽殊，当教材之选择与排列时，则联络二方面以进行者也。

今就修身教材中，先从第一方面研究之，则为德目之问题。我国修身德目尚无详细之分类，就《国民学校教则》第二条所列："宜就孝悌、忠信、亲爱、义勇、恭敬、勤俭、清洁诸德，择其切近易行者授之，渐及于对社会对国家之责任。""兼授公民须知，示以民国之组织及立法、行政、司法之大要。""对于女生，尤须注意于贞淑之德，并使知自立之道。"《高等小学教则》第二条所列："宜就国民学校扩

---

① 1912年9月28日，教育部公布《小学校令》，规定初等小学（即国民学校，4年）课程表中"教科目"设有修身、国文、算术、手工、图画、唱歌、体操，女子加缝纫；高等小学校（3年）课程表中"教科目"设有修身、国文、算术、本国历史、地理、理科、手工、图画、唱歌、体操，男子加农业或商业，女子加缝纫，并可加设英语或别种外国语。

充之。"此其大较也。

本教则规定之德目，而入于第二方面之研究，则教材之排列，以用循环法为适宜。以各德目分配于各学年，而应儿童心意之发达，而各异其程度。如论孝一也，有但言爱亲之时期，有讲求孝行之时期，此其例也。

至于选用教材之体裁，分为二种：一例话，如故事、传说及日常偶发事项等是也；一格言，如谚辞、诗歌、训辞等是也。用故事、传说撰为童话，以为初学年儿童修身教材，始于海尔巴脱①，其理由谓初学年儿童想象力最富，喜闻新奇之事，故用古代人民想象的精神产物之古话，最为适宜。其反对者谓此等想象事项，易使儿童驰于空想，于精神发达大有妨害。二说皆有至理。然儿童心意未发达时，不易解干燥无谓之事实，往往从最有趣最简单之古话，而得领会人生之一端。苟慎选教材，于教授方法之便宜，甚有益也。

儿童年龄稍长，则宜取材于历史，即教则所谓"嘉言懿行"是也。盖历史上贤哲勇义之事迹，与德目符合为直观的，可使儿童得私淑其人之理想也。至于教则所谓激发进取之志气，养成爱群爱国之精神，宜兼采外国事实以足之，而期与现代时势相应焉。

日常偶发事项，即学校内外偶出之事，及报章所载之新闻，足为法戒者是也。盖儿童生活，对于目睹耳闻之事，较过去者尤为亲切有味，故此等教材，时利用耳目日常与事相接触之机会而授之，最为有益。

---

① 今译赫尔巴特（1776—1841），德国教育家。

凡一国之中，历代相传之谚辞、诗歌等，乃国民精神之产物，足以涵养国民性情者，实为修身科不可不采之材料。惟以取其语句简单，儿童易记，且饶兴味者为宜。圣哲之训辞，具有至理，例话中所含之道德概念，以训辞印证之，亦甚有效。

修身教授，不惟授以知识，尤贵导以实践，故作法尚焉，教则所谓演习礼仪是也。大概分言语、动作二者。言语如应对、谈话、庆吊等，动作如行步、出入、访问、迎送、敬礼等。教授时可应儿童适宜之度，分配于各学年，以资练习。

（二）国文科之材料

国文教材，大概分形式与实质二方面。就形式而言，《国民学校教则》第四条第二项："首宜正其发音，使知简单文字之读法、书法、作法，渐授以日用文章，并使练习语言。"《高等小学教则》第二条第三项："高等小学校宜依《国民学校令施行细则》第四条第二项之规定，渐及普通文之读法、书法、作法，并使练习语言。"析言之，可分为言语、文字、文章三项。

练习语言，弗论何科，皆可行之，而以国文科为主。各国国文读本，皆用一定之标准语。我国方言，省与省不同，县与县不同。旧时流行之官话，既未习行于民间，而南北之音标，又甚悬殊。当此读音统一会未实行时，实为教授国文之大障碍。兹所研究者，约有二事：（1）发音，当正其音读而去其讹音。（2）练习语言时，当于语尾补充之辞，凡无字义之土语，当留意矫正之。如此从事，或亦统一语言之初基也。

欧美各国文字，概由拼音而成，故言语与文字，甚为接近。我国为单音文字，分为象形、指事、会意、假借、谐声、转注六种，既通其音，尤宜识其义。故教授文字，当由简易而趋于复杂，由实字而进于虚字，必取通常习用之字，一一习之，而后可以资应用。《国民学校教则》第四条第六项："书法所用字体，为楷书及行书。"大抵先纯习楷书，后兼习行书。高等继之，亦兼习楷书、行书也。

文章约可分为语体、文体、书简体三种。大抵国民一、二年宜纯用语体，三、四年兼习文体及书简体，高等则以文体为主，兼习语体及书简体，以资应用。至教科书文章排列之次序，尤宜应儿童心意之发达，予以学习之标准，教则所谓"读本文章宜取平易切用可为模范者"是也。

至论教材之实质，《国民学校教则》第四条第三项："其材料就各科内择其富有趣味及为生活所必需者用之。"第四项："女子所用读本，宜加入家事要项。"高等小学用之，其取地理、理科中之材料，所以增进其知识，即授以生活上必需之知识、技能也。其取修身、历史中之材料，所以涵养其德性，即培养国民道德之基础也。更虑其不足，则取其他生活必需事项以补充之。惟国文教材，虽与各科相密接，然不可即以此等教科书为教材也。徒撷拾关于此种材料，饾饤排列，有何趣味？且与国文本旨无关。故宜善于选材，择可喜可爱之事物，以期合于儿童之心理。又出之以适用有趣之文字，使读者得养成文学上之兴味，斯可为国文适宜之材料也。但国民[①]包历史、地理、理科三科，其材料之选择及排列，宜顾各分科固有之性质。高等[②]则各分科皆独立，于其相关联相表里之处，不可不注意也。

---

① 国民，国民学校（初等小学校）的简称。
② 高等，高等小学校的简称。

作法材料，《国民学校教则》第四条第五项："国文作法，宜就读本及他科目已授事项，或儿童日常闻见与处世所必需者，令记述之。"此就四年以上言，高等亦适用之。

（三）算术科之材料

算术教材，亦分形式、实质二方面。形式方面，即数及计算之方法也，今先研究之。算术所用之数，以整数最为普通，而计算亦较简易，必先习熟整数，而后可习繁难之数。又十以下之数，为数之基础。初级之儿童，必先习熟单位之数，而后可习多位之数。故《国民学校教则》谓："首宜授十数以内之数法、书法及加减乘除，渐及于百数以内，更进至通常之加减乘除。"高等小学校首宜就此而扩充之也。

日常之计算，常不限于整数，而带有小数及分数。小数之用，比分数更广，分数则于修炼思考之效颇大。依教则之所规定，国民授简易之小数、分数，高等扩充之。惟小学重实用，高等之小数，亦只可授小数点下三位之数，分数尤不宜过繁也。

一切计算，虽可以四则为之，但应用于各处，则有种种名称，如诸等数、百分算、比例等，皆为日常所必不可少。而知用比例，则于困难之问题，更易解释。依教则之所规定，国民授简易诸等数，高等则渐进授以百分算、比例。惟比例定义，不易理会，故教授时，先只宜就比例问题，以四则应用授之，至末学年然后授以比例式。百分算颇利于实用，亦当择其简易者授之。

算题所用之材料，为实质方面，《国民学校教则》第五条第五项"算术问题，宜择他科目已授事项，或参酌地方情形，切于日用者用之",又《高等小学教则》第二条第四项"酌授日用簿记之要略",皆是。惟因实际之应用,在授诸等数、度量衡、币制时,凡外国制度之有关系于本国者,如哩、米突①、吨、弗②、磅等宜兼授之。簿记则宜审地方之需要,酌量授之。

（四）历史课之材料

我国历史事实之多,他国无可比类,先就选择之标准言之,可以《高等小学教则》第三条第二项为据,分项论列如左:

（1）黄帝开国之功绩　我国建国之久,国土之大,在世界无比。而统一之基,肇自黄帝,昭以祖先艰难缔造之况,则儿童爱国之心,自油然而生。惟数千年来,我国维系到今,不乏忠勇谋国之人,不可不并授之也。

（2）历代伟人之言行　伟人之事迹,为国家精神之所寄,其言论行事,足以起儿童敬畏则效之心。述其言行,实最要之教材也。惟历代之伟人甚多,而伟人之事迹亦甚详,此则不可不本部定教育宗旨以为选择标准者也。

（3）亚东文化之渊源　政治、学术、商工业等,自古迄今,其变迁之由来,宜通其大要,以图将来之改良进步。

（4）民国之建设　由专制而进于共和,其改革之由,与经过之程序,可资国民法鉴。又举当时义烈之事,可以唤起儿童之精神。

（5）近百年来中外之关系　教授小学历史,诚宜以本国为重,惟不通外事,则养成之国民,必不适于世界进化之用。我国人前此之妄自尊

---

① 米突,法语米（mètre）的音译。
② 弗,力的单位。

大，坐此弊也。故近百年来外国与吾国之关系，宜于教授本国史时，连类及之，俾儿童明于邻近各国之所以衰亡，日本及西洋各国之所以兴盛，与夫吾国之所以失败，其裨益匪浅鲜也。

若夫排列教材之法，其次序宜用顺进法，从年代之顺序，自古代以迄近代，分配于三学年中，略古而详今。其体裁则宜用传记体，兼采纪事本末体，不取系统的而划定一时期之大事及代表一世之伟人为中心而授之。

（五）地理科之材料

选择地理教材之标准，可以《高等小学教则》第四条第二项为据，分列如左：

（1）本国之地势、气候、区划、都会、物产、交通。

（2）地球之形状运动等。

（3）各洲地志之梗概。

（4）重要各国都会、物产等。

（5）本国政治、经济上之状态及对于外国所处之地位。

地理教材排列之法，就排列之次序言之，据教则所言，谓首宜授本国之地势、气候、区划、都会、物产、交通，以及地球之形状、运动等。进授各洲地志之梗概，并重要各国之都会、物产等，兼授本国政治、经济上之状态，及对于外国所处之地位。是选材不分部分，循序而进，可用循环法教授者也。此法在高等小学中，通例行二回教授。据课程表所列，前二年授本国地理之要略，末年授外国地理之要略，此可用总合的分解法教授者也，即由乡土而本国而地球全体，再及于各国也。近所通用者为总合的分解法。

排列之次序，宜取总合的分解法矣。至其内容之分配，亦不能不加以研究。撮其大要，或用汇类体而排列，或依政治区划而排列，或依自然区划而排列，或用旅行体而排列。汇类体专叙一类事实，绝无变化，不适于初步教授。后三者互有得失，教授者以政治区划与自然区划二者并用，更取旅行体以补其阙可也。

虽然，上所言者，本论理的记述材料，犹就教科书之顺序而言也。若教授之次第，则当以开发儿童心性，使理会人间之生活为主。由此论之，则宜先举物产，述其生业之等级；再由其生业与自然关系之如何，述自然形势；更由自然形势与交通之关系如何，述交通状况及都邑情事。如是则足以增进兴味，且于实用甚有裨益也。

（六）理科之材料

理科之教材，至为繁博，兹先就其种类言之，以《高等小学教则》第五条第二项为据，分列于左：

（1）习见之植物、动物、矿物及自然现象之重要名称、形状、效用、发育。

（2）动、植、矿物及自然现象之相互关系，与对于人生之关系。

（3）物理、化学上之重要现象、元素与化合物之性质。

（4）理化上简易器械之构造作用。

（5）人身生理卫生之大要。

教材之种类，分列于上，其选择教材，当依左列之标准而定：

（1）宜取其简单易理会者。

（2）宜在乡土范围、儿童经验以内者，进而及于乡土经验外之范围。

（3）宜取其足为一类中之代表者，即就诸物体及现象中取其可以代表者示之。

（4）宜取其与人生有重要关系者，即教则所谓"务授以适切于农事、水产、工业、家事等项"是也。又有害动物、有毒植物、有毒气体亦宜取其习见者授之。选材虽有标准，然以理科包含之内容，其各殊之种类，各有独立之性质，因此而排列之法，较他科殊为繁难。今先就材料之分配言之。因其性质不同，而各就其系统分年授之者，曰分类主义，如先植物，次动物、矿物，又次理化及生理卫生是也。不取顺序的，而以人生普通生活所接触所需用者为断，则为统合主义。夫既合博物、物理、化学之大要而名之曰理科，是明明以自然界之统一知识，为达其教授之目的也。盖宇宙间万汇杂陈，皆自然物与自然力相接合，而生种种自然现象。又自然物亦各有回环之作用，论其大体，固先博物，后理化，而因及生理卫生。实则主连合而不主分析，且以统一自然界之知识，昭示儿童，则兴味无穷，而领受亦易。是小学之理科教授，当取统合主义也明矣。

就统合主义而言，其用法亦有异点。论其最有价值者，一说以生活共存体为标准。例如借一村池为教授之基，其中有各种天然物，有各种自然现象，因其生活之共存体，多与以知识，又于其间得生物学之诸法则，由此共存体而推此世界，则地球上万物，皆可作一全体观是也。一说以人生开化之状为标准。例如文化之开，必经畋猎、游牧、农耕、部落、都邑五级而成，就此阶级之序附与理科之材料，则使儿童适应于现时文化之发达，且知人生之勤力，与文化之实况是也。二说虽有取义，然选材各有偏向，且过于轻视形式，则儿童所得之知识，必零碎错乱而无所归。非调和诸说，博采而慎择之，则理科教授之目的不能达矣。今本此旨，以定排列之次序，而举其要点于左：

（1）自然物比自然现象理会较易，初步当以博物为中心，而兼及他项，后当以理化为中心，而兼及他项。

（2）应儿童心意发达之度，由直观而进于想象，由具体而进于抽象。即由关于乡土之天然物，扩张而及于乡土以外之天然物及自然现象，更授开化事业，又及生理卫生。

（3）应时令之顺序，各因时令发现之物，而取为教材，更就其普通之点，春夏多课植物，夏秋多课动物，冬季授以理化现象。

（七）手工科之材料

《国民学校教则》第六条第二项："宜授纸丝、黏土、麦秆、竹木等及本地原有工艺品之简易制作。"《高等小学教则》第二条第五项："手工宜依《国民学校令施行细则》第六条第二项之规定，渐进授以竹木、金属等及本地原有工艺品之制作及简易之制图。"依此而选择教材，当依左列之标准而定：

（1）制物之料，当注重本地所有者；制出之物，当取适用于本地者。

（2）联络国文、理科、图画、算术各科之教材。

（3）宜折中实用与美术二方面，而定制作之物。

手工教材之排列，一宜考察儿童身心发达之程度，一宜研究制作之次第，一宜计及时令。其排列之序，大概主用循环法，然其后制法难而用器繁时，可参用顺进法。

（八）图画科之材料

图画有自在画与用器画二种。自在画不用器械，全凭手指之自由运动，以摹写实物形状。用器画依器械之补助，绘精密之形体，于工业上为最要。

自在画有写生画、临画、工夫画三类。就实物或模型而描写之，曰写生画。就粉本而临摹之，曰临画。全凭生徒意匠为之，或命题使画，或令绘文史上之事迹，曰工夫画。临画颇易学步，工夫画可以养儿童之想象力与创作力，皆不可偏废。惟写生画比二者尤为重要，盖睹物描绘，既可得其真形，习练日久，则工夫画之构造，自迅速而敏妙。我国习画者，向来偏重临画，往往学画数年，一旦脱离粉本，运笔即失其依据，此亟宜改良者也。

自在画有用铅笔与毛笔之别。毛笔可与写字同一砚墨，无别购器具之烦。铅笔则器具简便，可随处携带。二者各有所长。我国向来习画，专用毛笔，但铅笔刚锐，得按纸而直画之，于儿童较宜。且笔误可以拭去，于初学尤便，是铅笔画不可不练习也。用器画有几何画、投影画、透视画三类。就几何学上之法则，以画三角形、四角形、圆形、椭圆形等，曰几何画。就物体之正面侧面，以目所视之方向，而图其形于平面上，曰投影画。就物体与己目相距之远近，照其大小之比例而画之，曰透视画。此所分之三类，若就几何画广义而言，则投影画与透视画，皆可包于几何画之中，兹从便宜上分之。惟在小学校中，此类之画，只能习其简易者，以期于应用耳。日本国定图画帖，或使画轮廓，或使画地纹，或使绘简单日用器具，此可取法者也。

图画之教材，第一以实用为主，第二宜酌取他科所授之事物。其排列之法，就应用之顺序而言，则宜用儿童平素所目击之实物为始，而渐及于各项形体。就论理之顺序而言，则初宜练习直线、曲线，进于简单形体，渐及于稍复之家具、植物、动物、风景等项。就心理之顺序而言，则儿童之嗜好，初好人物，次则近于人类之动物，再次则及于植物、家具等。又一般之男儿好动物，女儿好植物，而动植物更须与时令相应。排列教材时，当以简易进于复杂为本，而统合各方面以为选择之方也。

本以上排列之次第而教授画法，国民学校以写生画、临画为主，程度稍进，间课以工夫画。教则第七条第二项所谓"首宜授以单形，渐及简单形体，并使临摹实物或范本"是也。高等小学校尤注重于写生画，间课以工夫画、临画，兼及用器画，教则第二条第六项所谓"宜依《国民学校令施行细则》第七条第二项之规定，渐及诸种形体，并得酌授简易几何画"是也。

（九）唱歌科之材料

唱歌之教材，分为歌词与乐谱二者。歌词之内容，又有实质与形式之别。就实质而言，则宜就他科中选取教材，以期联络。或从人事界取道德的国民的之材料，或从自然界取动植物及风景中优美有趣之材料，总之以能增进兴味为主。就形式而言，则自来诗歌，如藻绘风云之文，怀挟霜雪之作，虽学士互相传诵，苟与儿童心情不应，不可采为歌词。至乐谱，亦宜与儿童之音域音程相当，此《国民学校教则》第八条第三项谓"歌词、乐谱，宜平易雅正，使儿童心情活泼优美"是也。

教授唱歌之次第，歌词宜应国文科之程度，由谈话体而进于普通诗歌，其词旨始以快乐为主，进而授以勇壮之歌，再进而渐授以高尚优雅之歌。但高等因男女不同，当各异其材料。乐谱则初步概用口授法，依教者发声而歌之。国民四年以上，始用谱表。《国民学校教则》第八条第二项："宜授平易之单音唱歌。"《高等小学教则》第二条第七项："唱歌宜依《国民学校令施行细则》第八条第二项之规定，渐增其程度，并得酌授简易之复音唱歌。"教授者不可不以此为准的也。

（十）农业科之材料

农业之范围极广，教材亦甚丰富，小学校之农业科，非为造就专门学问而设，其选择教材，当注意者如左：

（1）当为农业最普通之知识，使儿童得农业上根本之观念。

（2）当为具体的知识，使儿童易于领解。

（3）当适于土地之情况，使儿童得实际之用。

《高等小学教则》第六条第二项："视地方情形，授以农事、森林或水产。"第三项："农事宜就土壤、水利、肥料、农具、耕耘、栽培及蚕桑、畜牧等，择与本土相宜，而为儿童所易解者授之。"第四项："森林宜就森林之管理、保护、利用，及林产之制造等，择与本土相宜，而为儿童所易解者授之。"第五项："水产宜就渔捕、养殖、制造等，择与本土相宜者授之。"教授细目，即可依此而类分也。

排列教材，一不可不适儿童心身发达之度，二不可不应时令之顺序。选材之次第如是，然如何提出教材，其方法又不一。在小学校中，当用归纳法，先示以具体的各个之事物，后示以一般之理法，方为适当。本此而排列教材，其法有三种，列如左：

（1）以本土重要农作物为中心，例如以稻为中心，而类及一切关系之农事。但此法虽盛行，而仅据工作之顺序，无理论之联络，且屡从事一农作物，易生儿童厌倦之心，此不可不注意者也。

（2）配合数农作物为中心，此法可免上项之弊，但配合颇繁难耳。

（3）分农作物全体之事项为数题目，依时令而分配，参用循环法教授之。日本文部省编纂农业教科书，即用此法。但此法易使知识零乱，在教者善为整理也。

（十一）缝纫科之材料

缝纫之教材，以通常衣服为标准。其选择教材，当注意者如左：

（1）应土地之状况，教则所谓"宜取常用之物"是。

（2）应儿童多数家庭之状况。

（3）应现时需要之状况，教则所谓"得兼授西式裁法、缝法及洗濯法"是。

教材之排列，当按儿童身心之发达，顺手指熟练之次第，应四季之推移，更与他科相联络，而与图画、地理、理科关系尤为密切。至其排列之次序，当循方法上之统系，由简易而渐进于复杂。《国民学校教则》第十条第二项谓："首宜授运针法，继授简易之缝法、裁法、补缀法。"高等小学校，首宜依国民学校教授，继渐及通常衣服之缝法、裁法、补缀法。

（十二）体操科之材料

小学体操教材，分游戏、普通体操、兵式体操、户外运动及游泳等。

游戏可以自由活动，兴味最多，于儿童最为适用。其种类甚多，主活动身体各机关者，有感觉的游戏、上肢运动、下肢运动、全身运动各游戏。主活动精神者，有记忆的游戏、想象的思考的游戏、感情的意志的游戏。诸种游戏，不惟适于初学年之教授，凡小学期中，宜继续行之。

普通体操较游戏体操有规律，应俟儿童稍习规则后授之。有徒手、器械二种：徒手体操即矫正术，徒手运动是也；器械体操即哑铃、球、竿、棍棒、悬垂、跳跃等运动是也。兵式体操比普通体操规律更严，故至高等小学校始授之。惟小学教授，与军人训练不同，故运动不宜激烈，或失之过严，但取单人教练、密集运动等授之可也。

户外运动，其种类甚多。或用器械，如击球、蹴鞠等；或不用器械，如竞走、旅行、骑马等。除危险过甚之事外，皆宜练习之。至近水地方，酌授以泅水、驾舟等事，亦甚有益。《国民学校教则》第九条第三项所谓"视地方情形，得在体操教授时间或时间以外，授适宜之户外运动或游泳"是也。高等小学校同之。

体操之种类如上所述，其程序亦宜注意。现今瑞典式体操，于身体运动最合自然，其法盛行于欧美各国，日本近亦采用之。我国向来多用德、日旧式，不可不图改良也。

体操之教材，在高等小学以上，宜因男女而稍有殊异，欧美各国常分别男女而授之。其女子体操，有与音乐相和类舞蹈者，此可资研究者也。

教材之排列，当视儿童身心之发达，循序而进。《国民学校教则》第九条第二项谓："首宜授适宜之游戏，渐加普通体操。"《高等小学教则》第二条第八项谓："宜授普通体操，仍兼课游戏，男生加授兵式体操。"此可为准则也。

（十三）商业科之材料

小学校所授之普通商业，包含零卖商业、批发商业、代客卖买商业等。而关于金融寄托、保险、运输等，与普通商业有关者，可附带授之。又一方面授货币、汇票、各种书信、邮务、电信、电话、商标等商事要项。他方面则授以商用簿记。此材料种类之大概也。至取如何标准而选择之，其要有三：

（1）择与本土有关系者。

（2）择为儿童所易解者。

（3）择其简易应用者。

商业上之知识，可附带于国文、算术、地理、理科诸教科中授之者甚多，排列教材，不可不保其联络之关系，又须应儿童心意发达之序而排列之。

若不用现金交易，如商家所谓共来往之交易，假定商业之实际进行中，而授以关于普通商业之商事要项及簿记，因而排列其教材，于教授上亦颇适合。

（十四）外国语科之材料

外国语教材，可分为形式、实质二方面。就形式而论，《高等小学教则》第七条第二项所谓"外国语首宜授发音，进授单词、短句之读法、书法、作法、语法"是也。

发音初学最重。初习之音，若不正确，则后不易改，故教者之发音，先不可不求其正确。尤须通声音学大意，深知何音属牙、属齿或张喉、撮口等呼法，在教授时，得以正音示其范。如发音为我国语言所无者，宜特别授之。

学外国语不仅当牢记其语,且须知其语尾变化,熟语及惯用句宜特别练习。熟语可选其普通必要者,使一一学之。惯用句为文法常用之定律,宜由习文法时使领会之,文章以平易纯正为主。

读法以读他人所达意之辞而知其解为主,与国文读法同。书法亦与国文书法同。于发音及摒字,宜使之注意。

语法练习,以简易之日常普通谈话为最要,亦即作法之初步,故作法始用口语,熟习后以笔录之。

就实质而言,教则所谓"外国语读本,宜取纯正而有趣味者,其程度宜与儿童知识相称"是也。除教则所言外,记述之事项,当含物品、法则、近事及对话等,又须与国文相联络。

排列教材当注意者如左所列:

(1) 语句宜简短明了。

(2) 语法记事,须有各种变化,但前后宜相联络。

(3) 文章分节太短,则无兴味,太长则生厌倦,宜应儿童心意发达之序,斟酌至当。

三、单级编制及教科之配合

合多数儿童于一教室内施行教授,是为学级。就全校儿童,各应同等之程度,依学年分班,班不同者,同时不得在一教室内施行教授,是曰多级小学校。反之而不论程度同等与否,合全校儿童为一学级,因教科种类或教材性质,而合数学年之儿童同时于一教室内授之,或分儿童为数班,同时在一教室内,各授以特殊之功课,是曰单级小学校。

单级教授，教室、教具、教师皆可共同，可以节省经费。又于教授训练之统一，与助成儿童之自修，亦甚有益。惟配合教科及教授训练之方法，不得其宜，则成效必不良。

附：《新制各科教授法》编辑大意及目录①

编辑大意

本书各科次序，遵教育部《小学校教则》之规定，以便教授者参考条文。

本书各科要旨及材料方法，发挥教育部教则之旨，以便实际教授。

本书论教式、教材、教法，征引东西洋最新之学说，旁搜吾国实际教授者之理论，参以编者经验，务求精审，多他书所未发之论，与稗贩剿袭者不同。

本书引用事例名词，皆采吾国所固有者，其为吾国特殊之教材。本教授之原则与实际之经验，推阐立论，不为削足就屦之谈。

目　录

第一编　总论

　　第一章　教授之要旨

　　第二章　教授之材料

　　　　第一节　教材之选择

　　　　第二节　教材之排列

　　　　第三节　教材之联络

---

① 选自李廉方：《新制各科教授法》（范源廉、姚汉章校阅），中华书局1914年6月初版，师范学校适用，教育部审定。本书依据的是1921年1月第12版。

第三章　教授之方法

　　第一节　教段

　　第二节　教式

　　第三节　温习

第二编　分论

　第一章　修身科

　　第一节　要旨

　　第二节　材料

　　第三节　方法

　　第四节　教授用具及教授上之注意

　第二章　国文科

　　第一节　要旨

　　第二节　材料

　　第三节　方法

　　第四节　教授用具及教授上之注意

　第三章　算术科

　　第一节　要旨

　　第二节　材料

　　第三节　方法

　　第四节　教授用具及教授上之注意

　第四章　本国历史科

　　第一节　要旨

　　第二节　材料

第三节　方法

第四节　教授用具及教授上之注意

第五章　地理科

第一节　要旨

第二节　材料

第三节　方法

第四节　教授用具及教授上之注意

第六章　理科

第一节　要旨

第二节　材料

第三节　方法

第四节　教授用具及教授上之注意

第七章　手工科

第一节　要旨

第二节　材料

第三节　方法

第四节　教授用具及教授上之注意

第八章　图画科

第一节　要旨

第二节　材料

第三节　方法

第四节　教授用具及教授上之注意

第九章　唱歌科

　　第一节　要旨

　　第二节　材料

　　第三节　方法

　　第四节　教授用具及教授上之注意

第十章　农业科

　　第一节　要旨

　　第二节　材料

　　第三节　方法

　　第四节　教授用具及教授上之注意

第十一章　缝纫科

　　第一节　要旨

　　第二节　材料

　　第三节　方法

　　第四节　教授用具及教授上之注意

第十二章　体操科

　　第一节　要旨

　　第二节　材料

　　第三节　方法

　　第四节　教授用具及教授上之注意

第十三章　商业科

　　第一节　要旨

　　第二节　材料

第三节　方法

　　第四节　教授用具及教授上之注意

第十四章　外国语科

　　第一节　要旨

　　第二节　材料

　　第三节　方法

　　第四节　教授用具及教授上之注意

第三编　单级教授法

　第一章　单级小学校

　第二章　单级编制及教科之配合

　第三章　单级教授必要之注意

　第四章　二部教授

《中华女子修身教科书》编辑大意*

一、本书为女子高等小学校修身课本，遵教育部教则，以涵养儿童德性，导以实践为主，尤注意女子贞淑之德及自立之道。

二、本书分三册，每一册供一学年之用，选择教材，循儿童心理之序而进。第一册以选幼年美谈为主，尤择其富于兴趣者。第二册意义渐深，范围渐广，然教材务期适于儿童之心理。第三册具体之理论，与故事并列，皆平易而饶兴趣，使其从道德上之修养，贯彻持躬、处世、待人一切之道。

三、各课教材，屏去空论，切于习礼及训练之用。

四、排列教材，以圆周法为主，兼参用阶段法，其德目寓整于散，使就逐年之教材获伦理上系统之知识。

---

* 选自李廉方：《中华女子修身教科书》（全三册，范源廉、沈颐阅），中华书局1914年8、9月出版。适用高等小学。教育部审定批语曰："是书条理清晰，意义显明，实为难得，应即审定作为高等小学教员图书。"（教育部《教育公报》第一年第五期"公牍"，1915年9月）。《最近教育部审定中华书局出版图书评语》曰："是书于教材之选择排列，均尚妥协，课文后选录经训有钩元提要之妙，且令儿童易于记忆，教授上颇为便利。"（《图书月刊》第1期"图书批评"栏目，1915年）

五、二、三册关于法制教材，多就有兴趣之事物，推阐本义，使受教者于不知不觉中增进共和国民之精神。

六、课文之后，选录经训，既收古训印证之益，又免教材干燥之弊。

七、征引事训，以女子为主，使受教者得适当之模范。

八、征引事训，悉本最新伦理之定则，以阐发我国女子固有之美德，期养成顺应时势之人。

九、各课分列，多连类相属，使受教者就一部分之事实，得各种之模范，以鼓舞其倾向之诚，而增其修养之兴味。

十、注意我国女子之习弊及其缺点，力谋革除或改良之方法。

十一、关于教授资料及方法，另详教授书。

附：《中华女子修身教科书》第一册至第三册目录

《中华女子修身教科书》第一册[①]

第一课　勤学	第二课　择善
第三课　规律	第四课　诚实
第五课　朴素	第六课　孝友
第七课　宽厚	第八课　女工
第九课　清洁	第十课　慈爱
第十一课　自重	第十二课　求学
第十三课　敬兄嫂	第十四课　敬客

[①] 李廉方：《中华女子修身教科书》第一册，中华书局1914年8月初版，1920年6月第14版。本书收录的为初版目录。

第十五课　不苟取　　　　　第十六课　习劳

第十七课　惜时　　　　　　第十八课　惜物

第十九课　节制　　　　　　第二十课　体亲心

第二十一课　服劳　　　　　第二十二课　践约

第二十三课　报恩　　　　　第二十四课　沉静

第二十五课　孝勇　　　　　第二十六课　义行

第二十七课　续前　　　　　第二十八课　爱弟

第二十九课　爱姊　　　　　第三十课　志操

第三十一课　守礼　　　　　第三十二课　待人

第三十三课　养正　　　　　第三十四课　处世

第三十五课　明达　　　　　第三十六课　镇定

第三十七课　戒骄纵　　　　第三十八课　恕道

第三十九课　智勇　　　　　第四十课　利济

《中华女子修身教科书》第二册①

第一课　容仪　　　　　　　第二课　守礼

第三课　慎微　　　　　　　第四课　练达

第五课　孝亲　　　　　　　第六课　事姑

第七课　爱嫂　　　　　　　第八课　孝友

第九课　义行　　　　　　　第十课　好学

第十一课　戒迷信　　　　　第十二课　信实

第十三课　择交　　　　　　第十四课　苦学

---

① 李廉方：《中华女子修身教科书》第二册，中华书局 1914 年 8 月初版，1921 年 5 月第 14 版。本书收录的为初版目录。

第十五课　续前　　　　　　第十六课　俭约

第十七课　守时　　　　　　第十八课　戒珍饰

第十九课　隐恶　　　　　　第二十课　廉洁

第二十一课　节省　　　　　第二十二课　爱物

第二十三课　爱人　　　　　第二十四课　博爱

第二十五课　愧励　　　　　第二十六课　爱国

第二十七课　尚武　　　　　第二十八课　纳税

第二十九课　懿范　　　　　第三十课　整洁

第三十一课　治生　　　　　第三十二课　职业

第三十三课　恤贫　　　　　第三十四课　公益

第三十五课　传业　　　　　第三十六课　守正

第三十七课　守分　　　　　第三十八课　志识

第三十九课　勇敢　　　　　第四十课　贞洁

《中华女子修身教科书》第三册①

第一课　修学　　　　　　　第二课　卫生

第三课　事舅姑　　　　　　第四课　和妯娌

第五课　和叔妹　　　　　　第六课　内省

第七课　改过　　　　　　　第八课　柔德

第九课　周密　　　　　　　第十课　整容仪

第十一课　慎言语　　　　　第十二课　重品行

第十三课　安贫　　　　　　第十四课　励志

---

① 李廉方：《中华女子修身教科书》第三册，中华书局1914年9月初版，1921年5月第12版。本书收录的为初版目录。

第十五课　贤淑	第十六课　节操
第十七课　尚义	第十八课　公正
第十九课　爱人	第二十课　睦亲
第二十一课　睦邻	第二十二课　义施
第二十三课　谦让	第二十四课　勤劳
第二十五课　忍耐	第二十六课　爱国
第二十七课　尚武	第二十八课　义勇
第二十九课　明耻	第三十课　爱自然
第三十一课　智识	第三十二课　婉顺
第三十三课　交际	第三十四课　欧美人之公德
第三十五课　职业	第三十六课　职分
第三十七课　法律	第三十八课　人民之权利义务
第三十九课　国家财政	第四十课　国民教育

《新制修身教本》编辑大意*

本书遵照部定师范学校课程标准编辑,卷首一册①述持躬、处世、待人之道,供预科一学年之用。第一册②述对国家及社会之责务,第二册③述对家族及自己之责务与对人类及万有之责务,供第一、第二两学年之用。另编伦理学大要,注重本国道德之特色,供第三、第四两学年之用。

卷首多引格言及古事,以增长学生之兴趣,俾与小学期之修养相接近。其征引古训,又多取归纳式,使预科生徒理想未富者,容易领会。

---

* 选自李廉方:《新制修身教本》(全三册,范源廉、姚汉章阅),中华书局1914年12月印行。教育部审定,师范学校适用。此外,李廉方还编有"中学校适用"的《新制修身教本》三册(范源廉、姚汉章阅,教育部审定),中华书局1914年5—6月初版(其中第一册1914年5月初版,1922年2月第22版;第二册1914年6月初版,1921年1月第14版;第三册1914年6月初版,1921年4月第12版;另有第四册,谢蒙编,1914年6月初版,1920年1月第9版)。该书内容与上述"师范学校适用"《新制修身教本》大体相同,但章节和字数都有所减少,故本书不再选取。

① 卷首一册,指第一册。
② 第一册,指第二册。
③ 第二册,指第三册。

第一、二册由浅入深，由实际渐进于理论，注重方法而不侈谈学理，务期适于养成思想情操，并勉以躬行实践之用。

伦理学大要参用西方伦理学之条贯，解析吾国固有道德之特质。于义务论中仍列对于己身、家族、社会、国家、万有等义务者，以家国一贯、万物一体，是吾国伦理之大原，故深考其理论异同，俾学者有所取正。

本书修身之旨，以近世伦理学为标准，多证以中国古训，于孔子学说，征引尤多。又于国民弱点之补救、学生弊习之矫正，与师范生应尽之天职，更加注意。

本书辞旨，言简意赅，使教者有说明及考证之余地。

附：《新制修身教本》第一册至第三册目录

《新制修身教本》第一册①

第一编　持躬处世待人之道

　第一章　总论

　第二章　在校之责务

　　　第一节　对于学校之规则

　　　第二节　对于学校之人

　　　第三节　对于学校之物

　第三章　修学

　　　第一节　立志

---

① 李廉方：《新制修身教本》第一册，中华书局1914年12月初版，1919年8月第6版。师范学校（师范预科）适用。本书收入的是1919年8月第6版目录。

第二节　勉学

第四章　卫生

第一节　节制

第二节　清洁

第三节　锻炼与活泼

第五章　修德

第一节　诚意

第二节　克己

第三节　反省

第四节　孝友

第五节　公德

第六章　治事

第一节　勤劳

第二节　秩序

第三节　忍耐

第四节　进取

第五节　美感

第七章　治生

第一节　自立

第二节　俭约

第三节　贮蓄

第八章　交际

第一节　礼仪

第二节　信义

第三节　博爱

第四节　报德

第九章　奉公

第一节　忠节

第二节　武勇

第三节　义务

《新制修身教本》第二册①

第一编上　对国家之责务

第一章　总论

第二章　义务

第一节　守法

第二节　纳税

第三节　当兵

第四节　教育

第三章　权利

第一节　公权

第二节　自由

第三节　平等

第四章　公务

第五章　爱国心

---

① 李廉方：《新制修身教本》第二册，中华书局 1914 年 12 月初版，1919 年 8 月第 6 版。师范学校（师范本科）适用。本书收入的是 1919 年 8 月第 6 版目录。

第六章　对国际之关系

第一编下　对社会之责务

 第一章　总论

 第二章　对个人之责务

  第一节　交友之道

  第二节　待常人之道

 第三章　对公众之责务

  第一节　协同

  第二节　秩序

  第三节　谋公益

  第四节　爱护公物

 第四章　对团体之责务

《新制修身教本》第三册[①]

第二编上　对家族之责务

 第一章　总论

 第二章　亲子

 第三章　兄弟姊妹

 第四章　夫妇

 第五章　祖先及族戚

 第六章　佣仆

第二编中　对己之责务

[①] 李廉方：《新制修身教本》第二册，中华书局1914年12月初版，1921年1月第7版。师范学校（师范本科）适用。本书收入的是1921年1月第7版目录。

第一章　总论

第二章　身体之保卫

　　第一节　生命

　　第二节　健康

第三章　精神之修养

　　第一节　知力

　　第二节　感情

　　第三节　意志

第四章　生活之准备

　　第一节　技能

　　第二节　职业

　　第三节　资产

第五章　教师之修养

　　第一节　品性之修养

　　第二节　智识之修养

　　第三节　形式之修养

第二编下　对人类及万有之责务

　　第一章　对人类之责务

　　第二章　对万有之责务

《新制教育史》编辑大意[*]

一、依据师范学校课程标准编纂,供师范学校之用。篇帙较他本略为繁富,但按照部定时间详细讲授,似无过多之病。

二、教育制度为教育史一部分之事实。本书合于近世教育史中连类叙述,俾学说与学制联贯一致。

三、注重近世及适用于我国现状与小学之参考,其理由详绪论中。

四、西洋教育家著教育史,多就自己主张定一立脚地,以贯串各时代之学说,如福格尔《教育史》以自然立脚,休弥德《教育史》以宗教立脚是也。本书为供初级师范之用起见,故其立脚地以适用于我国现状及小学之参考为主,但采录各家学说亦稍有斟酌,同者省之,有相互关系者必表出之,俾得就系统上考见学说之异同得失及其逐渐进化之迹。

---

[*] 选自李廉方:《新制教育史》(范源廉校阅),中华书局1915年5月初版,1922年3月第13版。师范学校适用。教育部审定批语曰:"是书叙述中外教育盛衰及学术异同,多用比较立论,且于近年所说网罗略备,俱见匠心。"(教育部《教育公报》第二年第十期"公牍",1916年12月)该书是国人较早自编的一本教育史专著和师范教材,为中国教育史研究发轫期(1912—1927年)的代表作之一(蔡振生:《中国教育史研究的历史回顾与反思》,《北京师范大学学报(社会科学版)》1988年第3期)。

五、选择材料务求于教育方面适尽其分际，不轶人文化史之范围，不蹈教育学史之窠臼。

六、叙述教育学说，略参简单之论断，然皆根据有名之教育学书，未参臆断。

七、叙述本国教育，间有阐发古人之学说，用科学方法演绎之，为他书所未书者。

八、述本国教育史比较外国立论，述外国教育史比较本国立论，使读者得辨学术盛衰与中外异同之点。又外国纪年下附注本国年代，以便对览。

九、教育与政治、社会、学术关系复杂，本书皆详究其源流，使读者明各时代教育之所由成。

十、近年来发明之新学说，本书据最近出版书搜辑，大致悉备。

十一、学制与学说有相互关系者，本书已见于前项者，后项但记其关系之点，以避重复而资联络。

十二、每一标目下，凡可连类而及者，皆附述于后。

本书限于篇幅，不能详备，仓促辑述，编者虽颇费经营，但学识谫陋，缺憾甚多，再版时当努力订正。尚望大雅宏达指摘疏陋，匡所不逮。

附：《新制教育史》目录

第一章　绪论
　　第一节　教育史之要旨
　　第二节　教育史之要实

第三节　治教育史之益

　　第四节　本编编述之旨

第二章　我国海禁前之教育

　　第一节　秦以前之教育

　　第二节　秦以后之教育

第三章　世界新教育之潮流

　　第一节　概论

　　第二节　十五世纪以前之欧洲教育

　　第三节　近代初期之教育

　　第四节　十七八世纪之欧洲教育

　　第五节　十九世纪教育之概要

　　第六节　最近教育之思潮

　　第七节　各国现行教育之概状

　　第八节　日本维新后之教育

第四章　清季教育及民国学制

　　第一节　清季教育

　　第二节　民国学制

小学校修身教科书编纂商榷书*

第一，主旨

依本部所定教育宗旨，及《小学校教则》第二条之旨趣，授以中华国民所必需之道德。

道德之范围甚广，小学校教育当审度国家情势，而分别其缓急轻重，今拟以爱国为修身科之主要目的，而欲养成爱国心，有左之各要点。

（一）培养儿童之自信心　　一切事皆由心造，有理想而后有事实。吾国地大物博，开化最早，国本雄厚，非他国可及。值此政体革新以后，正吾国民奋发有为之秋，今日之儿童，须使悬想未来中国之勃兴气象，企图各种文明事业，而有吾国必强之自信心。

（二）激发儿童之自觉心　　既能自信，又须自觉，否则流于自大。故在程度稍高之儿童，当告以吾国近年之屈辱，及物质文明之幼稚，俾

---

* 原载《教育研究》（上海，江苏省教育会编辑）总第23期，1915年；另载《松江教育杂志》第5期，1915年。与熊崇煦、陈润霖、黎锦熙、毛邦伟等合作，署名"教育部教科书编辑处"。

警惕反省，而有吾国不可不强之自觉心。

（三）唤起儿童之责任心　爱国不尚空谈，故既有自信心与自觉心，又须实行。所谓实行者，非必有炫人耳目之爱国行为也。凡国民能尽种种责任，即是真爱国。尤须先养成儿童独立性质与协同性质，俾随处注重实践，而有各自图强之责任心。

第二，材料

甲、选材之方针

依本部所定之教育方针，而与其他各科联络一致。

乙、选材之要件

（一）宜发挥本国道德之特色　一国之国民道德，本于历史及政教风俗者，必有特异之美点。吾国之家族道德最为圆满，他若个人道德，亦有特长。此等固有之美德，务使发挥而光大之。

（二）宜采取欧美道德之优点　吾国之社会道德与国家道德，较西洋远逊。欧美先进国之国民，视社会国家事与自己事无异，图谋公益不遗余力，故其国势日隆。此等优点，亟应酌量采取，以期弥补国民道德之缺憾。

（三）宜以积极的教材为主、消极的教材为辅　修身教材或谓当全用积极主义，譬如养生，元气既充，外邪自无由而入。然儿童之欲望至强，而意志至弱，倘不先灌以疾恶如仇之素养，将来猝遇诱惑，不免陷入邪途，故消极教材决非绝对不可采。惟采取此等材料，当以防戒现有之弊，或预料将来易犯之弊为本旨。若无关斯旨，而故举恶事，则防恶适以诲恶，非所宜也。

（四）宜以处常的教材为主、处变的教材为辅　道德以守经为主，故小学修身当注重于寻常日用之心得，即关于庸言庸行之材料是也。然修身科既以涵养德性为目的，则鼓励儿童志气之材料，亦万不可少。古人奇特之行，兴味饶足，感化较易。且岁寒然后知松柏，士穷然后见节义，君子之所以异于人者，贵能临大节而不变，处大难而不沦耳。故教授修身，既示以处常之道，必更示以处变之道，庶儿童心有定识，将来躬遇患难，可以卓然自守、坚忍不移也。惟采取异常教材，分量宜少，抉择宜严，凡诪诡之言行、极端之事例，务戒避之。盖教示儿童处变之道，不过略示规范，借以坚确其节操之思想，非必欲其演成事实也。

（五）宜留意社会固有之材料　修身材料宜留意于民间固有之事实。吾国之一般社会，因小说或戏剧上所得之知识，虽多荒唐，然其中不无适宜材料，苟能选取整理，俾学校教育与社会家庭相联合，因势利导，收效至大。

（六）宜顾及儿童境遇　儿童之生活范围至为狭小，故修身教材若纯选伟人事迹，而不问其境遇如何，易蹈空廓之弊。今宜注意于儿童实际生活，在低学年多授日用寻常之教训，在高学年加入独立自营职业概要等，切于谋生之教训，务使出校后置身社会，得以应用于实际，方为适切。又教材与儿童之境遇接近，在教授上易收注意及类化之效。

（七）宜适应儿童心意之发达程度　此为各科普通要件，但选材时易于疏忽，今宜特别注意。即某年龄之儿童，欲授以某材料，必先审度其心力能否理解是也。又如儿童欲望之发达程度、道德意识之发达程度，亦宜虑及。

（八）宜适于国体及国情　采用历史材料，宜顾现时之国体；采用外国材料，宜审本国之国情。

（九）宜留意于矫正时弊　吾国社会现状，若不重卫生，若不究经济，若缺乏公共心与自治心，若鄙薄劳动而艳羡侥幸，若嗜烟、嗜酒、赌博、缠足等种种弊风，均宜加入适宜教训，以矫正之。

丙、材料之种类

一、例话

例话为修身教材之重要部分，其类又分为二：曰实话，曰假设话。

实话

选取实话，宜留意于左之若干要件：

（一）宜兼采人格主义与行为主义之长处　修身教材有提出模范人物，使儿童信仰模仿者，是曰人格主义（亦称人物基本主义）。又有预定应授德目，但取合于某德目之材料，而不拘人格何如者，是曰行为主义（亦称德目基本主义）。二者各有利弊。盖采人格主义，则所选模范人物，必为智德兼备之人，其势力伟大，足以引起儿童之德情，并可启培其高尚之理想，是其利也。惟伟人事迹，往往不适于儿童实际生活，学生崇拜伟人，容易驰骛高远，而于日常行为反多疏忽，是其弊也。采行为主义，则材料之范围广大，选择易于切当，是其利也。惟德目散漫，不能调和统一，是其弊也。今宜兼采两主义之长，而舍其所短，即表面采行为主义，内容采人格主义是也。模范人物能选一人兼具数德目者，尤为适宜，彼此德目有重复，则酌删之。此外，有缺漏之德目，另选片段行为以补助之。

（二）宜兼采古人与今人之例话　修身教材，当多采古人之嘉言懿行，学者已无异议。至采用今人问题，赞成者谓现时之活模范，儿童习见习闻，理解易而感化大；反对者谓世事沧桑，人情变幻，执盖棺论定之说，采用今人实非稳健之道。二说各有理由。今以选用例话之主义为前提，倘采人格主义诚多危险，采行为主义则就事论事，可以无庸过虑。

（三）宜兼采本国人与外国人之例话　例话人物当采诸本国，然欲补救国民道德之缺点，而本国并无适当人物，不得不借材异地。且各国伟人之中，有足为全世界之模范人物，不必显分畛域者。故修身教材除采本国人外，不妨兼采外国人，借增儿童之世界观念。惟在低学年儿童，其理解力未甚发达，不宜遽用外国人。

（四）宜兼采男子与女子之例话　初等小学以男女共学为本体，修身教材除采用男子之例话外，当兼采女子之例话，且当选择男女皆适用之材料。惟按诸实际，女例话难得，故其分量不得不男多女少耳。

（五）宜慎选阶级制之例话　例话人物从吾国历史中选取者，易流于阶级制。例如，某人幼时有某善行，他日仕至某官，此等传记数见不鲜，若随意援引，易起儿童之做官思想，而官尊民卑之积习，永难打破。故此等例话，无宁不采。即使采用，亦必加以剪裁。总之，选取例话，当以尊敬其人之行为为主，至于官阶之大小有无、职业之贵贱、家况之丰啬，均可勿计。

假设话

假设话之种种有四：曰寓言，曰童话，曰物语，曰儿童史谈。

（一）寓言　寓言以训诫为主，而意在言外，耐人寻味，借以教训儿童，颇为适切。苟有稳健之材料，不论古今中外，均可采用。

(二）童话　童话之性质与寓言不同，盖寓言意在训诫，而童话但求想象的娱乐（满足人之想象的本能），未必有真正主意。此类虽多虚构事实之谈，然适合于儿童心理，在教育上颇有价值。惟必须采用本国材料，方足以涵养国民精神。又所言与善恶美丑之实际错乱者，亦当戒避。

（三）物语　此类因对于幼年儿童，欲授以学校、家庭等浅近之心得，难得适当材料，乃不得已而假设某人物之语言，或假设动植物之语言，程度高下，可以随心所欲。西洋最著名之物语，如《鲁滨孙漂流记》，是就道德实际言，虽有以虚伪教人之嫌，然适于儿童境遇，就教育效果言，可与童话、寓言同价值。

（四）儿童史谈　此类并非全假，乃就史事缘饰附会，或夸张其勇武绝伦，或形容其神通广大，使闻者得非常之快感。吾国之演义等类此者不少，苟能选择适当，极有裨于国民教育。

二、训辞及格言

前述种种例话皆为具体的，而训辞格言均为抽象的，此二者之异点也。凡用训辞，贵庄重恳挚，能采适切之经训尤为相宜。至于格言，须选词简意永，并有健全之道德的观念，可以终身铭诵者。但格言为最名贵之训言，故全书采用之句数不可太多。

三、礼仪法

礼仪偏重于实践，乃道德之发表部分，亦可谓之道德的技能，与德育有密切关系，其性质分实习、心得二种。凡选择礼仪教材，宜斟酌古今中外，而以适于国民现在及将来之生活状态为要。

四、社会故事

社会相沿之旧俗，因时令关系而有种种佳话，其内容含有道德的国民的意味者，采为修身教材，有裨于国民教育。惟当慎防迷信与误解耳。

五、道德要目

《小学校教则》第二条所举各项（宜就孝悌、亲爱至自立之道），即明示材料之大纲也。而欲本此大纲以定各学年之德目，当先定国民对于各方面所必须备具之道德，提挈其要目。

道德之范围至大，名目至多，若者应采，若者不应采，选择之际，若以伦理学为根据，则各家之学说纷歧，易滋辨讼。而小学校之道德教育，当理想今后之文明社会，以选国民所当实践之事项，斯合培养国民道德之本旨。故选定道德要目，与其从道德之主体着想，不如从道德之客体着想，即依国民所当实践之道德范围，以定对校、对家、对社会、对国家、对自己之责任是也。酌拟草案如左：

（一）对于学校之责任

一对于教师　尊敬　服从　爱慕　感谢

二对于同学　亲爱　长幼有序

三对于校仆　亲切

四对于校规　遵守

五对于校地、校舍、校具等　爱重

（二）对于家庭之责任

一对于祖先　尊敬　感恩

二对于祖父母、父母　柔顺　尊敬　爱慕　孝养　感恩　服劳

三对于兄弟姊妹　和爱

四对于仆役　亲切

五对于家族姻戚　亲睦

六对于家宅　爱重

七对于祠墓　爱重

（三）对于社会之责任

一对于个人（含邻人朋友）　尊敬（身体、名誉、财产、自由、权利，并含尊敬女子及老人、乡贤）　信实　礼貌　宽容　亲切　谦和　正义

二对于公众（含团体）　秩序　规律　协助　和通　公正

三对于公物（含寺庙、教堂）　尊重

四对于人类（含外国人）　正义　博爱

五对于生物　爱护

（四）对于国家之责任

一对于主权（含政府）　尊敬　忠义　感恩

二对于官吏　尊敬

三对于国土　爱护

四对于国法　遵守

五对于国体　尊崇

（五）对于自己之责任

一对于身体　摄卫　端正　锻炼

二对于知识　注意　研究

三对于技艺　学习　精炼

四 对于情意　奋勇　勤勉　忍耐　正义　克己　诚实　温良　沉毅

五 对于职业　选择　神圣　忠实　进取

六 对于财产　节俭　利用

以上各项，约举大要，将来依此标准以选定各学年德目时，或一课包括数要目，或一要目分为数课，视材料性质而酌定分量，可也。

丁、材料之排列

（一）排列之主义

排列教材或主圆周，或主阶段，各有利弊。今宜兼采两主义之长，而舍其所短。即大体用圆周法，视德目之重轻以定反复次数之多寡，有不适用圆周法者，参用阶段法以救济之。

（二）教材大纲排列草案

1. 例话

（1）实话　各学年皆可

（2）假设话

寓言　各学年皆可

童话　初等一、二学年

物语　同上

儿童史谈　各学年皆可

2. 训辞及格言

（1）训辞　各学年皆可

（2）格言　初等二学年以上

（3）礼仪法　各学年皆可

（4）社会故事　初等三学年以上

（5）道德要目

一学校　初等一、二学年，高等一学年

二家庭　各学年皆可

三社会　同上

四国家　同上

五自己　同上

以上各项，均系大体之规定，至实际排列时，当依材料性质及儿童心力而酌量变通。例如，对学校之责任，关于同学及校地、校舍等，宜排在低学年，关于维持学校风纪及图谋校务发展等，宜排在高学年，此类当考察材料性质者也。又如，对于家庭之责任，固宜排在低学年，而对于祖先，宜排在程度稍高之学年（初等三年），此类当审度儿童心力者也。

初等小学校修身教科书编纂纲要草案[*]

第一章 总 纲

一、谨遵《大总统颁定教育要旨》及本部《小学校教则》第二条编纂。

二、兼重实习礼仪及训练。

三、以圆周法为主,参用阶段法。

第二章 课数与时间之分配

四、本部所定小学课程表,修身科每周教授二时,每年分三学期,其周数与时间之分配如左:

第一学期,假定十六周,共三十二小时。

---

[*] 原载《教育研究》(上海,江苏省教育会编辑)总第 24 期,1915 年。另载《教育周报》(杭州)第 96 期,1915 年;《京师教育报》第 21 期,1915 年。与熊崇煦、陈润霖、黎锦熙、毛邦伟等合作。

第二学期，假定十周，共二十小时。

第三学期，假定十一周，共二十二小时。

五、每课平均教授二小时，或间至三小时以上。此外宜留余暇，以便教员遇有偶发事项之教训，及儿童实习礼仪、复习旧课等。约计每学年课数，多不过三十二课，少不下二十八课。其册数，则每年或分二册，或分三册，均可。

第三章 教　材

六、第一学年之教材，当注重学校、家庭之实践。第二学年以后，应儿童心理发达之程度，以渐广其范围，授以国民所应恪守诸道德。其德目之分量，设表如左（表中假定三十分为总数）：

	第一年分数	第二年分数	第三年分数	第四年分数
对于学校德目	九	六	四	二
对于家庭德目	九	六	四	二
对于社会德目	六	七	八	八
对于身心德目	五	七	八	八
对于国家德目	一	四	六	十

以上所列分数，不过略示大要，编纂时可酌量损益。

德目不宜过多，可用圆周法，以同一德目逐渐加深（如第一年用孝亲，第二年仍用孝亲而理稍深）。更兼用阶段法，以免生儿童厌倦之心，兼收循序而进之效（如先授尚武，后授充兵等）。

七、第一学年内，宜多用例话。惟童话、寓言等，须择其普通而雅驯者，或假设人物亦可。

八、第三学年以后，应采历史上有名人物之例话，而一人能备数种德目，尤善。惟道德之分配，以自然吻合为主，不可牵强附会，致失事实，其不甚显著之人物事迹，不宜采入。

九、书中所用例话，必择积极之事，尤以儿童能力所及、易于模仿者为主。偏激之事，奇异之行，不宜阑入。

十、历史上人物之例话，以本国人为最宜。外国人可为国民模范者，虽亦可采入，惟须在第三、四学年，且不宜过多。

十一、第三、四学年，可兼用训词，惟须择儿童所能领悟而切于实践者用之。

十二、第三、四学年，并酌加格言，使儿童常常记诵，以为立身行事之标准。

十三、训词及格言，应采经训中之文义浅显而切于实用者。所采经训，一以孔子之言为旨归，亦可兼采后来名贤名儒之说，以为之辅。

十四、初等小学男女同校，书中宜兼采女子适用之教材，女子道德以贞淑为主，兼使知自立之道。

第四章　文字及图画

十五、第一学年，每课除标目外，全用图画。第二年后，始用文字，宜由少渐进，其语句务求浅显简洁，使儿童易于领悟。

十六、书中图画，务求明确，与本课事实及时令相应。

十七、第一、二学年，应另制彩色挂图，照书中图画扩大，以便教员授课时指示之用。

第五章 教 授 书

十八、教授书应与教科书同时编纂。

十九、教授书应将教授时重要之件，提纲列出，但不必拘定教授阶段，以便教员之活用。

二十、凡关于儿童应有之礼仪（例如容体、颜色、辞令、饮食、起居、出入、往来、洒扫、进退、酬酢、集会、问讯及一切事物授受取置等法），教授书应按照本课教材之有关联者，择要列入，以备教员指示学生，令其实习。

二十一、教授书应列主要设问，以备教员采用。

二十二、教授书应列参考一项，凡教材之须加考证者，均详细载入。

高等小学修身教科书编纂纲要草案*

第一章 总 纲

一、谨遵《大总统颁定教育要旨》及本部《小学校教则》第二条编纂。

二、兼重实习礼仪及训练。

三、用阶段法编纂,参用圆周法。

四、程度与初等小学相连接。

第二章 课数与时间之分配

五、课数及教授时间分配与初等小学相同。

---

* 原载《教育研究》(上海,江苏省教育会编辑)总第24期,1915年。另载《教育周报》(杭州)第96期,1915年;《京师教育报》第21期,1915年。与熊崇煦、陈润霖、黎锦熙、毛邦伟等合作。

第三章 教 材

六、高等小学自第二学年起，兼授民国法制大意，今将每年德目之分量，略表如左（表中假定三十分为总数）：

	第一年分数	第二年分数	第三年分数
对于身心德目	六	六	五
对于家庭德目	六	五	四
对于学校德目	二	一	一
对于社会德目	八	六	六
对于国家德目	八	二	二
对于法制大意		十	十二

以上所列分数，不过略示大要，编纂时可酌量损益。

七、教材之选择及排列，与初等小学大致相同，惟将特重之点，揭明如左：

（一）训辞及格言，宜多采经训，兼取名儒名贤学说，但所采经训，仍以文义明显而切于实用者为主，不得以意点窜，其高深者不必采入。

（二）宜取本国历史上名人传记，以为国民模范；采世界伟人事略，使知世界公重之道德，并补我国之所缺。

（三）民国法制大要，以现行法制为主，不宜空谈学理，或胪列他国法制，转令学者不易领悟。

第四章　文字及图画

八、教科书字体，或用楷书石印，或用铅字排印，均可。惟字之大小，宜以普通铅字之三号字为准，不得再小，以淆学生之目力。

九、教科书中插图，凡古今名人之肖像，宜插入。惟古人肖像，须有依据，不可臆造。其他图画，均择本课重要者插入，宜求明确及美观。然不宜过于繁密，使学生不易识别。

第五章　教　授　书

十、教授书编纂法，与初等小学相同，惟将特重之点，揭明如左：

（一）书中所采经训，宜择后儒批注之精当者，详细列入，以备教员讲授。

（二）书中教材，凡字句义理，均宜解释详明，其事迹始末，益宜详细载入（如过多者可列入参考项内），以备教员参酌。

第六章　女子高等小学教科书及教授书

十一、女子高等小学修身教科书及教授书编纂法，与前所述相同，惟将特重之点，揭明如左：

（一）注重女子贞淑之道德，兼使知自立之道。

（二）采女子适用之教材。

初等小学校国文教科书编纂纲要草案[*]

第一章 总　纲

一、谨遵《大总统颁定教育要旨》及本部《小学校教则》第三条编纂。

二、文字与材料并重，然当以文字驭材料，使略成文法之系统。

三、文字浅显，务使儿童易于领悟。

四、程度宜循序渐进。

五、孔孟之言行，宜择要叙述，以端国民之趋向。

第二章　课数及字数

六、每学年三学期，教科书或分二册，或分三册，均可。每年课数约计一百一十课，其分配如左：

第一学期，假定四十八课。

---

[*] 原载《教育研究》（上海，江苏省教育会编辑）总第24期，1915年。另载《教育周报》（杭州）第96期，1915年；《京师教育报》第21期，1915年。与熊崇煦、陈润霖、黎锦熙、毛邦伟等合作。

第二学期，假定三十课。

第三学期，假定三十二课。

七、每册末，附补充课数课，如有余时，酌量授之。

八、各课字数多少，宜以次渐进，大略如下：

第一学年第一学期，自一二字渐进至十六字。

　　　　　第二、三学期，自十五六字渐进至二十五六字。

第二学年第一学期，自二十余字渐进至三四十字。

　　　　　第二、三学期，至多不得过六十字。

第三学年第一学期，至多不得过八十字。

　　　　　第二、三学期，至多不得过百字。

第四学年，至多不得过一百六十字。

九、全书生字，至多不过三千字，至少不下二千五百字。就各字需用之缓急，列为两表附后。

十、生字出现之次序，以难易定之，其标准如左：

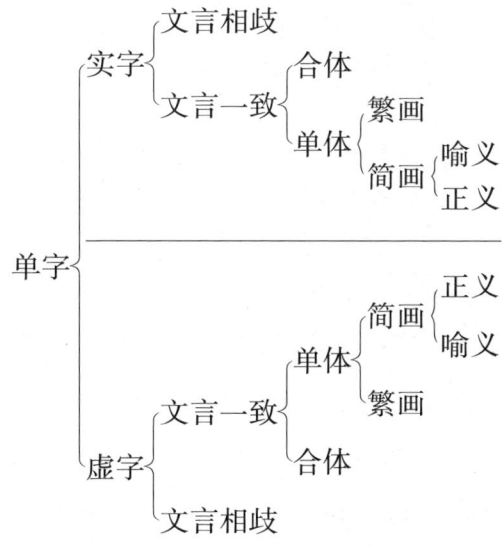

愈近中直者愈易，愈远愈难，选字时可依此酌定。

十一、各课生字之数，以次渐加，大略如左：

第一学年，开始自一二生字，以下渐进，惟至多不过六生字。

第二学年，每课至多不过八生字。

第三、四学年，每课至多不过十二生字。

十二、每课生字，应提出标于上栏，以便教员摘授。

第三章 文 法

十三、文法之次第，略如下列：

第一学年　第一学期　单字　名字

联字 { 动字 / 静字 }

短句 { 代字 / 状字 / 介字 / 助字 }

第二、三学期 { 短句（同前） / 短文（连字） }

第二学年　短文　叹字

第三、四学年　短文　文章之构成法

品词之用法，有宜特别注意者，更列于下：

（甲）代字、介字、助字、连字等，应于一课或相近数课之内，以同一用法，出现两次以上。状字中，如"不""既""未""已"之类，亦同。

（乙）同一字而有数种用法者，其排列不宜相距太近，必俟第一用法确能领会之后，再授第二用法，并应于教授书中详为比较。

（丙）代字、介字、助字、连字，每一类中各字出现之次序，以解释之难易定之。

短句中宜多运用以前所授之单字，短文中宜多运用以前所授之短句，使学生读之，渐知积字为句、积句为文之法。

教材与文法，应互为难易，凡教材较难之课，其文法应用已经习过者。

十四、书中各种文体，固难完备，然如传记、游记、论说、问答、书牍之类，可具大略，以备儿童应用。至章程、广告、文契之类，不必列入本课，但于课后附有其式，使儿童知其体裁，即可应用。

十五、韵文可略具数课，以涵养儿童之性情，惟不宜太多，以此等文之组织，有时与普通文法不同也。

第四章 取 材

十六、选择材料，宜重实用与兴趣两方面，取国民常德、常识关系最要者，且为寻常所有之事物，使儿童易于了解，于季节适应之处，亦应注意。

十七、人文材料与实科材料兼收，其能涵养文学上之趣味者，亦不可忽。

十八、修身宜重训练意志者。

十九、历史取代表其时代之人物，及儿童能理解之大事，由古及今，须略相照应，以养成其统系之观念。

二十、地理取本国之山川形势、名都大邑、商埠军港及幅员大略，而邻近及世界著名各国，亦宜略及之。

（附说）历史地理材料，于第二学年起始加入。

二十一、理科，取天然物及自然现象关系人生日用者。

二十二、实业，须针对我国现势，尤注重特富之产物、素长之艺及商业之要概。

二十三、国民教育，就国民与国家之关系，及国体、政体、国家之制度等类，扼要叙述。

第五章　字体及插画

二十四、教科书字体，皆用楷书，宜求工整。第三学年后，所附书信等式，兼用行书。

二十五、教科书第一、二学年，字体宜稍大，以省儿童目力。第三学年后，可略减小，然每半页宽在10.5生的密达①中，至多不得过七行。长除上栏外，在15生的密达中，至多不得过十四字。

二十六、插画务与儿童以适确印象，其无关于本文讲授者略之。渐进至上级，则渐减少。

二十七、人物、衣服、房屋等，务以多数国民所常见者为准。

---

① 生的密达，英文厘米（centimetre）的音译。

二十八、书中有引古事者，其画必依古制为之。

二十九、画以明确雅洁为贵。自第二年以下，日常经见之物，可不必图，且无取彩色美丽。

三十、地图，取其能示简易之概念已足，但须求正确。

第六章　教　授　书

三十一、初等小学国文教科书外，宜更编教授书，以备教员之用。

三十二、教授书中，宜体察教授时情形，将重要必须之项，分条列举。惟不可拘泥阶段形式，致失教授者编纂教案之余地。

三十三、字之同音异读，与文法之同字异用者，皆宜标出，且联络前课为之比较说明。

三十四、关于各课之语法、文法，可略举一二例，以备教员之采用。在第一年第一期所举，必须言文可以对照，而无事增减者。以后虽不拘此，但文法运用之处，举例必求正确。

三十五、教授书中，应附列参考一项，有宜注意者数事如左：

（一）教识字时，凡象形、会意、指事等字，及其字之本义，可以简语解释者，须略着之，使教者心知其意，得相机解析，以告知儿童。

（二）某字从某字之形声，以至笔画之区别，均当附以明确之诠释。

（三）教科书中叙述古事，但用其意者，必备着原文，其节取经训或成语者亦同。

高等小学校国文教科书编纂纲要草案*

第一章 总 纲

一、谨遵《大总统颁定教育要旨》及本部《小学校教则》第三条编纂。

二、以文字为主，而各科教材副之。

三、宜与初等小学国文程度相连接。

四、孔孟之言行，宜择要叙述，以端国民之趋向。

第二章 课数及字数

五、每学年三学期，教科书或分二册，或分三册，均可。每年课数约计七十课，其分配如左：

---

* 原载《教育研究》(上海，江苏省教育会编辑)总第 24 期，1915 年。另载《教育周报》(杭州)第 96 期，1915 年；《京师教育报》第 21 期，1915 年。与熊崇煦、陈润霖、黎锦熙、毛邦伟等合作。

第一学期，假定三十课。

第二学期，假定四十课。

第三学期，假定四十课。

六、每册末附补充课数课，授毕如有余时，酌量授之。

七、高等小学国文，当以文字浅深为次序，不必泥定字数之多少，惟不可不稍有范围。大约第一学年每课至多不得过一百六十字，第二学年每课至多不得过二百字，第三学年每课至多不得过三百字。如全篇文字稍长，可酌量分作两课。

第三章　文字体例

八、文字分传记、论说、条议、书翰、文牍等体，诗歌间可采入，惟不宜多。至于规约、广告之类，可附于课文之后，以示程序。

九、以上各体，以传记类为最要，论说次之，书翰、条议次之，文牍又次之，篇数分配之多寡，以此为准。

十、各体文字，应按圆周法排列，以适于程度为准。

第四章　文　　法

十一、高等小学国文书，程度较初等稍进，于品词外，并应注重成文法。

十二、字法、句法，宜求明确，切禁艰深。至文家涂饰之词藻、世俗恶劣之名词，均不宜阑入。

十三、篇中之布置，节段务求清晰，脉络务求明显，使学生易于领悟。

十四、文字排列之次序，应尽字法、句法、篇法之相近者，连续列之。

十五、各篇文字中，在文法上所应注意者，宜特加圈点，以引起读者之精神。

十六、各类文字，或自行编纂，或选古人文字，均应依照十二至十四条之标准。

第五章 材　　料

十七、选择各科材料，宜注重国民常德、常识，其标准与初等小学同，惟宜较初等小学稍加详备。

十八、选择材料，宜注重积极方面。至奇僻之事迹、偏激之议论，均宜切戒。

十九、本国圣贤、豪杰之言行，宜略择加入，以发扬国民之特色。各国名人事迹，亦可酌量采入，使知世界之大势。

二十、运用各科教材，不可专事罗列，宜注重文字之兴味。

第六章 字体及插画

二十一、教科书字体，须用楷书，或石印或铅字排印均可，惟字之大小，宜以普通铅字之三号字为准，不得再小，以淆学生之目力。

二十二、教科书中插画，凡古今名人肖像，宜插入，其他图画，宜择本课重要者插入，均以明确雅洁为准。

第七章　教　授　书

二十三、教授书编纂大要，已具初等小学国文编纂纲要中，惟将特别注重之点揭明如左：

（一）教科书每篇文字中之字法、句法、篇法以及文体等，均应特别标出，并详加解释，使教员易于指示。

（二）教科书每课中之名词、古语及事物等类，均宜详细注解，以备教员之参考。

师范学校国文教授要目草案*

预科，每周十六时（并习字计之）。

讲读文章，六时。文字学，六时。文法，一时。作文，一时。习字，二时。

第一学年，每周十时（并习字计之）。讲读文章，四时。文字学，二时。文字，一时。作文，一时。习字，二时。

第二学年，每周六时（并习字计之）。讲读文章，三时。文字学，一时。作文，一时。习字，一时。

第三学年，每周四时。讲读文章，一时。文章流别，一时。作文，一时（隔周所空时间加授文章流别）。教授法，一时。

第四学年，每周三时。讲读文章，一时。文章流别，一时。作文，一时（隔周所空时间加授文章流别）。

本科教授，分讲读文章、文字学、文法、文章流别、作文、习字及教授法七目。其中如讲读文章、文法、作文、习字四者，与中学大略相

---

* 原载《教育研究》（上海，江苏省教育会编辑）总第 24 期，1915 年。与熊崇煦、陈润霖、黎锦熙、毛邦伟等合作。

同，惟文字学当较中学加详。至文章流别及教授法，则中学所无者也。兹就与中学相异者，举其要义，条列于左：

（一）讲读文章之法。全与中学相同，惟须增授文章流别，故将时间略为减少，约当中学六分之五。

（二）文法。教授之法，全与中学相同。

（三）文字学。较之中学尤宜注重，其于中学生徒所习者以外，凡形体、音韵、训诂三者，更宜明其概要，庶他日教授小学生徒，不至有字体不正、发音讹误及望文生义之弊。形体宜以《五经文字》《九经字样》为准，其误者，宜依许书订之。音韵宜于字纽、《广韵》说明大略，既便反切之用，且可由此粗知古音通转之理（古音不明，于解释训诂时，应用颇多窒碍，但亦不必过繁）。训诂不必琐求，惟择取通用之字，使知孰为本义，孰为引申，孰为通借，举一反三，自足应用。

（四）作文（附改文）之法。全与中学相同。

（五）习字之法。与中学相同，但第一学年起，即宜兼学草书。

（六）文章流别。兼文章体裁及文学源流而言，师范与中学主义不同，兹故特加此目。

附识：（一）凡要目中未曾标明与中学有异者，皆得适用中学教授要目。（二）女子师范学校教授标准同此。

《新式国文教科书》编辑大意*

一、宗　旨

根据小学教则，确定本书之宗旨：（1）修练儿童之语言；（2）授与切于实用之文字文章，养成发表思想之能力；（3）培养国民之德性；（4）启发智识。

二、编　制　法

遵守现行学制，规定编制法：（1）春季始业关于季节之教材，皆与季节相应。（2）全书八册，每学年用二册。（3）每册正课五十，附课四，足供半年之用。（4）文字与图画相辅。（5）课文进行之程序，按册递增二十字，惟诗歌不拘此例。

---

* 选自《新式国文教科书》（全八册，与陆费逵、沈颐、戴克敦、姚铭恩合作编辑，沈恩孚、范源廉、刘宝慈校订），中华书局1915—1916年初版。国民学校用（春季始业用），教育部审定，多有插图。李廉方为第六册第一作者、其余各册第二作者。

三、文字之标准

甲、选字之标准

据多数研究之结果，国民教育之用字以二千五百字至三千字为率，本书选字即据此为准。

乙、字之排列

依据最近教育界所主张，例如下：（1）先本义，后旁义；（2）先简笔，后繁笔；（3）先单体，后合体（以属义者为限）；（4）先言文一致，后言文歧异；（5）辨别词性，分程采用。

丙、生字

各课生字，力求平均。凡异义之字，详见教授书。附件、附课各生字，于字旁加圈，不列上栏。附图不加圈，亦详见教授书。凡课文初见之字，已前见附件、附图中者，作为熟字，惟附课则否。

四、文章之标准

甲、句法

句之构成法，由简而繁，由易而难。一课之中，必令长短各句，参互错综，活泼而有变化。

乙、文法

分文之构成法及文体二项述之：（1）文之构成法分四步：一联字，二联句，三联句成短文，四篇章。（2）文体，就体段上、言语上、思想上、形式上，分别浅深，按照儿童程度，分年编入。教授书附载教材分配表，详列本项之类别。

前条皆指正文言之。此外尚有：（1）日用文。如书信、收条、账目、柬帖、合同、股票、契约、章程、电报，皆采通行之程式。（2）附课。纯用口语体，将与本册文言字相应之口语字，而又通行全国者，编入课中，其内容亦与本课教材联络。

五、材料之标准

根据教育宗旨，审辨本科性质，适当规定如左：

甲、道德教育

其所选之材料：（1）经传之精义；（2）本国古书之传说，能培养国民之精神者；（3）名人之轶事；（4）善良之风俗习惯。

乙、普通知识

其所选之材料：（1）公民知识；（2）历史；（3）地理；（4）理科；（5）实业。

丙、美育

其所选之材料：（1）自然界美丽之景色；（2）美术；（3）课文本身具文学上之兴趣。

以上仅规定大体，实际则一种教材，辄兼具数种性质。如历史兼与道德教育有关，天然界美丽之景色兼与理科有关。本书于教授书各册之后，附载教材分配表，某课属于某类，或兼属某类，皆经标明。

六、图画之要旨

甲、种类

（1）写课文情景，便于本文之说明；（2）足引起儿童向往之情者；（3）足引起儿童爱美之情者。

乙、内容

（1）从各地各方面取材，不偏于一地，亦不偏于都会及上流社会；（2）各图必与实际相符；（3）简单明了，便于观察。

七、教　授　书

分教材、要旨、准备、教法、参考五项，注意于儿童之自力研究，每册之后，附本册生字一览表、教材分配表等，教科书本文照原样文字、图画之位置缩印插入，皆为本书特创之例。

附：《新式国文教科书》第三册至第八册目录
《新式国文教科书》第三册[①]

第一课　开学	第二课　赵儿念父
第三课　梅花	第四课　渡水（一）
第五课　渡水（二）	第六课　春晓

[①]《新式国文教科书》第三册（国民学校用），中华书局1915年12月初版，1923年5月第104版。本书收入的是1919年9月第34版目录。

第七课　衣服 附图	第八课　猫与金鱼（一）
第九课　猫与金鱼（二）	第十课　折纸
第十一课　春日	第十二课　燕哺雏
第十三课　笋	第十四课　竹叶船
第十五课　菜园 附彩色图	第十六课　鸡
第十七课　井	第十八课　整洁 附图
第十九课　蝴蝶	第二十课　蜜蜂
第二十一课　风筝（一）	第二十二课　风筝（二）
第二十三课　习武之戏	第二十四课　宇文深
第二十五课　古之兵器	第二十六课　今之兵器
第二十七课　客来	第二十八课　烛
第二十九课　卧具	第三十课　扫地 附图
第三十一课　饲蚕	第三十二课　蚕眠
第三十三课　蚕作茧	第三十四课　织锦
第三十五课　雀（一）	第三十六课　雀（二）
第三十七课　笔	第三十八课　取枣
第三十九课　驴	第四十课　虾
第四十一课　急智	第四十二课　相者
第四十三课　月	第四十四课　插秧
第四十五课　磨粉	第四十六课　雷雨
第四十七课　驱蝇	第四十八课　莲
第四十九课　采莲	第五十课　夏日之农夫
附课一　猫与金鱼	附课二　瓶花

附课三　云与雨	附课四　兵器

《新式国文教科书》第四册①

第一课　事母	第二课　赵儿附信
第三课　驱蚊（一）	第四课　驱蚊（二）
第五课　萤	第六课　燕将南迁（一）
第七课　燕将南迁（二）	第八课　手足
第九课　枫叶	第十课　我国地图
第十一课　栗之谜语	第十二课　不倒翁
第十三课　不倒翁歌	第十四课　蚁
第十五课　马	第十六课　车
第十七课　帆船	第十八课　刻舟求剑
第十九课　鱼附图	第二十课　运动会
第二十一课　饭之来处	第二十二课　农家之劳
第二十三课　菊花	第二十四课　沸水
第二十五课　水性	第二十六课　大川
第二十七课　蟹	第二十八课　鹬蚌相争
第二十九课　磨杵成针	第三十课　买絮
第三十一课　织布	第三十二课　豆
第三十三课　麦	第三十四课　收据附收据式
第三十五课　吹笛	第三十六课　鹰
第三十七课　即来	第三十八课　登山

---

① 《新式国文教科书》第四册（国民学校用），中华书局1915年12月初版，1923年5月第102版。本书收入的是1919年7月第34版目录。

第三十九课　豆囊入笼	第四十课　萝卜
第四十一课　烹饪附图	第四十二课　秤
第四十三课　称象	第四十四课　鼠矢
第四十五课　鸦入水	第四十六课　雪景
第四十七课　兵操之戏	第四十八课　分橘
第四十九课　吕儿	第五十课　七曜日
附课一　赵儿之功课	附课二　枫叶
附课三　熟食	附课四　大山

《新式国文教科书》第五册[①]

第一课　伏羲神农	第二课　黄帝
第三课　我国之前途	第四课　居室
第五课　空气	第六课　走马灯
第七课　风	第八课　节饮食
第九课　戒饮酒	第十课　戒吸烟
第十一课　爱兄附信二	第十二课　清明谒墓
第十三课　卖报童子	第十四课　账簿附簿记式
第十五课　北京	第十六课　武汉（一）
第十七课　武汉（二）	第十八课　煤
第十九课　煤油	第二十课　油
第二十一课　湖	第二十二课　禹治水
第二十三课　汤武	第二十四课　豕

[①]《新式国文教科书》第五册（国民学校用），中华书局1915年12月初版，1923年5月第91版。本书收入的是1919年6月第27版目录。

第二十五课　牙齿	第二十六课　吐痰
第二十七课　花	第二十八课　草
第二十九课　蛙	第三十课　松
第三十一课　墨	第三十二课　笔据 附笔据式
第三十三课　图画	第三十四课　漆
第三十五课　孔子	第三十六课　孟子
第三十七课　虫 附图	第三十八课　啄木诗
第三十九课　蛋之谜语	第四十课　广州
第四十一课　香港	第四十二课　交易 附单据式
第四十三课　瓷器	第四十四课　石灰
第四十五课　回声	第四十六课　钟表
第四十七课　雹	第四十八课　虹
第四十九课　望远镜	第五十课　显微镜
附课一　慎食	附课二　智慧
附课三　节操	附课四　急智

《新式国文教科书》第六册[①]

第一课　太阳	第二课　星
第三课　堪舆	第四课　南京
第五课　天津	第六课　秦始皇
第七课　长城	第八课　汉武帝
第九课　张骞	第十课　塞下曲

---

① 《新式国文教科书》第六册（国民学校用），中华书局1915年12月初版，1923年5月第80版。本书收入的是1921年12月第43版目录。

第十一课　写信（一）附信　　　　第十二课　写信（二）附信

第十三课　钱塘江　　　　　　　　第十四课　蟋蟀

第十五课　露与雾　　　　　　　　第十六课　肺

第十七课　筋骨与皮肤　　　　　　第十八课　班超

第十九课　诸葛亮　　　　　　　　第二十课　沙漠

第二十一课　骆驼　　　　　　　　第二十二课　鸵鸟

第二十三课　旅行　　　　　　　　第二十四课　日记附日记式

第二十五课　宴会附请柬式　　　　第二十六课　文字

第二十七课　报纸　　　　　　　　第二十八课　上海

第二十九课　国货　　　　　　　　第三十课　庆吊附各种柬帖式

第三十一课　垦荒　　　　　　　　第三十二课　棉

第三十三课　谷附图　　　　　　　第三十四课　稻稿

第三十五课　麦秆　　　　　　　　第三十六课　蔗糖

第三十七课　唐太宗　　　　　　　第三十八课　张巡

第三十九课　物类　　　　　　　　第四十课　植物之营养机关

第四十一课　兽附图　　　　　　　第四十二课　狮虎

第四十三课　黄金　　　　　　　　第四十四课　开矿

第四十五课　铜与铁（一）　　　　第四十六课　铜与铁（二）

第四十七课　货币　　　　　　　　第四十八课　衡器

第四十九课　冰　　　　　　　　　第五十课　愚公移山

附课一　燕与蜜蜂　　　　　　　　附课二　酒害

附课三　求学　　　　　　　　　　附课四　小学生的学问

《新式国文教科书》第七册[①]

第一课　水陆	第二课　陆地
第三课　大洋	第四课　哥伦布
第五课　地图	第六课　进化
第七课　人种	第八课　我国之民族
第九课　亲属（一）	第十课　亲属（二）
第十一课　游子吟	第十二课　恤贫
第十三课　岳飞	第十四课　大山
第十五课　运河	第十六课　家计附预算表
第十七课　储蓄	第十八课　戒奢
第十九课　裁缝	第二十课　国体政体
第二十一课　地方自治	第二十二课　赋税
第二十三课　章程附章程式	第二十四课　海之关系附图
第二十五课　渔业	第二十六课　盐
第二十七课　元代之强盛	第二十八课　郑和
第二十九课　侨民	第三十课　桑
第三十一课　育蚕及缫丝	第三十二课　茶
第三十三课　果树附图	第三十四课　人体
第三十五课　种痘	第三十六课　工业
第三十七课　商业	第三十八课　公司附股票式
第三十九课　广告附广告式	第四十课　造纸

[①] 《新式国文教科书》第七册（国民学校用），中华书局1915年12月初版，1923年5月第81版。本书收入的是1919年8月第25版目录。

第四十一课　麻　　　　　　　第四十二课　汽机

第四十三课　铁路车站　　　　第四十四课　隧道

第四十五课　雷电（一）　　　第四十六课　雷电（二）

第四十七课　游历　　　　　　第四十八课　国内游历（一）

第四十九课　国内游历（二）　第五十课　国内游历（三）

附课一　游戏　　　　　　　　附课二　戒作伪

附课三　孝亲　　　　　　　　附课四　迷信无益

《新式国文教科书》第八册①

第一课　世界大势　　　　　　第二课　德意志

第三课　日本　　　　　　　　第四课　历

第五课　日蚀　　　　　　　　第六课　月蚀

第七课　邮务附邮务寄费表　　第八课　电报附电报式

第九课　交涉　　　　　　　　第十课　军备

第十一课　鸦片之役　　　　　第十二课　洪秀全之役

第十三课　国耻（一）　　　　第十四课　国耻（二）

第十五课　中国史略（一）　　第十六课　中国史略（二）

第十七课　中国史略（三）附历代纪年表　第十八课　干支

第十九课　三年之艾　　　　　第二十课　防疫

第二十一课　霉菌自述　　　　第二十二课　水之卫生

第二十三课　滴水自述（一）　第二十四课　滴水自述（二）

第二十五课　法律　　　　　　第二十六课　警察

---

① 《新式国文教科书》第八册（国民学校用），中华书局1916年5月初版，1923年5月第68版。本书收入的是1919年8月第23版目录。

第二十七课　影戏	第二十八课　鸟 附图
第二十九课　空中交通	第三十课　电之应用
第三十一课　国债	第三十二课　契约 附契约式二
第三十三课　寒暑表	第三十四课　指南针
第三十五课　环游世界（一）	第三十六课　环游世界（二）
第三十七课　环游世界（三）	第三十八课　环游世界（四）
第三十九课　废物利用	第四十课　火柴
第四十一课　农业	第四十二课　籴米
第四十三课　植树	第四十四课　巴拿马运河
第四十五课　地但尼邮船遇险	第四十六课　宗教
第四十七课　宪法	第四十八课　无字荐书
第四十九课　介绍入学 附信	第五十课　毕业
附课一　教员训词	附课二　来宾演说
附课三　学生家族谢词	附课四　学生答词

关于中小学教科书问题的演说*

一、小学教科书

诸君是学师范的,将来是教授一般国民的,是以对于小学教科书,不能不预先加以研究。兄弟关于此项问题,有许多怀疑之处,一一提出来供大家研究。

(一)教授时间

教授高小及国民之学生,其教授的时间,现在各学校往往一样,而教授国文的时间与教授算术的时间,毫无分别,这实在是可以怀疑之点。夫教授时间究竟是不是应当限定一小时?每周是不是应当限制一定的钟点?学生之讲演会、朝会、午会种种的训练,是不是应当限定一定的时间?教师所讲的功课,能不能在一小时内完全讲毕或是有余?即或能完,而学生能不能有余暇的时间去自己推究?又国民在三年以上的时候,才能够多加钟点,而教授国文时间又不多,关于国文教科书以外所

---

* 摘自《李廉方先生演说词》(曹德宣记录),《沈阳高等师范学校周刊》第6期,1920年6月。题目为编者所加。

有的事情，而为国民所应当知道者，是应当使他知道不知道呢？又教授国文的时候，其中有须实地应用它，这个时候，教师能不能向学生确实证明？这也是应当讨论的问题。

（二）国语问题

奉天在从前曾办过官话字母传习所，嗣后不久即行停止。按国民小学本应当有国语一科，因为国民学生四年毕业之后，不能都是升学者，有升学的，又有做别种事业的。此四年之内，若学国文是很难明顺！除非特别天才的人，简直就不能明白的很多。如之、乎、者、也、矣、焉、哉等虚字，国民儿童怎么能够明白呢？国语虽然亦有虚字，如啦、的、吗、呢等，但与俗语相同，文言一致，故容易明白，而不像国文的困难，此其一。又现在中学、高小以及国民学校，国文教师往往有以文言翻成白话，这实在是令人可以怀疑之点。盖学校所以有国语者，是使其文言一致，而容易明了，并不是作白话文章。国语是国语，国文是国文，决不可看成一样。国民学校若有国语，则对于教授上有许多的便利，文言相同，儿童很容易明白。现在一般教师讲国文的时候，往往就以文言解释文言，如"手"就是手，"麦"就是麦，这样囫囵吞枣的讲法，不告儿童真正确实的内容，那儿童怎么就能明白呢？这样讲法，能说是对吗？和那由文言翻成白话文其弊病是相同，此其二。当国文教师者，应当有这两种觉悟，此亦可以讨论的问题。

（三）注音字母

注音字母——不是用它替代汉字，乃是用它反切字音的。在八股时代，研究小学那些经学家们，都注意"字"的本音，所以有音韵学。盖同一字，各地读法往往不同，湖南则读湖南音，广东则读广东音，谁是谁非很难判决，是以必有一定的注音作为标准。注音字母是用反切方法，使字音一定不变，比从前音韵字母强的很多。有人说若不是这样子，岂不是就应当把汉字废弃啦？夫汉字应当废不废，是另一问题，而注音字母便利不便利，又是一问题。又有人说白话很不容易统一，国民小学不如教授国文，白话与文法又不甚相合。岂不知，白话能使文言一致，对于文法上亦很有研究。用白话文不但不能妨碍国文，且有补益于国文。又现在学校作文，一字一句，处处都模仿古文，拘泥成语。夫字句安排好不好，段落或反或正，本无一定的规定，而字句亦不必尽与古文成语相同。譬如桐城派文章，可以说是古文家，然他们的文章，何尝尽模仿古文？古文文法和白话文法一样，大家对于此国语，必得用一番研究才能行。无论何事皆得研究，不研究不能有进步，亦不能确实。

（四）历史、地理

现在高等小学教授历史、地理，往往注重某某朝代某某省份，某朝代有多少帝或多少年，某省有何山何水，专偏于记忆方面，用些干燥无味的材料有什么用处呢？教授历史、地理，本在启发儿童爱国心，养成国家观念，而这样记忆教授，毫无文化上的陶冶和精神上的感化，又怎么能启发儿童爱国心？岂不是和原来的宗旨背谬吗？这样教授是务必要打破的。应当选择有用之材料，那无用的材料可以取消。历史宜重文化方面，地理宜重交通、物产方面。此亦应当讨论的问题。

（五）算术问题

小学算术，在贵乎实际应用，而不贵乎理论讲演，是以教授算术时，应当以日常生活所需者作为材料而演算，多多实地练习，不可专在讲堂天天多演几十道算题，就算完事。天天仅演算题又有什么用处？教师在讲堂讲，学生在讲堂听或是算，离日常实际上很远，这岂不是与原来的宗旨相背驰啦？这岂不是大大的错误吗？此亦可以研究的问题。

二、中等教科书

现在中学、师范学校之教科书，大概关于必修科，每日均限定有多少时间，对于各种科目时间往往多少相同，实在是可以怀疑之点。在每学期内有许多教科目，实际上能不能有许多困难的出来？又个人性质不一，而一班的编制是不是相合？前次全国教育会会议，有主张中学分科制，分为文、实两科，然有怀疑之处，其怀疑之点与前相同。中学虽分文、实两科，亦仍有许多班，于一学期内亦仍有许多教科目，既然如此，则其弊病与不分科同。班的编制教授，对于个性发展上，能不能有妨碍？当然是要有妨碍的。科目既多，学生能不能有余暇时候去自习？简直是没有自习的机会。此地办学者不知作何感想，学生亦不知作何感想，而兄弟自己实在有此感想。师范生对于此问题，不能不加以研究，将来出而当教师，更宜特别注意才好。应当使学生多有自习的机会，并得发展学生之个性，以尽其所长。望诸君对此意见详加讨论。

大家求学在这个东三省地方，是一个特别地方，与关内不同。就个人感想上着眼，不是就地方着眼。譬如无论何物，其有一种动作，必因环境而不同。如灯在瓦房里头，可以任意燃烧，不必去时时看护它。若在茅屋中，就得要加些许的小心，去时时看护它。若在空场地方更得加许多小心。因为灯在空场的地方，虽然可以照亮，若是遇着暴风，则就危险极了。要使它不为暴风吹灭，必须特别注意，预先就得预备极坚固的玻璃灯罩。诸位求学于沈阳高师，就如明灯一样，奉天是个大空场，要防备暴风吹灭，必得将灯罩好好地预备，就像电灯一样才能行。灯罩既然坚固，则无论在何处，有何暴风，也没有危险。以沈阳高师作奉天明灯的总机关，总机关既然完备，则由总机关一发，而各处皆明，不但东三省受其赐，而他处亦受其赐矣。

中学校学科问题之商榷*

今之议改制者，大抵谓从前中学之弊：课程繁重，易疲脑力；学不专精，难期实用；平均学习，不易发展特长。列举之弊，诚如所论。惟弊之所由生，是否纯因制度□□①所致，尚待考虑，若不极力扩充经费，加意培养人才，改良教材与教法，虽有善制，终无起色。而教材之改良，不仅中学本身问题，其相衔接之高等小学课程，亦宜整理，使之各如其量，相联络而不嫌繁复。（现行教科书，大抵杂陈知识，排列顺序依科学系统而不合教育方法；高等小学与中学相同科目，如国文、历史、地理、理科、数学等，教科书内容，仅有事项加多、程度加深之别；其划分教材，对于分量高下、范围广狭，并无适当配置，仅由编辑人以意为之；教育部不为相当规划，则教授功深，虚耗时间，无法救济。）夫制度无一成而不变，惟必因时因地而制宜。所以教育之方，一方在因应潮流，一方尤贵斟酌国情。

---

* 摘自李廉方：《中学校制度之商榷》，《教育杂志》第12卷第9号，1920年9月。题目为编者所加。
① 原文此二字模糊，无法辨认。

一、学科目问题

中学校科目繁重，吾国与日本学界，几有一致之论调。然从学习方面言，苦于过多；从应用方面言，又嫌其不足。查《中学校令施行规则》第一条，中学校之学科目，为修身、国文、外国语、历史、地理、数学、博物、物理、化学、法制、经济、图画、手工、乐歌、体操。女子中学校加课家事、园艺、缝纫。以十余种之学科，强人人以必修，所涉者泛，所得者自微。又查课程表每学年至少修十一学科以上。同时所修之科目过多，兼营并骛，顾此失彼。又国文、外国语、数学三科平均并重，各占至多之时间，三科性质不同，各极繁难，并责其有同等学力，今日中学生之疲精劳神仍不能得良好成绩者，此为最大原因。所谓学习苦于过多者，此也。今之论中学教育者，皆承认分科制之善；然议及科目，颇谓现有科目对于健全人格之养成，尚不足贯彻道德教育、国民教育之要旨，有主张加社会学、论理学、哲学等科者。夫健全人格之养成，断非仅口授之学科所能达其目的；不过此种常识，借助于学科传达，亦属至要，故教育方面仍极重视之。又各科通习，泛而不专，无甚裨于实际。所谓应用嫌其不足者，此也。解决本问题，观以下二问题中所论自明；惟所以致以上之弊，根本上在定制划一，无变通之余地。部令于中学科目及时数，已许酌量增减，旧制虽未全废，分科制并得采用，似可变通尽利；惟科目变更，初未示以方针，条文未加修改，课程表、课程标准依旧存在，各科程度是否可以伸缩，且不必齐一，无从判断，变通而行，颇多窒碍，尚未可认为根本上之改革也。

二、学科内容问题

此有最要之数点：

（一）各种学科教材排列次序，宜打破学术系统之组织，向自然界、人事界选切近生活应用之事项，探究其真相与关系。（如历史选关于陶冶青年人格事项，而略政治之陈迹；地理选关于人类生活事项，而略地形之符号是。）如此则学科虽各自分立，而选材持同一方针，所涉者泛，所得者适于应用，且能发生密切之关系。惟自然界与人事界，范围至为广漠，生活应用亦无一定标准。是当适应社会环境，详察国民必需常识，更进而就青年择业趋向，予以相当之实用知识。如各中学校之法制经济科，多有授法学通论、经济通论，几类于旧时之目录学，此误之尤甚者也。

（二）各种学科教材，当适应地方情形，稍带专门性质。（如农业地方所办中学校，各科教材注重农；商业地方所办中学校，各科教材注重商是。）此于普通修养之中，兼授以地方需要之应用知识：升学则基本学科之学力，不虑其不足，出而谋生，虽未习得专门之特别技能，但专门之常识已具，苟再入相当之学校，可于短时期内，养成应用之学；其利益，在特种地方不必兼办实业学校，而得中等实业人才之预备。（现在实业学校设备简陋，教师缺乏，有名无实，如上述办法，知识与技能可以分别养成。）

（三）各学科程度，宜去划一标准之弊，科目及时数，部令许其增减，是已容纳分科制之主张，即当期此制之实现。实现此制，则分类设科，甲类与乙类中之同一科目，苟需用之目的不同，则程度自不当一致。例如文科之需用数学，只为生活应用起见，初无学术之关系，是熟练算术，已敷应用，即不习代数与三角，固无妨也。其他可以类推。如部令之变通办法，科目及时数可以增减，不知增减之科目，其程度是否仍以旧制为标准；若时数已减，仍依旧制标准之程度，是否能期其学习，此不待实际经验，可决其必不能行也。故分科制之需用科目，当依需用而定分量及程度，依分量及程度而定时数。彼变通办法，仍取划一程度，其谬误固不待论；若漫无标准，此增彼减，悉由意造，亦未见其有当也。（中学校会议原案及江苏省立中学校选科所定课程表，实不免此弊。即日本张问多闻中学教育改善方案，为彼国第一等当选之作，其弊亦然。）

此外，科目之内容，依分科之性质与需用，各有相当之变更。兹仅就课程标准，从普通方面，商榷大体：如修身之各项责务，分年配置，不应年龄而增进范围，殊违教授之旨趣；伦理学大要及本国道德特色，在各年配置之教材中，扼要教授，于涵养道德，较为切要，似不当限于第四学年单独教授。国文之文字源流、文法要略、中国文学史，内容复杂，在中学校时似非切要；且文法尤以随文指示，较易了解。历史于第一学年授本国史之上古、中古、近古，第二学年授近世、现代，第三、四学年授东亚各国史、西洋史。就区分言，上古、中古、近古，是否必析为三；近世、现代，是否必析为二；东亚各国史是否必与西洋史相对峙。就次序言，是否必由古及今而取顺进式；且某时授某事，规定划一，教授上是否无拘束之嫌。地理首授地理概要，次授本国地理、外国地理，后授自然地理概论、人文地理概论。概要与综论分而为二，其性质如何区别。自然、人文地理，于本国地理、外国地理之外，单独教授，不知教授本国与外国地理，尚有如何重要之实质。法制在养成公民常识，经济在增进人类幸福，多有关于道德，实修身教材中不可缺少之元素，似可并入修身教授。又女子中学校之博物、理化，似当与家事联合教授。如博物注重关于园艺、卫生、养护之教材，理化注重关于烹饪、洗濯、药品之教材。凡兹所举，仅陈其概。至于内容实际之讨论，当由各校详细配列也。

三、学科配置问题

此问题分为数种，大体为普通科制与分科制之别。普通科制，如旧制是也。此制美国中学亦尚有之。鄙意以为可与分科制并行不悖。论者多诋此制。其所论之弊，是否学科内容与教法不善及配置不当所致，抑确系制度之不良，今尚未敢遽加断语。但发展个性，在教育上已有真实价值；则分科制之采用，实不得不然之趋势。分科制分为完全必修、完全选修、部分选修三种。完全必修制，如文实分科制，科目大体皆同，惟时数及程度互有出入耳。此制较之普通科制，仅升学方面稍有便利；在学习方面与谋生方面，固与普通科制同结果也。完全选修制，各国未尽实行，纯任学生自由选择不加限制。吾国今日教育情形，尚不足语此，可置弗论。部分选修制，以基本学科为必修科，专修科为选科。专修科又有限制与无限制之别。无限制者，在相当时限内，任其选修专科中之若干科目。限制者又分二种：一仅任其选修某类，但某类所有科目，必须完全学习；二选修某类之科目，至少须习若干科目以上。此种分科组织，配置之时，应注意者，关于基本学科之应需科目与分量、专修科之类分与需要，均须详细酌定，且须随时修正，务期适宜。

于此当进而研究者：选修始于何时；必修与选修各科，当各占若干学分。是皆至要问题。对于前之问题，则初学年开始选修，流弊颇多：（一）未详察学生个性，不能为相当之指导。（二）学生年龄少，各科知识不充，无自由选择之识解。（三）分科太早，有妨普通陶冶，易养成褊狭之人物。据教育家议论，分科学习，宜自十六岁始，准此从第三学年始，较为适当。对于后之问题，江苏省立各选科中学校拟订学分，必修科占三分之二，选科占三分之一，然始于第一学年。若改从第三学年始，教授选科之期限较短，则时数不能太少；统各学年均算学分，亦觉不便。鄙意从第三学年起算，宜各占二分之一。欲促进此制之良善，教育部宜特设调查会，一方辑译各国此种学校详细课程及方法，一方拟订各种分科学校组织方案。由部印行所有从前课程标准，悉行废止。令办中学者得参考之标准，而无法令拘束之苦。此于辅助教育进行，甚有效益，及时举办，责在当局。又各种学科，宜酌量匀配，错综教授，使同时所授者，科目不嫌过多。约举其例，如历史、地理为二学科，本国地理授毕，再授本国史；外国地理授毕，再授外国史。博物、理化为二学科，博物授毕，再授理化。如此配置，于减轻学习劳力、统一知识观念，颇易收效，亦不可不注意也。

中编

改进河南学校教学与教材工作[*]

一、改良照本宣科之教授

案,河南学校教授,虽间有可观,然大体不脱文字教授之窠臼。此所谓文字教授者,非教材问题,乃教法问题。不独授理论学科寻章摘句,甚至教理化、博物亦依文敷衍,弊较他省特甚。微论有用科学变成纸上空谈,而字句解释与事理说明混合而授,最易使学生之听官淆乱,莫知注意。尝考询原因,据担任实科之教员言,则诿诸缺乏器械标本;据担任理论学科之教员言,则诿诸学生国文程度低浅。以此之故,初步教授极为迟缓,对于规定之课程,大抵不能如期授毕;新替之教员,必谨守课本,逐句详解,取学生之悦服,以致教师与学生所谓勤勉有功者,其工夫大抵消耗于教科书文字之上。如此教授,求其学能致用,乌乎其可?欲革此弊,必穷其本。上之所述,未始非其原因,然此外尚有根本致误之二大原因:一因通行教科书体例不善,文与事理杂陈,在言

---

[*] 摘自李廉方:《整理河南教育计划书》,原载《中华教育界》第 10 卷第 11、12 期,1921 年 5、6 月;另载《教育公报》第 8 卷第 6、7、8 期,1921 年 6、7、8 月。题目为编者所加。

文一致之国，如此编纂尚无大碍，吾国言与文悬隔太远，非并授文字，学生确难尽喻；二因教师习于数千年遗传之文字教法，不研究教育原理，不知向实用方面选教材，用敏妙传达之术，提示义理，惟安守故常，期于讲解明晰即为尽职。此所以照本宣科之教授，人人习用而不觉其误谬之甚也。兹欲改良教授，必当注重科学研究，略去文字意义，始为根本之革新。然教科书未便废止，一时又无适用之教科书，斟酌现情，惟有暂令教师依据采用之教科书，预定纲领，值临时讲述，依教材性质，用口与手为适宜之教授，学生于练习之外，注重笔记，庶一洗旧时照本宣科之弊，而学寝能致诸实用矣。注意事项如下：

（1）除国文及外国语二学科外，不得为文字之教授。

（2）现查通用教科书，尚无只列纲要体例，凡用教科书教授者，应由教师就原书内容提纲挈目，教授时依据纲目，分项讲述，学生听讲时，得参观原书。

（3）教师提纲挈目及讲述，得就原书酌量增损，但不宜增损太过，致学生不便自习。

（4）凡实科之教材及习题，得体察实用方面，酌予变更。

（5）勿论何种学科，教授均须与练习相间而行。

（6）关于实科之科目，注重试验与观察；关于理论学科之科目，注重应用之练习与研究。

（7）教授时学生应择要笔记。

（8）教科书由教师自编者，只列纲要；如该书为各校所采用，须另编参考书。

（9）未尽事宜，由各教师斟酌实施，并得陈述意见于厅，备采择施行。

（10）每学期始，教师应就该学科教授时数，配置教材要目，每值月终，应审核预定教材分量是否无甚出入，以期随时伸缩，无碍大体。

二、设教材研究会

案，同一科目之教材，因学校性质不同，地方情形各别，皆不能不有多少之变更。坊间所出教科书，教材芜杂，配列失当，体例又近于讲义，殊不适用。加以种类既少，宜于甲种学校者，未必宜于乙种学校；宜于甲地者，未必宜于乙地；非各省自相研究，衡量教材，无论教授如何改良，不能得适当之效果。况教育思潮，日趋重于实用，如任流行之教科书杂陈烦琐空泛之知识，为实施教授之标准，则学校教育尚堪问耶！兹为革新起见，拟定教材研究会办法如下：

（1）先就普通学科，择同类学校之教员学识、经验均优者，由厅依各种学科，分别派定专员，并派富于教育研究者数员，共同组织教材研究会。

（2）由厅所派之员无定额，其期限至制定教授细目之日为止。

（3）依学校种类，讨论科目、时间、分量、程度等，及教材选择配置之方针。

（4）依上项讨论之决定，由分科担任之专员，编制教授细目，并分科介绍应用及参考书籍，但教材内容及分配次序，须打破科学系统之见解。

（5）各专员编制教授细目，得各就所担任之科目，随时提出问题，征求授同类学校、同一学科者之意见。

（6）教授细目编制既竣，由厅分科派员审查，再行公布。

（7）公布后，教授新生均须遵照实施，其旧有各班，亦须量予变通，渐期适合于公布之教授细目。

（8）各校教员对于公布之教授细目，认为有变通之必要者，得陈述意见。

（9）考试升学学生之学力，以公布之教授细目为标准。

（10）教材研究会之经费，由各校均摊。

（11）各专员皆为名誉职，但于编制告竣，由厅呈请特予奖励。

（12）已公布之教授细目，经实验后，认为有修改之必要时，由厅斟酌办理。

（13）关于专科教材之研究，悉依以上各项办理。

新式国民学校课程计划书*

  学科之分，系为配置教材之便利起见，并非教育之目的。及其弊也，学科乃各自孤立，往往侧重本身之统系，而与教育之目的乖离，致教材多不切实用，教授亦流于单调。夫教育之目的，原在陶冶儿童之身心，各应本能而发展。如旧时学科之分类，对于儿童之官能陶冶，竟无相当课程，而品性训练，甚至在学科以外施行之，揆诸所以设置学科之本旨，当不如是。以若配置，勿论教授者如何致力研究，设法新颖，不免为学科之范围所囿，末由极陶冶之能事。况小学年龄幼稚，学习之途径，与成人殊尚。当就生活之需要，应儿童自然发育之程序，为配置课程之标准。若取道分离之学科，即令采适宜之教材，互相联络，斯已倒因为果，减损学习之兴味，策其功效，良有未易。此改造课程，为小学至切要之问题也。

  兹分国民学校课程之门类为六：一游戏（内分礼仪演习、官能陶

---

* 摘自李廉方：《新式国民学校计划书》，原载《教育公报》第 8 卷第 10 期，1921 年 10 月；另见《教育杂志》第 14 卷第 1 号，1922 年 1 月。该书谈论了四个问题，即课程、编制、设备、教师，本文选取了其中的课程部分。文章题目和文中的一级标题为编者所拟。

冶、智力陶冶、运动、乐歌五项），二观察（内分自然观察、社会观察二项），三工作（内分绘画、手工、园艺、饲畜、清洁整理五项），四谈话，五读写（包缀法在内），六计算。门类既定，更略就旨趣说明之。

一、游戏课

游戏课之旨，体察儿童嬉戏活动之天真，就生活上之需要与能力，适用游戏之方式，而定学习之课程，分五项。

（一）礼仪演习

与旧式修身科之旨同，但一用书本教授，便落迹象，往往失之抽象之训诫，末由激发其心情，甚者乃与读国文同科，此则纯取人事之应用数据，以具体之仪式，用表演式出之。例如演宴客礼，调查本地之习俗，去其不文与繁缛者，或稍参通用礼节，悉取其足资示范之用，一一如仪演习。以一生扮演主人，数生扮演家中之长辈等辈子弟，余为客。初演迎客礼，次演献茶礼，再次演入席礼。凡席次先后、杯箸碗碟等之陈设移动，以及主客应对酬酢，演习之式均须与实际情状相肖。如有男女不同之礼节，当于演毕评论时为之说明。此虽小节，然常见我国成年之人，于设席及安顿餐具，辄举措失当，使儿童在校早从事此类之演习，则举动如仪，即此已足见重于社会。由此推及演习庆吊及开会各事，凡陈设、购置一切设计，皆令儿童协同为之；不惟所演者合社会生活之用，且于习礼之中，对于国语、手工、图画、算术各科应用教材，皆融合而为相当之练习，更不感教授单调之弊。如旧式之修身作法，每次演习一种礼节，兴味缺乏。若用设计教学，参入演礼之式，则儿童不觉烦苦矣。

（二）官能陶冶

在运动与工作中，所占部分特多。他项学科，亦间含有此种之作用。此特立一项者，则就视觉、听觉、触觉等，为特殊之陶冶。大旨采蒙特梭利之法，使儿童官能，由练习而极于灵敏，以实现官能陶冶之教育价值。如视觉得于迅速中，辨别极复杂、极细微之各种颜色，或练习视远之力。如听觉练习，能听细音，或闭目而分辨何音，及由何方与若干距离之音。如触觉，但从接触而识其粗糙、光滑、硬软、轻重、温冷，进而测知为何类之物。又此各种感觉，亦可联属于学习各学科之中而行练习。如用计算之目测以练习视觉，用音乐之节奏以练习听觉，由此类推，是在教师之善用其方耳。

（三）智力陶冶

此不在注重测验，而在陶冶其思想之敏捷、注意之精细、观念之正确。如心理测验中之误谬测验、迷津测验、划余测验，书坊所制之积木玩具，俗间通行之猜谜等，实为最良好之教材。如皮奈、西门智力试验法中数据，仅足以资试验，无陶冶上之教育价值者，不必采用。又如儿童家与学校之距离，所经街道何名，曲折如何，状况若何，或学校各室内之物品与布置，令其据现状陈述，亦颇有益。

（四）运动

此与旧式体操之旨同，但须注重游戏，力避纯取严整及不合幼年锻炼之弊。以舞蹈、游戏最为有益。如各项功课之竞争比试，参入运动中行之，亦有兴趣。

（五）乐歌

不必特设科目授之，应由教师随时教练，或参合他课而练习，或取适当时间奏曲，以和悦其心情。务使儿童心情随歌曲为转移，勿令感觉苦恼。现汴省中小各校，多只授单音简谱，即正谱之音调，亦改为简谱，致节奏流于单调。应从第三学年始，即直接授正谱。惟谱曲时不授意义，只使明符号之用！不宜始授乐典，继杂进诸调，致其心意为繁复之乐谱所束缚，减少兴味。

二、观察课

观察课之旨，本直观教授之原则，就生活上需要之事物，因时、因地、因机会，而定学习之课程。大旨用广义观察之义，即包含试验而言也。分自然、社会两项。

自然观察，在小学校教授上最视为重要。然城市学校，于自然研究，颇感困难，则社会观察尚已，故开封义务学校之观察课程，须注重社会观察。约析其类：（1）工商家之作业及状况；（2）运输业之状况；（3）货物之品质；（4）制造场之工作；（5）建筑之材料及工作；（6）古迹。此之观察，于补助他课学习资料外，尤以使知人工与社会生活状况为要。至自然观察，关于植物培植，宜重实验。如以同一之种子，分置于土质不同之盆中，或施以不同之肥料，而观察其结果；或注意种子由发芽而成长之顺序。亦可时率儿童赴城外田野观察；或利用儿童家中所有花草，用作教材。动物则觅取习见之物，及随时令所见本地之物；或用此类之标本为教材。昆虫如蛙①、蝶、蜻蜓、蟋蟀之类，若令儿童随时捕取，供研究之资料，当更有趣。此之观察，于分析形态之后，当进而研究其习性与生活状况，以养成对于动物之同情与仁爱。自然现象，则应天气及时令，令其详细观察，时相比较，迎机而为相当之说明，并当备晴雨计、寒暑计，为测验之用。此课所用教材，不惟授予知识，且于谈话、识字、作文、工作之资料，供助尤多。又浅近之理化试验，于儿童心思才力之启发，为效颇大，且有兴趣，亦当酌量采用。

三、工作课

　　工作课之旨，本寓学习于作业之主义，养成勤勉、耐劳、爱业务之精神与发展创造之能力，而定学习之课程，分五项。绘画当避旧时专事临本摹绘之弊，而取具体之事物，令其写生。笔画以简易为主，描线不妨粗重。亦可用未着色之画片，令其缀色；生物图则现实填写，工作图则自出心裁配色。纸工、泥工、竹木工，须就儿童所乐为之玩具，使之构造，借以练习其技能。总之图画、手工，重在养成发表之力，学习时得随意之所欲而为之，不当限于作同一之工。园艺无隙地者，惟就盆栽从事于栽培、灌溉。饲畜养鸡、鸭、鱼、鸟数种，亦可使知动物生活之状况。清洁整理，凡校内洒扫、拂拭及布置，均协同儿童为之。并宜常令其设法变更陈设之式，使于勤劳之中，参用灵颖之心机。校外四周亦须协同整洁，引起社会之观感。此外，如学校粉漆、裱糊之

---

① 蛙是两栖动物。

事，雇匠人作业时，可率儿童参观研究；留一部分未尽者，酌令儿童自为之。

四、谈话课

谈话课之旨，本幼年嗜好童话之心理，取有益于心性，或知识上之陶冶，及足资语言文字之练习者，而定学习之课程。谈话种类，为物语、故事、寓言等。选材之旨趣，于滑稽与道德二方面外，如常识谈话，取具体之事物，为儿童所能了解，又富有兴趣者，亦可酌用。或由教师讲演，或由儿童互相演述，并得用表演式复演之。尤重互相辩论，以其能助长练习言语之欲望也。凡国语科言语练习之事，悉于此课中实施。惟其学习作用，具有修身、国语二科陶冶之价值，而旨趣不同。盖彼就学科之范围，选固定之教材，遂至目的注意于习得学科之学，而与儿童之心理，时不相应。此纯考察儿童嗜好之心理，选活泼有趣之教材，就游戏之陶冶，由资料与练习两方面，获学科陶冶之功效，故不似修身科之偏重道德，国语科之偏重形式，致有干燥、寡味之弊。

五、读写课

读写课之旨，在依据幼儿学语之状态，由游戏与需要，养成儿童识字、书写、作文及读书之能力，而定学习之课程。此在他课中，本时有练习之机会，然目的非所专注，不能对国语为系统之整理；而我国文字繁重，尤非有适宜练习不能期确实之心得；故必须特订课程学习之。兹就意见所及，略举数端。

（一）国音字母之学习

现在实际教授，或先单授国音字母二三周，即授汉字，兼授切音。或用音母之字，编课文授之，于一年或半年后，始授汉字。或课文内间参音母之字授之。第一种实施最多，论者多诋为无意味之教学，不合原理。二、三种为新派所主张。仆于此项绝少研究，但觉第三种教法，汉字与音母之字相间为文，颇嫌其类似日本教科书之形式；兼使儿童对于字体构成之观念，容易混淆。且在音母之字与汉字并行，尚未通用时，若于风气闭塞之地，遽用二、三种教法，恐因此益滋误会，致学习国音字母之根本，亦为动摇。拟暂用第一种教法，借此练习发音机关；苟教授得法，能用之以正音读，且可稍获陶冶官能之效。至他种教法之试验，当渐图试行。

（二）字之学习

教师须于每授一字之前，设法使儿童感觉有识字之需要，乃有功效。初授字时，绝对不用教科书，惟本直观教授之原则，就儿童当时之所需所喜，如教室物品、人身部分、天时现象、可表演之动作、有迹象之形容，笔画简单而理解容易者，授其字兼说明其状态。渐及于所观察之事物，即抽象之语言，苟语较简单，而需要最切者，亦得酌就当时之应用而提示之。虽所学习者惟词与单语，不感文学之兴味，然以合于学语之状态，儿童自不以学习为苦矣。且不浪费工夫于课文之练习，则识字可多，习之一年，自易读稍长之文矣。

凡成词之实字，属二字以上者，读音当先单字读，再成整词读之，然后释义。若词不能析字为义者，即词中生熟字相间，亦惟就整词释义，不宜拘泥单字而求解。如习弊之释"枇"树名、"杷"树名，释"华盛顿"之"顿"字为人名是也。

字有数义者，惟释本课之义。如课文为"刻薄"，不当兼及"时刻"之义是也。惟后授之字义，由前义引申而出，易于了解者，得说明之。如先授"竹节"，后授"节操"，可说明其引申之义是也。

文为语体，其字义无可另释，但说明字之性质、状况、作用，不可如习弊之释"哭"就是哭，"说"是说话，"麦"是麦子是也。

释字义时，若字形构造未甚变更造字之原形者，当活用《说文》之例说明之。谐声字占全体十分之八九，除省声及古今音悬殊者甚少之字外，证以《说文》解释之例：因某字而得义之联想，因某声而得音之联想。会意合二体以上成一字，颇有义例可言。象形、指事之字，未变原形者，亦易说明。因形释义，不惟有兴味，且于记忆及理解有所补助。

凡一时间内授课文之生字，应于提出语句时授之，不可如习弊，先授全课之生字，后授课文，致字与课文分离，孤立而寡味。又其字音、字义、写法，须就一单字或单语中字练习数次，再授下文之单字或单语中之字。不宜一次授过多之生字，混合练习其字音、字义、写法。盖注意专则印象深，观念正确，自力少而功倍也。

反复练习，在识字尤为重要。若仅用现今普通温课法，兴味缺乏，效力甚弱；且诵读温习，尤泛而无当。应择取已习之繁难字，与新认识之字，时常运用于缀法之中，使资练习，俾温课于不觉；且反复若干次而始能永识，亦得借此以测定标准。

（三）语法之学习

应另编定语法系统表，及语法进程；于读法之中，借缀法之练习，使领悟其用法。对于课文之研究讨论，当随时迎机指导；不当限于全课读毕之后，取一定之时间，专授语法。

（四）标点符号

于语句之构成，及连续之脉络，有相当之表现，明其用法，则于领会语法关键、矫正语言不完全之习惯，甚有利益。应就课文所用者随时指导之。

（五）读写之注意

读文应合于语言自然之音节，凡旧时读古文之腔调，及学校流行一字一读之弊习，均宜革除。字之书写，应特别注重。因国语较国文易读易讲，儿童对于已习之课文，能读讲者仍多不能默写也。至每周特定习字时间，亦不可少，但须就已习之字而写之，较为合宜。

六、计算课

计算课之旨，应儿童智力与算术进程，就日常生活上需要之计算，设为实际之练习，而定学习之课程。现在算术教授之通病有三：一偏于符号之练习，不合儿童心理；二偏于书本上之计算，不能应用于实际；三忽视心算之练习，计数不能熟练。改革前二者之弊，不仅在废除教科书，必须以现实之方式，使用适当之教材。故学习器具，如计数器及各种实物，量长短之各种尺，量轻重之各种秤，量容积之升、斗、斛，几何形体、货币、票据、账簿之各种模型标本，均须备制。初学计数时，必用实物与图书，使之数数，然后以符号记其数目。尤须就适当地方，为实测、目测、步测之种种练习。例如尺度之计算，就桌椅之长短高低、黑板之长阔厚薄、教室及校内隙地之广狭、各生身长若干，用尺或步计之。重量之计算，就各物轻重及各生体重，先用秤称之，然后比较计算；或用量准之物，命题计算，再用秤称之，以验计数之误否。借计算之实测，兼使知秤之用法，于实用尤为有益。由此而进及学费、学用品之计算，日用品价值及折扣之计算，货币兑换之计算，家庭日用收付之计算，必须作为种种之设计，与实地之使用相同。斯所谓应用练习者，真能致用，且不致使儿童苦于理论之推测，而真理仍觉茫然。盖从纸上之符号以解释问题，不得不先使明数理与计算法则，故幼年时有未喻。从实物计数及实际设计以计数，则可从实际之练习，使悟数理而推求其法则，且得真正之证明，斯难易判然矣。又教室内之上方及左右，多置黑板，使儿童便于速算之竞争，亦为切要。至心算练习，仅于每次学习时，练习二三分钟，不致发生苦恼。关于数之练习，不仅当记诵九九表，凡百以内之数，个数、十数之加减，亦宜列表记诵，如一加一为二，一加二为三……是也。析每十位为一种综合之练习，反复次数，以纯熟为度。九九表及珠算口诀，准此为例，循序分为小综合之练习，使每次记诵之语句不多，则反复易于纯熟。演题之心算练习，当于每时间学习之始，就记诵之表或口诀，及其他简易计算之法则，或不名数之定例，与当时教材应用有关者，以问答式练习之。

如上述各课课程之意见，自以不用教科书为主。二年级以上之读写，虽用课文教授，然现行教科书，亦不适用。应于每季前规定纲要，每周前规定教材细目及学习程序。规定之前，由各教师就其所长及所喜者，选某学课或学课之某事项，分任系统之研究，提出教材及其组织，然后共同核议，并整理之。每季及每周之末，开联合会，各就所实施者报告其增损与变更之教材并实施情形，以资讨论。惟上述之教材及教法，虽已言之颇详，且时时示以联络活用之方，然仍须防其逐渐分离及侧重学科本身系统之弊；应于每周前规定教材内容时，多采联合之设计。除节期或纪念日必以设计教学举行庆祝会外，每月至少开一次小规模之游艺会，每季开一次大规模之游艺会。此各种会，为学校中最好之教学设计，即各课联络教学之最好机会也。

在每日规定之学习时间内，应于各课事项之外，觅数分之时间，而施行训练者，尚有二事：（1）整洁之检查。如儿童之容貌、手指、衣履是否洁净，日用品物是否离乱，每日应行相当之整理。（2）静穆之训练。此其目的，非必期其自省，特欲于常时活动之中，得少许之宁静。或于游戏中借静息训练其听觉，或于活动后使之假寐，每日择相当之时间，令其闭目屏息，静坐二三分钟，习之既久，自能渐入宁静之境，而养成静穆之习惯矣。此法或疑其与儿童心理不应，然蒙特梭利训练幼儿，既行之有效；吾国国民学校踵行之者，以余所见，儿童并无不安之态，且借此弛缓其生理的活动，以图除低其精神之亢奋；既整饬其筋骨，又求凝神于一，于教授上、卫生上，皆有相当价值。

学习各课之时数：游戏占百分之二十五，观察、读写各占百分之二十，计算占百分之十五，工作、谈话各占百分之十。至各课所分项目，分量之多寡增损，因其性质或学年而异，当于实施时准各学期之进度，随时酌定。

每日学习七小时，星期三、六得减一时或二时。每日最后之一小时，任儿童在校自由活动。学习次数，约分为十次左右，依前定各课时数分配之标准，每小时六十分，每周时数，游戏时数应得五百一十分，观察、读写各四百零八分，计算三百零六分，工作、谈话各二百零四分。依各课性质，而分定每次学习之时间：读写、计算，每次学习当在四十分左右，计每周读写约十次，计算约八次；游戏、观察、工作、谈话，每次学习当在二十或四十分左右，平均以三十分计之，计每周游戏约十四次，观察约十二次，工作、谈话约七次。准此而每日学习次数之配置，约为游戏、观察各二次，读写合谈话共三次，计算、工作各一次以上。惟此为循例之规定，实施时有必须变通者。如设计教学，每一单元之课程，须费五六次或十余次学习之时间者，其教材联络各课而成，各课分量必难与循例规定者一致。故当就一周之课程，视设计中已习者，对于何部分尚缺陶冶，参订补充之功课。又因天时而变更教材，因学习情形而伸缩时限，皆须留当时以活动之余地。又出外观察，有时须费较长之时间；谈话练习，有时须继之以表演。故仅就一日课程计，并不能限定某课若干时。惟其进行之程序，一各课须多为联络之设计，即分离教学，其属于同日之课程，总以教材有联络之组织为最要；二各课须参互配置，使因变换而不生厌倦；三每一课连续学习，除外出观察外，不宜逾二小时以上：此则可规定者也。

休息时间，随当时学习时间长短与功课性质，自由伸缩，并不限于每习一课皆循上课下课之一定规则。大约每次课毕，当稍休息数分钟。惟次数之继续，积至二时间以上，必须休息二十分钟。故午前后、各课学习之中间，当有正式之休息一次。但虽在休息，教师仍宜负监护之责。盖休息中之自由动作，亦可作课程观也。

现制国民学校之教授时间，每日概为三四小时，至多无逾五小时者。此以七小时为率，绝不虑及儿童之疲劳，何也？盖旧式课程，只能就学科讨论其内容及教授方法，以迎合儿童心理。故其教授时间，从儿童领受新知识之方面观察，当然以四时左右为宜。又教材为学科本身系统所束缚，易感疲劳，故又有一时间教授四十五分之限制。因之编订之课，无须四十五分教授，或孤立教授之学科，最乏兴味者，乃有一时间内二学科联合之教授。夫取分科教授之教材，而用联络之组织，在教育上诚有价值。若内容并无联络，但合二学科于一时间内授之，是但为配足规定之时间起见，于分合之目的无与也。新式课程，实质陶冶，惟就儿童之本身与环境，由其需要与嗜好，觅取适当之教材。形式陶冶，专用游戏之组织，从事于本能之磨练，无说明文字之拘束，不受学科范围之牵制，闻见所及，皆为教材，学习之途，必始于感觉。且分析多项，容易变换，无功课板滞之病。学习惟计次数，次数较多，得依功课性质与学习情状，伸缩时限，无时间划一之弊。尤切要者，课程之学习，与儿童之活动相应，所谓课程，所谓学习，不过使儿童成有目的之活动、有规则之活动。其在校若干时，随在皆为学习之事，随事皆为课程之陶冶。凡教师与儿童所在之地，即学习之场，初不限于教室内而始有课程，始能学习也。凡儿童之言容动止，处处受教师之监护，施以相当之陶冶，即为儿童学习之课程，初不限于授以一定之课目，而始有学习之必要也。非惟教授与训练，不析为二事，即课内与课外，亦无得而区别。至课程之所以规定，不过示教师以陶冶各方面之趋向，使对于儿童之品性与智能，实施教育之作用，而后其活动之目的与规则，得循序日进有功也。如是则儿童学者，与旧式之重记忆、费脑力、不适于应用，致对课程不感兴味、易生厌倦者，迥异其趣。故时数虽多，不繁难而有益。

抑现制时数之规定，但为顾虑疲劳起见，而发生之弊害甚多。（1）课外温习，或学校特定时间行之，或指定事项，令其在家中补习。此在重视功课之家庭与办理切实之学校，均视为最要之事。盖旧式之弊，仅止于规定时间之教授，所学多不熟练，国文尤甚，故非另加补习不为功。固由教学未得其方，然实以繁重且干燥课程，非短少之时间所能期其熟练，若加多教授时间，儿童益厌烦苦，此无可如何者也。夫练习必随教授而施，而后教授有效，练习不至无目的、无意味。其规定之课程，并非每次授课，皆给以新教材、必使用教授之形式也。若以教授为正课，温习为课外，实违反教学之原则。至家中补习，若无相当指导，则补习徒为虚语。此一弊也。（2）校外荒嬉。旧式之弊，儿童在校，仅有半日，余皆嬉游校外，接触不良之社会；极其熏染所至，常足以危及道德与健康。且虚掷长时之光阴，亦甚可惜。此儿童之父兄，所以力诋学校不如私塾之羁绊学生，长日在学，尚可减少家庭之顾虑也。此又一弊也。如兹之规定，时数增加，上述之弊，自易避免。至关于疲劳问题，因课程之根本改革，可勿虑及，前已言之矣。

小学教材之商榷*

这个题目，是湖北寒期讲演会同人提出来的。本是要作详细的讨论，但是时间仓促，现在单就小学教材要如何预备，从根本上提出几个问题来说。

一、教材组织与教法的关系

从前研究教法，多偏重形式方面，往往把教法当作一种达教育目的的工具。要证明这个错误，试取雕工作个譬喻：雕工雕刻图章，刻普通木具、石具和坚硬的水晶石，刻的方法不同。若是仅懂方法，都用同一的刀去雕，依然不能成功，可见得方法和工具，仅有连带的关系，却不能混而为一的。所以达教育目的的工具，是"教材"，不是"教法"，离了工具不能谈使用的方法。从前教法因袭形式，弊病在不知教法从教材生出来的。杜威有言："要知'教材'和'教法'的关系，当知'何者'

---

* 原载《新教育》第 6 卷第 3 号，1923 年 3 月。另载《江汉潮》创刊号，1923 年。

和'如何'是怎样分别。"鄙见以为空谈教法，不如深究教材程序；所谓教法，即包含在程序的里面。不过讨论教材，也要依据学习心理的，不然，就是罗列许多良好的教材，仍然不会选择、不会排列的。从前研究教材，纯从教材的本身定选择的标准，定排列的程序，和离了教材谈教法的，是一样的错误。我们要知道教材程序，含有两层意义：一为教的材料程序，是教材本身的问题；一为材料教的程序，是学习心理的问题。把学习心理的程序完全在施教的时候去应用，若是组织教材的时候，绝不顾到，这是根本上的错误。试拿这两层意义观察我国小学教科书对于教材本身的程序，是否组织适当，且不论，对于学习心理的程序，能见到的甚少。现在将我国小学教科书，分作两类来讨论。

（A）教文字的教科书，如国语、国文等教科书。注意学习心理程序的，除教者对于内容认为浅深难易外，不外下列各方面：（1）生字多少；（2）语句长短；（3）字画繁简；（4）篇幅长短。这样程序，是完全偏于形式的。我非谓形式可以一概不管，不过这非根本的问题，根本是要依据学习心理的原则。因为要记忆确实，必须反复，而全课的反复是没有兴趣的；要有兴趣，必须变化多方；要容易记忆，必须把温习包含在教授里面。若是专就施教的时候，应用这三个方法，虽然亦有效果，但是朗读不感兴趣，且教授费力费时——发生效果，尤欠自然。书坊的教科书组织教材，不注意根本问题，所以年级愈低，课文愈短，愈无意义，愈不合儿童的心理了！

（B）用文字记述教材的教科书，如修身、公民、历史、地理、理科等教科书。大概教材的内容，多为记述的文字所掩蔽了。教的时候，因为要连带解释文字，教者和受教者的工夫，多半牺牲到文字上去，便把教材的实质抛弃了。依着这样教科书的组织来教人，无论如何良好的教法，也不易实现了。所以教科书革命，是教法革命的基础。

犯同一样弊端的，尚有儿童补助读本。如《儿童世界》《新法故事读本》《小朋友》《儿童教育画》等较为儿童欢迎的，然而过细考究，编者用力虽勤，儿童所得的利益和功效，并不十分显著。这种书籍，如《小朋友》《新法故事读本》记述的文字，对于儿童学习方面稍有体会，较为有价值的著作，但是编者因为注重低年级方面，而语句仍不免繁重；且长篇的记述，低年级的读不了全文，高年级的若是多读，亦易鄙厌。《新法故事读本》将故事和文学联合，若是酌采数课为较高年级的文学读本，尚可以用。如果全用这样课文，就失掉此事的本来面目，且非高年级所喜读的。至于喜看这种书籍，多半是低年级的儿童，他们注意在看图画，或者就年长的人就书讲述，不能得到自动的兴味。所以儿童补助读本，也要略依年级高下分别编纂，才能合用的。

还有一种通病：就是各种教科书的材料，不适用于各地方的很多。补助读本是多用整本的，若是教者只采补助读本的一二课文，要儿童整购来做读本，既不方便，又不经济。鄙意教科书当用公共的教材，至少要留三分之一的时间，加入地方材料或临时需用的教材。补助读本可仿《儿童理科丛书》的例，每编述一种事物，订一小册，任教者随时采用，零购就方便了。

现在依我的意见，提出编纂读本的体例。

（一）文学读本

从前的国语、国文教科书包括历史、地理、理科在内；现在文学读本虽然离不了这样的材料，但是目的纯为教文字且养成文学的兴味的。

初学年第一学期教文字，鄙意不主张用读本，但在教学的相当机会，就儿童认识事物的时候，借便使他认识单词、单语的文字；又初年级中认字的时候，不要强勉他们能写。照这样教法，儿童认字一定必多。到了第二学期的时候，用读本来教儿童，自然就容易读书了。

用读本教儿童的文字，最难的是小学的前三年。因为语句太多，字多不识，不是初年级的儿童所能读的；若是语句单简，没有包含浓厚的兴趣，又不是初年级的儿童所喜读的。要没有这几样的弊病，只有应用学习心理的"反复"和"变化"两个原则：语句虽多，而生字不多；文字虽重复，而意义已有变化。这样的例，在《教师之友》《小朋友》也登载数课；商务印书馆最近所出的《文学读本》即用这样的体例；新学制的商务印书馆《国语教科书》、中华书局《国语读本》各出了一册，也是都注意文字反复的，比从前改良得多了。但有不甚彻底的：（1）多注意单字重复，不注意语句反复，不能因反复引起文章的变化；不仅是意味不深，亦且不能把复习包含在教授里面。（2）实质和形式变换太多，是不适用于初年级的。拿这两种和《文学读本》比较，似乎不及。不过《文学读本》也有缺点：（1）反复例式同样的太多。（2）前册未多用极少的实质变换做去。因为这样的情形，若不就各种例式用归纳的方法，为相当的说明，看书的人，但知道反复的好处，不明白组织的变化。我现在分类列举数例，供小学界的参考。

1. 复语例式

这样的例，每课分若干段，每段用同样的语句，亦可更换一二字；但同样的语句要用变化的方式来说，使读者不觉得重复，就是这个例式的精彩。例采河南义务学校的读本：

大老鼠，中老鼠，小老鼠，同去游戏，碰着一只狗，狗同他们说话。狗向大老鼠说："你往哪里去？"大老鼠说："我去看猫伯伯去。"狗说："你不要去。"狗向中老鼠说："你往哪里去？"中老鼠说："我去看猫伯伯去。"狗说："你不要去。"狗向小老鼠说："你往哪里去？"小老鼠说："我去看猫伯伯去。"狗说："你不要去。"大老鼠，中老鼠，小老鼠，听了狗的话，都不去看猫了。

2. 换质例式

这样的例，形式不变，但变换实质。它的变换，比较地多。现在分类来说。

主词变换——单变主词，别的语句，大概是同样的。课文见《小朋友》：

　　咪咪！小黑，小黑，快来吃鱼。小黑咪呜咪呜，走来吃黑盆里的鱼。咪咪！小白，小白，快来吃鱼。小白咪呜咪呜，走来吃白盆里的鱼。咪咪！小花，小花，快来吃鱼。小花咪呜咪呜，走来吃花盆里的鱼。小黑吃完了鱼，看小白、小花吃鱼；小花吃完了鱼，看看小黑，看看小白，高声说："洗脸，洗脸，大家洗脸。"

系属词变换——语句的形式是同样的组织，但系属词是有变化的。这样的课文，苏沪学校多已用过。下列一例是采河南义务小学读本的课文：

蚂蚁在家里扫地，拾到三个铜元。蚂蚁要买西瓜；他想西瓜是有皮的，不要买西瓜了。蚂蚁要买桃子；他想桃子是有核的，不要买桃子了。蚂蚁要买鱼；他想鱼是有骨的，不要买鱼了。蚂蚁要买衣服；他想衣服是好穿的，买一件衣服吧。蚂蚁用三个铜元，买了一件红衣服，穿在身上，变了一个红蚂蚁。

接替变换——这样的例，各段的语句形式不变，但是所换的实质，后段是紧接前段发生出来的。例采河南义务小学读本：

三只老鼠：一只大老鼠，一只中老鼠，一只小老鼠，同住在小房里。房里有三只床：大床是大老鼠睡的，中床是中老鼠睡的，小床是小老鼠睡的。床的左面有三只椅子：大椅子是大老鼠坐的，中椅子是中老鼠坐的，小椅子是小老鼠坐的。椅子左面有三件衣服：大衣服是大老鼠穿的，中衣服是中老鼠穿的，小衣服是小老鼠穿的。

3. 累积例式

这样的例，前段中的实质，后段要重见的。实质是依次递加，语句形式却不变换，但亦可以累积语句成课文的。实质累积例的课文，是采苏沪各校及河南义务小学用过的：

麻雀衔了一袋米，走不动了，坐在老鼠背上。老鼠背了麻雀，走不动了，坐在母鸡背上。母鸡背了麻雀、老鼠，走不动了，坐在黄狗背上。黄狗背了母鸡、麻雀、老鼠，走不动了，坐在黑驴背上。黑驴背了黄狗、母鸡、麻雀、老鼠，走不动了，坐在船上。船上载了黑驴、黄狗、母鸡、麻雀、老鼠，停在河边不动了。

语句累积式，举例如下：

祖母生日，送给祖母什么？大兄说："我送什么？镜最明亮，我去买镜，送给祖母。"二兄说："镜最明亮，你去买镜；我送什么？蜜最甜，我去买蜜，送给祖母。"弟说："蜜最甜，你去买蜜；镜最亮，你去买镜；我送什么？小白花最可爱，我去采小白花，送给祖母。"祖母见了欢喜——祖母说："大孙买的镜，镜最明亮；二孙买的蜜，蜜最甜；小孙采的小白花，小白花最可爱。"

4. 错综例式

这样的例，语句的内容和形式是交互变换，但文字是重复的。举例如下：

弟弟唱，姐姐笑。弟弟说："你笑，我不唱。"姐姐说："我不笑；你唱，你唱。"

弟弟说："我唱，你听；我唱了，你和我同唱。"姐姐说："你唱，我听；你唱了，我和你同唱。"

5. 循环例式

这样的例有两个。简单的例语句形式相同，但变换的实质，前后往复，像连环一样。

　　手指夹着手掌；手掌包着拳头；拳头抵着手指。

　　复杂的例子，可以分两三节，前后各节的语句形式，各成一样。前节实质变换是顺进式，像接替式一样；后节接替用倒转或用顺进，无一定的限制，但必须要用方法重复前节的实质或语句的。例采商务印书馆《文学读本》：

　　老黄狗找到一袋米，吃了一半，寄在猫的家里。猫把米吃了一半，寄在老鼠的家里。老鼠把米吃了一半，寄在小鸟的家里。小鸟把米吃了一半，寄在螳螂的家里。螳螂把米吃了一半，寄在知了的家里。知了把米吃了一半，剩一粒米了。老黄狗向猫讨米，猫说："寄在老鼠的家里。"老黄狗向老鼠讨米，老鼠说："寄在小鸟的家里。"老黄狗向小鸟讨米，小鸟说："寄在螳螂的家里。"老黄狗向螳螂讨米，螳螂说："寄在知了的家里。"老黄狗向知了讨米，知了说："剩一粒米被蚂蚁衔去了。"老黄狗说："这是猫不好，我去咬猫。"猫说："这是老鼠不好，我去捉老鼠。"老鼠说："这是小鸟不好，我去咬小鸟。"小鸟说："这是螳螂不好，我去捉螳螂。"螳螂说："这是知了不好，我去捉知了。"知了没法，躲在树上哭！

　　上面所举的例，共有九样。编纂课文，可以混合各例来用。如换质例可混合二例或三例的；复语、换质、累积、错综各例也可混合二种以上的。如果多方变换，可得许多不同的例式。又为二年级以上，用上例来编纂课文，实质变换，分量可以逐渐增加，语句组织也不妨稍变形式；或者为初学期编纂，实质比这更要简略些。这都在编者因应程度，斟酌应用了。

前三级的文学读本，自以课文的组织用变换方法，反复语句为主，但是应用练习的课文也不可少。这样练习文的组织，不要像从前教科中的练习文，专以复习熟字为目的。就是课多是生字，亦没有妨碍的。不过有三个标准，是应当注意的：

（1）语句的组织，更换新字要极活动的例。如"看图"的"看"字下可联许多事物的字，"拍球"就不能在"拍"字下联许多事物的字。

（2）用原来的语句更换新字，必要原来的字，能联缀许多已认识的字。例如桌上有书，假定要儿童更换"书"字为"笔、墨、图、砚"等字，必须前已教过"笔、墨、图、砚"等字。一面练习文法，一面复习已识的字；但是儿童联缀的字，却不必有这样的限制。

（3）练习文排列的程序，要注意各种课程已教过的文字和智力自然的进度。但是每一课文，要有一课文法的用处。应用文要另编，不当加入文学读本里面，但可以汇编各种体式，觅相当机会去教，供教者的参考。至于诗歌剧本（新式）的文辞，可以从三年级起酌教若干课。

练习文和诗歌剧本的文词，以另编单行本为是。编辑这样的文词，不妨特别地丰富，听教者自由选择，使儿童抄出来读。现在书坊所出的儿歌、儿童诗歌、儿童剧本，材料无多，仍不够教者选择。练习文可由国语教师自行编纂的。

五、六年级文学读本，不必拘定前例，可以酌选名家优美的文去教，但以浅近为是。

（二）故事读本

这样的读本，一面供国语文艺的谈话、表演两种的用，一面供修身、公民、卫生、历史等科用谈话体演述的用。如果要没有从前补助读本的弊病，依我的意见，要依各学年的程度分三种体例。

1. 甲种故事读本

供小学一年级或二年级上半期的用。编辑的目的，在逐段用图画表现故事的程序，每图下略注简要的文字。所以用这样体例的缘故，因为初年级的故事谈话用讲演式演述。讲时既不能集中儿童的注意力，讲后要儿童复述，极为困难。因不能复述，再行复讲，就失掉了原来的兴味，必成一种机械式的讲演和复述了。依历来的经验，把修身、公民、历史、卫生各教科的教材，分成段落，用图表现它的情状。每段依图的表现，引起儿童猜想，发为问答，教者应机说明，使他们明了故事的内容，并教图下所注的文字。因图画和事实的兴味，遂发生认识图下文字的兴味；因认识图下文字，遂发生联想事实的兴味。像《小朋友》的故事画，它的图画样式和步骤都适用的，但是故事的内容稍觉简单，也没有包含的意义，文字又略嫌累赘。现在举一个例来作参考，故事采日本国语读本的《瘤老人》：

图画形状	注字
（1）瘤老人在山中石上休息状	瘤老人
（2）瘤老人见群妖跳舞状	跳舞

（3）老妖指示小妖状　　　　　　　　　老妖

　　（4）小妖捉瘤老人状　　　　　　　　　小妖捉人

　　（5）瘤老人见老妖并打拳状　　　　　　打拳

　　（6）老妖与瘤老人说话并割瘤状　　　　把瘤子割下来

　　（7）瘤老人与别一瘦形瘤老人谈话状　　你的瘤子怎没有了

　　（8）瘦形瘤老人在妖怪处打拳并添瘤子状　又添了一个瘤子

上举的例，曾用这样方法，试教多次，所得的效果如下：

（1）每示一图，能引起儿童对于每段落相当的动机，发现真实的内容。所有每段落的事实，儿童能有相当的说明和相当的问话，不必专靠教师的讲演。

（2）因为有第一项的效果，儿童受了极深的刺激的印象，对于故事的意义有彻底的真知，对于事实演述亦容易记忆确实，不要用复讲的功夫，就能全体明了了。

（3）因为图中所表现的情状，儿童们都可以得到自动发现的能力和机会，所以在故事本身价值以外，能加倍地增进兴味，可以使他们的注意集中，不生厌倦。

2. 乙种故事读本

备小学二、三年级用的，大体与甲种一样，不过图下所注的语句，要能表明每段的要领；或者故事中有紧要的语句，亦得注在图下，使儿童反复地读。

3. 丙种故事读本

备小学高年级以上用的，以用文字记述事实为主，借图书补助来增加儿童的兴味，或者辅助文字记述所不到的。记述文字是要特别简要的，却和普通文体所谓简要的宗旨不同。像《儿童剧本》的体裁、语句的组织，是很相宜的；不过文章的组织是不相同的。像《中国故事》《儿童理科丛书》的体裁，简直和小说的文字一样，是不合读本的体裁的。现将注意的标准，分述于下：

（1）依故事程序分段，不要用整篇的文字。

（2）每段的事实要记述重要的部分。

①衔接处，空文可以省略；前后段落要程序分明，不必定要文辞的语气连贯。

②不重要的语句和无关系的事实，都可删去。

③可使学生思考的事实和有含蓄的意义，不要明白记述，例如：

《贪狗故事》"……见水中有狗衔肉，不知为己影也"，"不知为己影也"就可删去。"……狗向水中狗狂吠，欲噬之；彼亦向之反噬。狗不知河水甚深，跃下与斗，遂坠水中……"，"狗向水中狗狂吠，欲噬之；彼亦向之反噬。狗不知河水甚深"就可删去。"……幸距岸甚近，竭尽全力，始得登岸；然已声嘶力竭，全身尽湿。及寻所置之肉，已被他狗衔之去矣！……"，"所置之肉"以上的语句，都可删去……这样删去的语句，如要表现形状，可以分段用图表现出来的。

至于故事材料的进度，大概一年级以仙、怪、人、动物等故事为主；二、三年级在前例以外，当注重冒险、寓言等故事；四年级以上，在前例外，当注重写实故事及传说、史谈等，笑谈亦可以斟酌选入。三种故事读本，都以每一个故事单行印成小册，便人购用为最要。但是读本不要记述全文，当在读本外另编全文。这样的书，全是文字，不载图画。一本书中记有多种故事，专备教者参考。从前的教授书可一概废去了。

（三）常识读本

包括公民、卫生、自然、历史、地理各科，用一个事物为课文编纂的目的——要使儿童不能直接观察的事物，借这样的读本，可以得到一种常识。体例和办法都和故事读本一样，但只须编甲、乙两种就行了。

以上各种读本，都要用图来补助，应注意的标准如下：

（1）每课要按故事的程序分段作图。

（2）每图要能表现一段事实的重要部分。

（3）图画的形式要简单，但内容却要丰富——因为用图的目的，是表现事实的程序，不是增加美术兴味的。

二、预定教材与科目分合的关系

部定小学科目，分为修身、国语、算术、理科、图画、手工、音乐、体操、地理、历史、家事各科。新式小学校的课程和部定的科目不同，约有二种异点：

（A）勿论何校的科目，都比部定的范围宽。如修身改为公民、社会，体操改为体育、卫生，可为例证。

（B）对于儿童的常识和活动力的扩充，如历史、地理、理科各科目，从前必在高等小学始特订科目；国民小学不过包含在国语读本中，由记述文中连带的教授。现在低年级都特订课程，分别教学了。

　　次就各处新式小学课程比较，算术各科，各校是都有的。如公民、地理、历史各科，或有或无，不过名称虽是不同，但内容是分别包含在里面，并不是缺漏的。如商业、农业、记账术、家事、缝纫各科，是审地方情形和学校性质，加入或省略的。女童子军是特殊的组织，不是全体都要练习的。园艺可并入自然科的。乡土科如北高附小①和本省——湖北——模范小学，皆特订科目，其实乡土为各科教授的基础，似可不必特设一科。至模范小学把乡土和工艺在三年级行特别教授，地理和历史在五年级行特别教授，都有特殊的主张。这样的主张，适合与否，却有讨论的余地。

　　就各科目并合增减来说，各校有各校的主张，就是科目的名称亦多不同。不过名称虽是不同，但内容是大致一样的。即就内容来说，区分各科的课程是互有出入的，但综合全体的课程却是大致一样的。所以各校的科目不必要同样的规定，若用单位性质的学科区分课程，也是不适用于新式小学的。但是我的意见，以为研究教材是一事，配置课程又是一事。若是专为教材分别研究的便利起见，却以分科研究为宜。且以就部定科目，适合单位的学科，更便于研究。只是应该在部定科目以外，增加范围，补足教材就是了。不过我所谓研究教材，应从单位学科起，乃是为教材的性质和分量，何者必须，何者可略，在单位学科中容易审

---

① 北高附小，全称为国立北京高等师范学校附属小学校。

察。如果配置课程，那就不可不从学习的经济、兴趣、实效三方面，衡量各种教材独立和混合的价值了。

吾人对于小学课程，所以反对纯用分科的配置，因为从前的课程各科孤立，往往侧重学科的本身统系，以致所用的教材多有和教育所欲达的目的两不相应，教授亦遂流入单调，不易变化，于是时间和劳力都不经济。如果仅在科目的并合增损上注意，而不在各个的教材本身上研究，即用现在最新式的科目，又何尝能脱掉了旧时各科孤立的弊病呢？

现在盛行的设计教学法，依儿童整个的和流动的经验，为运用教材的根据。理论自是颠扑不破，但是实施稍不得当，或者反不如旧时用固定课本有相当的进度。依独立科目，保存本身系统的价值，如果因这样的情形，遂要把设计教学法的根本推翻，照旧配置课程，却又不然。设计课程的长处就是不拘定分科的形式，却又不失掉科目独立的价值。我们改良教法，若是徒袭设计的形式，把旧式的组织完全推翻，那就危险了。要知道教法的改造是要就整个的教材，从学习程序的里面，寻出步骤和规划，随程序运用各学科的方法；不是拿单位学科的方法，来组织教材和教学的。依这个主义，先定一个大体的准备；然后可以使一般教师逐渐到完全精密的地位，不致向歧路上走去。所以我的主张：第一，要衡量各科教材独立和混合的价值；第二，学习的程序要依教材整个的方面进行。这是采取设计教学法的精神，循序进行而不完全打破原来分科的效率，并不是一种折中主义。试述我的主张。

（一）大单元设计的预定

分两类来说，都是可以在学期前由教师预定的。

1. 以事为主体，定教材进行的程序

各校每学期中都有游艺会、运动会、恳亲会、旅行、参观、纪念……从前对于这种事务，多半没有什么目的。并不依据目的定相当的计划，徒失掉学习教材最好的机会。这样的设计，可就举行某事的一切需要，容纳那时期各科能教的教材，依计划的程序来教。这样的计划，当推举数员预定之。事前由办理这事的主任和相当年级的学生，依次分别讨论应作的事和进行的手续。临时由担任的教员，分任指导和整理的责任。

2. 从学科中寻出主要的教材，依教材整个方面定学习的程序

（1）自然研究。各时期中都有重要的物产，选一个主要的自然物，由起点依次观察实验，以得最后的结果。但是选择的目的和实验的程序，要可以从这个教材学习的方法，能得到推论或解决同类物产的现象一切问题。这就是选一个学习的事物，为学习其他事物的基本；各种设计的教材，都是应该如此。

（2）品性陶冶。凡一个学期，对于陶冶某班的学生，总要几个特定事项，或用谈话，或用作法，都要有一个集中的目标。目标所注意的事项，勿论是改造习惯，或是养成新习惯，须经过多次陶冶。如果习惯未达到自然的火候，即训练不能停止；并且一个习惯没有养成，只可以变换方法，不可以更换目标的。从前每学期教许多的科目，仅考察他的讲述或表演已经熟习与否，究竟没有达到教育的目的。

（3）学校作业，如布置花台、装饰房屋，皆可作一种的设计。

（4）工艺、美术等科制成较大的工作，历史、地理等科搜集某项材料，或行表演也是适用设计的。这样的设计，大体是一种的分科教

材，不过学习的程序，凡和他科有关联处，或可以容纳读写、计算的，都要予以练习的机会，就是使对于所学的教材能得到整个的教材程序。

（二）各科教材混合的预定

每学期前就各科预定的细目，审察有相互关系的和某项教材的学习程序不专属一科目的，或联合起来编成一个单元的教案分次来教，或联络在同日同周来教。这种有关系的教材很多。单就科目来说，如修身的作法可附在他科的表演中做去，道德知识可联合社会、公民各科来教。国语、文艺，除特定时间外，如识字、写字、作文、表演，都可在各科中择机会去练习的。算术也是一样。美术和工艺，音乐和体育，都可常相联络。即在他科中亦有练习的机会。在一、二学年，如修身、文艺、公民、社会、自然、卫生、历史、地理各科的常识，更应该并合在谈话或故事读本中去教的。

商务印书馆编有联络教材两种，但就形式方面来说：

（1）联络的科目是固定的，容易成一种机械的联络。

（2）仅以科目的性质相同来联络教材，不就教材本身上的关系和程序来联合科目，这就和儿童整个的经验不相应。

鄙意：教者各就某项的教材，研究它的关系和学习过程，可以混合各科目为某项教材的学习程序，这样的事物很多。如果教者各以所研究的心得，编成教案，汇集起来，必大有可以供献于小学教育界的。不过要声明的，我主张教材联络，一要从各个的教材本身上观察，不是单就科目的性质凑合起来；二要联络自然，且各有相当的价值，不要仅在名目上联络，但使教材的本身有重要的价值，学习也有兴味，就是独立去教,也是有价值的。

用以上二种主张,选出的教材占各科的分量和时间,虽不能定,但是用这个方法选择,因应需要的教材,调节单调的教授,是整理儿童整个的和流动的机会当然不少。在这二种外,所用的教材是分科施教,自不觉有孤立的弊病,并且本身的价值也不致抛荒了。

三、商订教材进行的程序

第一步,准备搜集材料的方法。

(1) 搜集各教育家论教材标准和教材内容以及他处规定的教材的概要和细目(下举的参考材料都是普通的,且是整书中所载的)。

教材标准,如《平民主义与教育》第十六、十七章,《密勒氏人生教育》第四章,《学制课程研究号》,常道直《小学课程之研究》,《比利时新学校》的原序,都是可资参考的。

教材内容,如《平民主义与教育》第十八、十九、二十章,《比利时新学校》,拙著《新式国民学校计划书》以及从前《各科教授法》,都是可资参考的。

教材的概要和细目,我所有的材料,如江苏小学校联合会《新学制小学校学程标准》,中华教育改进社《学程标准》,尚公小学校《课程纲要》,河南省垣义务小学《课程纲要》,《北京高师附小课程》,《武高附小课程》,《模范小学课程》以及吴研因《小学和初级中学的课程草案》,都是可资参考的。

(2) 回想主观的经验,先把第一项所说的参考材料详细检阅。再就自己从前所用的教科书,或自编的课程,从教授经过的情形和参考的材料,互相印证。

(3) 调查社会需要,这要先有前两项的经过,再从事于有目的、有标准的调查。由各教师分科目或分事项,各为相当的调查。调查可分为两种:一公共的教材,一地方的教材。关于调查旨趣,《学制课程研究号》、俞子夷《小学校的新课程》,可资参考。关于调查方法,北高王君《厂甸调查报告》、顾荫亭《职业教育设施纲要》,可资参考。还有各省劝业会的报告,中华职业教育社《职业调查报告》、交通部《铁道名胜》、农商部《各省调查》,都是可作参考的。

(4) 测验学生能力。寒假后,开学的时候,省垣各小学可联合起来,就国民小学和高等小学的各年级从前已教过的教材,分年月同一的题目测验一次,汇成统计,为假定各科细目最小限度的参考。

第二步,订纲要。

(1) 订总纲。总纲是全部课程的标准,要先研究第一步一项的标准和内容所指的各家论述,参以个人自己的心得,斟酌地方情形,订成纲要。应由各小学组织教材研究会,推举热心研究和经验丰富的人起草,分送各科教师签注,再行开会决定。

(2) 订分科纲要。这要先研究第一步一项教材概要和细目所指的参考材料。根据总纲,细审各科教材的本身价值,分别来订。这应注意的:①各科的旨趣;②各科进行的体例;③各科最小的限度。

在寒假中可由各科教员分科提出意见,汇成报告,候总纲通过后,分别讨论各科的大体,再行分科推定人员,拟订纲要。如果对于各科的内容,彼此意见稍有出入,亦可酌定数种办法,任各校选择的。

第三步，订教材细目。

这要根据分科纲要，参考各处细目，由各校自行编写。现已拟定的，可在开学后，根据所讨论的纲要，并测验的统计结果，加以修正；未定的办法同前。

第四步，设教材审查会。

这要各校根据纲要和细目，每周或隔周或每月在教学的时候以前，定教材分配的分量和进行的次第；或报告教过的结果，讨论修正的事项，并接续应教的教材。

新小学教科书国语文学读本说明书*

目　录

第一章　本编创作之缘起

第二章　国语读本与儿童文学

第三章　国语读本应具之性质为何

第四章　儿童语之研究

第五章　选字之研究

第六章　国语读本所需助于教授书者为何

第七章　目标及达目标之进程

第八章　选材

第九章　结构

第十章　分量

---

* 李廉方：《新小学教科书国语文学读本说明书》，中华书局1925年7月初版。该书是其编撰的一系列"新小学教科书国语文学读本"之先期说明或研究，其中大部分内容曾以《小学国语文学读本之研究》为题发表于《中华教育界》第15卷第3期（1925年9月）。

第十一章　教授书

第一章　本编创作之缘起

　　现今最陋之见，莫陋于以文言与语体判为新旧文学之鸿沟。初级小学之适用语体文，虽宿儒亦韪其说，故于所谓文与语者不复论。惟嗜旧文学者，但以学古求工，对世界文学若罔闻觉；嗜新文学者，蔑视本国文学之来源，率以袭西文式例自喜。凡此于文学本原，见殊未真。其或深明原理，而致力于中国文学，未有深造，理能言而文不足以自振。进至于文能工矣，然思想囿于成人，见解根乎主观，读安徒生、王尔德之作，鲜有能领会其旨趣者矣。此儿童文学之所以难能也。

　　就教学研究而言，凡学理之主张，大抵充教授及著书立说者，多述师说，或袭陈言，因以推阐，非本经验而道。而一般小学教师，学力较弱，当学理实施以前，未能以丰富经验，判厥从违；学理实施以后，亦不能本实验所得，一一证明其究竟。是以学理与实验，各不相谋。一新法出，虽仿效者接踵，率多志在趋时，行惟苟且，歧误百出；较善者亦不过粗具形式而已。盖二十年来，先后历七八省，所参观之千余校与所晤接之人，求其本真正经验，说明普通教学原理，或应用普通教学原理，而实施一一无误者，已为罕见，他何论焉。

　　国语读本，由儿童文学组织而成者也。教授书，所以辅助读本进行者也。非国文素具根柢之人，精研儿童文学，兼于教学原理实验有得者，以彻底之研究，编辑读本，不足观也。夫读本之要，人所共知；而成书之难，世或未喻。学者浅尝，仅窥一斑于全豹；作家率尔，时误千里于毫厘。余自民初以来，屡与斯役。矢数发而无的可中，肱三折而不病自呻。今不自揣量，发愤而作。有筚路启山之志，无洪炉炼丹之工。属稿之始，先标义例。语惟适可，或言他人所欲言。意不苟同，亦发时流所未发也。

第二章　国语读本与儿童文学

一、当知文学为何

自有人类以来，皆先有语言，后有文字。在未有文字前，文学之作，即已产生。何也？发表意思，而以咏叹出之，或修辞近于艺术，皆含有文学意味，与寻常语言不同者也。故中国文字，创制于伏羲；而葛天氏之歌"八阕"，早已流传，《吕氏春秋》犹存其目；章实斋所以谓文章起源于诗也。然自文字显其功用，作家者流曲尽其沉思翰藻之致，取以悦人，遂与语言相离日远；末流所极，徒具形式，举原来抒写情思之功用，一变而为文人涂饰之具；文学之真义以晦。而理学家因挽浮词与诡辩之靡风，倡为文以载道之庄论，矫枉过正，又溢文学于史学、哲学范围之中；文学之真义，益以支离。是以文学之关系人生，不在文字本身之功用，而在文章构成之妙用。就文字功用论：一发抒情感，一传达意思；而文学则在此发抒与传达中，引人入胜，传所谓"言之无文，行之不远"者是也。研究文学，必先知文学之所以产生，而后识其妙用，而后知其对于人生价值。盖人不能无情，情而不能自已，而后发之为文。鸟唱虫吟，各有动机；其能动听者，必有抑扬宛转之致。夫文之表出，不外写情、记事、说理三种。记事、说理之文，虽体裁各别，要皆后起之文，应文字功用而作，非文学所自出。是以春秋娴辞令之士，必多读《诗》；太史公修《史记》，远宗屈原作《骚》之旨。至于文学作品，贵乎真情流溢，自然成文；非徒精究文字，便臻妙境；妇竖偶成之山歌、儿歌，所以能普及于民间者，非无故矣。若夫《三字经》《千字文》诸作，取便口读，语皆有韵；徒以拉杂凑成，无义可取，即旧时文学家且不屑称之。可以知作品之品性，苟文字所表出者，无悠远思想，无真挚情感，无丰富想象，又不能以艺术组织，表现人生意味，则美之成分不具，未可以言文学价值矣。

二、当知儿童文学为何

儿童文学一语，吾国近数年来，始稍为教育界所注意。如歌谣、故事、童话、寓言、谜语、谐语、小说、剧本等，渐已多方搜辑，资儿童阅览。其中出品较多、论辩较详者，以关于童话为最。然遍阅诸书，勿论为译为作，皆非儿童语体文。至教科书或读本初年级之课文，率以思想近于儿童，为儿童可说之话，便炫为童话矣。夫儿童文学之要素有三：（1）合于儿童思想；（2）合于儿童语言；（3）具有文学品性。三者缺一，即不成为儿童文学。前二者意甚明了，后者必须如上论文学价值，以艺术组织，表现人生意味，而具有悠远思想、真挚情感、丰富想象者。且其培养之思想、情感、想象，尤必导致于光明中正之领域，俾文学所吸引之美感，皆适应于教育目的。不明此义，侈言迎合儿童心理，则好奇教材，徒失之荒诞；游戏教材，必失之谑。是以近出教科书或读本，文鲜润色，言多无物。一方渐近于儿童心理，一方去教育目的日远。正不独寡闻新进，闻神话之说而怀疑；笃古老生，阅谐谈之文而兴叹已也。

三、当知已往的国语读本之缺点为何

各国国语读本,皆经过偏重形式与实质两方面,而后渐倾向于文学方面。吾国往时读本,亦不外出此二途:偏重文字形式者,如字课图说、作文入门是;偏重文章形式者,文取其浅,章取其短,如初出之小学国文教科书是。此类已成陈迹,可勿论。偏重实质及调和形式与实质者,在小学国文教科书时代,大率如是。自改国语后,已往之弊,颇为世人所注意。现近通行体式,约可分为二种:其一,袭旧式教科书之窠臼,而形式与实质,稍倾向于儿童文学,此为改良式,一般小学所通用者也。其一,改换旧式教科书之面目,文字尚重复,内容重兴味,此为文学式,新式小学大抵用之。兹二种不可不谓进步。顾旧式相习日久,其轨范尚横梗于编者与教者之心目中。吾人首当知国语或国文所培养之知识,系以语言文字为目的。所谓历史、地理、理科等教材,因文字必附丽于其中,苟不多方采用,兴趣或流于单调;初非限于国语、国文中,给以科学常识,亦不限于某类教材,应采若干成分,始为适当。次当知学习难易,不限于生字多少与课文长短;而语言练习,不限于以课文为准则,更无取于会话形式。由前之弊,易使文章平实,浪费时间于文字以外之讲解。由后之弊,易使内容贫乏,意义索然,无玩味思索之余地。

文学式读本,固已脱离旧式窠臼矣。惟其缺点有三:(1)文为白话,不尽适合儿童语体。(2)对于兴味之真正价值,容有未喻。盖文学之兴味,重在美感,非徒取娱乐已也。普通所谓真善美者,虽各具特性,要其领域非截然分界,至美者必有善与真存于其中,文学亦犹是也。(3)对于文学成分,仅窥其片面。文学之所以为美,合实质与形式

二者而成。实质包含不美，不能产生文学之文章。形式表出不美，则文章失其文学之趣味。如《新丰折臂翁》《景阳冈打虎》之文，事情动人，实质包含之美也。自来文人描写哀感与勇士之文，独推此作，则形式表出之美也。

儿童文学，欧美作家已属晚出，我国于古无征。研究儿童文学，不必属于中文有根柢之人，以言创作，戛戛其难，宜乎国语读本之未满人意夫。

综三者之研究，得读本应以儿童文学组织之原则二：

（一）取儿童教材，适合于学习心理。

（二）取文学陶冶，达到教育目的。

第三章　国语读本应具之性质为何

欲明此义，当先知前二种读本试行之结果。改良式读本，儿童仍不甚喜读。文学式读本，不能达屡读不厌之境。此就大体言，非谓现行读本课课如是。此其原因，大抵前者文章平实，语气紧张，内容太干燥寡味。后者文字重复而式近一律。初年级之文，多未表现具体事实；后年级之文，惟衍长篇幅，内容意味，并未与年俱进。至于语句不合口味，修辞结构未登大雅之门，尤为通病。夫童话、故事、寓言、谐谈等，读本固不能不需之为教材。惟讲童话、述故事、说谐谈与寓言之数者所界予儿童之兴味，各具有本身目的。借数者之兴味，俾儿童容易学习语言文字，固非不可。使儿童学习所感之兴味，纯在数者本身所具之目的，而不在所必知之语言文字；或语言文字之求知，必同时求助于数者目的之兴味，而非因读文而发生兴味：则非惟教文字语言之目的本末倒置，抑且文学本身上无丝毫感人之价值矣。今之研究中国旧文学者，不识儿童文学为何物。所谓新文学家者，下焉者能以白话为文，上焉者能究语法而止；其于某种文学之特性，如何而构成，茫然不知其所以。国语读本应具性质之不明，夫何怪其然耶？由是而余之主张，可得而言。

一、国语读本不是听的儿童文学

讲童话，述故事，此类儿童文学在幼儿时代已适用之。故事范围之广勿论已。即如童话，自创作日多，程度已不一致；今之作品，且有与短篇小说同其结构，为青年可读之书矣。听的儿童文学，通用于儿童不能看书时。其主要目的在发达想象，而不在练习语言文字。此类创作以适于儿童能听、喜听为主，他非所顾。且因讲述之说话，得借助于姿态、动作之表示，虽烦琐不病。小学所用国语读本，采听的儿童文学之文，则儿童不能读。若节取一二语句，先讲童话，述故事，如文学式某读本所取之例。此在设计教学中，因讲童话，述故事，儿童对其中之语言文字勃然发生兴味，便令学习，其收效或可与文字自然教学法等，究非根本法也。若夫标名文学读本，其学习语言文字乃借助于其他目的，而抛弃学习之原来目的，损失文学固有之价值，其歧已甚。观于采用读本仍多舍文学式而取改良式，其故可思矣。夫语言文字，为人生活动之重要基础，非特别学习不为功。如牙牙学语，因需要而自然仿效；闻歌相和，不以往复回诵为苦：准斯以求，可见儿童非无可读之文也。

二、国语读本不是看的儿童文学

儿童六七八岁，无看书能力。九岁十岁，能看书而力有限。十岁以上，能力可以看书，而思想变迁，与年俱进。就看的儿童文学言，在十岁以前，当有两种体式：（1）段落各别，意义变化，而语句时有重复。（2）分段画图，每段记简要之语，文与图相辅，不以文字重复为主，但与近出之儿童画专备幼儿看者亦稍不同。至十岁以后，普通童话亦不适用。如《小朋友》《儿童世界》等体式，论文字多非初小儿童所能阅，论思想则多与青年不应，余当探询之多数儿童而得此结论者也。惟看的儿童文学之文字与内容，惟求儿童之能辨识，不必语句之朗朗上口。读本则异是，既期其熟，又期其反复玩味。非言有尽而意无穷，便于朗诵，或读之乐不可支，固未易臻斯境也。

三、国语读本不是唱的儿童文学

山歌、船歌，乡人互相仿唱，借以取乐，儿童之于儿歌亦然。大抵乐以和声，诗以言志，造物甄陶人类之微妙，契合于节奏疾徐抑扬之中，使之足蹈手舞于不觉；而凡民与稚子感此微妙，尤乐不可支。所以有韵之文，于谐和心情、激扬志气，实具有无上价值。此类文学约分二种：一腔调谐和，取其上口成诵，如诗、如歌、如鼓词是也。一节奏叶谱，非工音律者不能为之，如曲、如唱词、如乐歌是也。要皆别具一格，与普通语言文章不同，间采数章，自饶兴味。若偏重韵文，与自然之语言必难适应。非惟无以达学习语言文字之目的，且虑敷陈事物，似《千字文》《三字经》之类，徒增厌倦。即如鼓书所为，唱者与听者只为腔调之欣赏，初无与于心情之感动。乐歌词之佳者，亦足以激动心情；然审音协律，其作大难，日用读品，正无需此。况文章优美者，节奏自然谐和，固无韵文与散文之分乎。是唱的儿童文学，非读本之性质矣。

四、国语读本应为教科书体裁

教科书体裁重在内容构成与文章表出，使教者有指导之余地。惟儿童时期，重在引起创作想象；文学作用，重在激发情感。使仅能为文字教授，此字课之书，不可以为读本。现行改良式读本，不免此病。使引起想象，激发情感，基于内容叙述，而不在文字表出；或文字所表出者，只属于滑稽兴味，而不足以引起创作想象，激动人生意味之情感：亦非读本之佳者也。现行文学式读本，不免此病。故国语读本，所以须教者指导，必使从文字所表出、儿童所反应者，抽绎而出。至其不名教科书而名读本，其义有二：其一，取倾向于儿童之自发活动，以别于旧时用书之以教师为中心。其一，取由诵习而领会内容，以别于他种教科书之偏于抽绎内容。义例既明，斯体裁可以厘定矣。

由以上之分析，可见国语读本，必集合各类儿童文学，以自然语言、通常文字、教科书体裁，重加组织，便于诵习，而成为教学之工具，可断言已。抑又有言，吾国旧时学文，所以能臻豁然贯通之境，大都收效于吟诵玩味之中。然非构成之文，足使儿童能读、喜读、屡读不厌，则虽吟诵而不感兴趣，虽玩味而毫无所得。年来小学国文成绩之不良，任用何种方法，而收效皆微。思之思之，一方当应儿童文学之新潮，一方当反求旧时吟诵玩味之功用；庶于学习吾国之语言文字，得以通其诀窍。故改良读本，殊为急务。不此之求，徒言深究，竞谈缀法，仍无益也。

第四章 儿童语之研究

向来编初小读本、初年级课文，以语句短为唯一原则，此固当然之理。执此为专例，则成人之普通说话，长语正复无多。谓短语句便于儿童诵读可也，谓短语句即儿童语不可也。夫儿童文学，内容方面，宜合儿童思想；形式方面，宜合儿童语言。思想合而语言不合，可以作听与看的文学，不可以作读的文学。如有韵之文，山歌、船歌、儿歌等，为儿童所喜，而诗词非其所喜，其明证也。遍查各书，短语句亦只限于初学年第一学期之课文而已。以余之实验，从前读本不便于二、三年级儿童诵读者约有三点：

（一）长语句，尤以数语连续读之，气不能接为甚。

（二）不合口味之语句，虽短亦然。所谓不合口味者，大抵语气紧张而不纡，于数语相续时，易犯此病；因其注重各语能自独立，相续之间，每欠自然。

（三）记叙文之每一段落，连续之句太多，儿童精神不能贯注，读之遂减兴味。

儿童学、心理学诸书，研究语言发达程序，只限于最小幼儿。五六岁时，能说之语言，已极复杂。若以此搜成词汇，则儿童所说之词，因环境而不同，可以计数量，不可以定性格。小学教师之调查，多属于土语矫正与语法错误，此亦随地不同。至于如何而为儿童语，论者甚鲜。余前岁生一小女，从一岁起，凡其所说之语，逐日记录，拟记至五六岁止。因时期未满，不能发表具体意见。其于儿童语之研究，致力尚浅。惟所循途径，较之以短语句为唯一原则，与根据幼儿语言程序者，正自有别。余家有小学学生二人，常听其谈话，又用种种方法与之谈话，又时听他儿童谈话。积其所得，得四个原则：

（一）儿童所发表之语言完全从自身活动与对于事物之感觉而出。

（二）儿童之叙述，分项说明，不求衔接，与向来书本上之叙述式，连续成文，必用文法上衔接之词者不同。

（三）儿童所说之长句，必由数个短语所构成，语气不断而可以停顿。其短语之数，除记数事物外，多在三个语以内。每一短语字数，多在五个字以内。即稍长短语，至多不逾三个名词。

（四）状事物之语言，取譬于说明，不在修饰其辞。用转折连词极少。

以此原则，为构成课文形式之根据。又于课文成后，令儿辈读之，询其何字何语，不合口味，再加修正，然后试教于学校，故课文中且有儿辈改订之处。夫儿童与成人，非有两种语言也，不过儿童之语，成人可以如此说；而成人之语，儿童有不如此说耳。此中相去毫厘，非体贴入微，虽极佳之语体文，儿童上口，亦难成诵。此安徒生童话之特点，纯以小儿语体为文，所以独称于儿童文学界也。

第五章　选字之研究

各国编制小学课程，于识字问题，研究颇详。吾国国语读本或教科书，大都由编者以意成文，所用之字，是否普通必用，毫无标准可言。曾有人以某小学书第七册生冷字十个，试验大学学力之人，无人能全识者，且有数字为多数人所不识。即国语课程纲要草案，定应识字初级小学二千二百个左右，高级小学三千五百个左右，论者亦议其语近笼统。此问题不先解决，则儿童应习文字，难期于读本中达到目的。今于说明标准前，略讨论选字问题，大要有三：

（一）普通必用之字，应于国语读本中学习之；此必用之字，选择应有标准。

（二）各册分列之字，应先其应用尤切要者；其次第应有标准。

（三）凡普通易误之字，应有适当注意。

除第三者属于练习范围外，一与二皆读本中主要问题也。

论第一问题，吾国国语文字之书，出版无多。私人函件，一时难以搜集。即用外人选字法，因所依据者难取适当之语体文字，则根本已生问题，此目前未能圆满解决者也。

论第二问题，旧说有三：其一，笔画先简后繁。其二，先单体字，后复体字。其三，先见本义字，后见旁义。第一说旧式教科书皆如此，今初学年读写既不并进，则字之笔画繁简，与学习读本，关系殊不密切。二说效用之微，与一说等。至第三说，小学既不深究字源，字体又因楷书多有变迁，且有本义而今不通用，亦无可取。近有主张调查各学年儿童之语言，取各学年所有之词，为排列次第。余于儿童语研究中所言者，系据以考察儿童构成语言之程序，非以之定词之性质与数目也。如所主张，则各学年儿童所说之词，受现在教育上知识之影响甚大。持教育不适当之影响，定为标准，未见其适当也。况分年之词，儿童所说者，由于知与不知，非能说与不能说，固无进程之可言耶。亦有以幼儿语言发达程序，先叹字与名字，次动字，次状字，以至其他词性各字，颇可据为标准。勿论六七岁儿童之语言，业已发达，不能以幼儿相例。而读文宜读语句，循此例也，语句将如何构成耶？此类调查，惟便参究；据为定律，殊未可也。盖词之切要与否，属于教材之实质，不属于文字之本身。苟教材性质之标准，与年俱进，文字固不成主要问题矣。抑吾人所当知者，虚字之数甚少，颇易一一厘定。实字的名字，因地方与职业之别，通用之字，各自特殊，其需要亦易发现。如"浙""杭"二字，未见于读本，在浙江省份自能应需要而教之；他省不感此需要，即令不识，于作文无妨。其他准此为例。如历史上、地理上、职业上、姓字上之专名，由教者用自然教学法，随机示教；此外通用之名，不难审核。惟动字、状字，为构成语句之关键，所有必须之义，缺一不可，与虚字同一作用。勿论何地方、何职业，其通用之处，悉无区别。而同义之字，在应用上亦可不识。若以读他书为辞，则年级较进，能查字典，尚无不便。依上所论，余于编读本时，暂用简要方法，定选字标准。虽例属主观，较之客观标准，不能取适当材料者，实际或能适用。第一步就《康熙字典》，据自己认识之字，选取六千余字。第二步就六千余字，分四大类：(1) 实字的名字；(2) 实字的动字；(3) 实字的状字；(4) 虚字。(为分类方便起见) 此分类之字，每归一类，皆先审字成词语之用处，故字不普通而可成普通词语者，不致落选。第三步依词性之属于何事物与其性质、状态，就四大类各析为若干小类，凡字之同一作用者，皆得列于一小类中；然后去同字异写之字，剔异字同义之字，其日常之事物与动作不常用之字亦去之。别为三种：第一种语体字，初级小学必用之字。第二种文体字，语体字极少，可以酌用。第三种小学可不用之字。计得必用字虚字六十四个，动字五百一十五个，状字六百八十三个，名字一千七十五个，共二千三百三十七字。与草案所定数目，大致相符。至于排列次第，虚字依儿童语研究之层次，实字依教材标准之层次，虽所选之字，未必毫无疏漏，然大体尚无甚谬误也。

第六章　国语读本所需助于教授书者为何

教授书式例当另论。兹所论者，为读本中不易解决之二大问题，当于教授书中解决之。

一、识字问题

今之研究小学识字者，一为应识字数，二为每字复现次数。此在读本中，固有相当注意；不过求此项问题之圆满解决，课文处处受其拘束，则文学趣味，因之减损。就应识字数言：城市与农村，以及各地习惯不同，在甲地认为必识者，乙地或可以不识。又如同义之字，如看与瞧、丢与摔等，异名之词，如父亲与爷爷或爸爸、稻子与谷子等之类，在文中可任取其一，语言则须随地而呼。上举二例，前者课文悉列，则书成杂字本，酌列则因地而嫌遗漏。若教授书中遇课文可授农具或商品之字，以及可授地方事物之名，举例说明，教者斟酌授之，斯读本免其两弊，而识字者各识其应识之字矣。后者课文悉列则用词混淆，酌列则虑遗某处通用之字。若教授书于读本所用之词，有同义或异名者，举例说明，使教者因地方惯例，并举以示，则识字者无虑其不敷用矣。就每字复现次数言：依学习心理原则，每授一新词，其复现次数之距离，应隔三四课一次，隔六七课一次，隔月余一次，隔二三月一次。使课文依复现之原则，则组织成为机械，即旧式无甚意味之课文，已不可能。惟先将各课所有单字，依序列表，逐课注明发现次数。查其复现次数较少，或距离不匀者，一一在教授书中，胪列补充教材。此补充教材，皆于学习课文中，联络复习，不别为一课。可准学习心理原则而练习，又可因练习而示文字应用之变化，斯可谓两全其美矣。

二、应用文问题

今之谈教学法者，皆知学习应用文当适应儿童当时需要；及其讨论读本，又力主课文中多加应用文。为读文而授文，其不能引起需要动机，固已甚明。无需要动机，而强其学习机械法式，难有心得，亦可知已。然读本绝不示例，一任教者之因应教授，教师学力弱者，或失机会而不教，或遇机会而不知所以教，亦憾事也。惟有视课文可有之动机，当发生何种应用文之需要，又衡量儿童学力，与应用文体式，分别次第举例，列入教授书中，备教者参考，选为补充教材，则上述种种困难，举无虑矣。

于此当附论及者，时人之一种普通见解，有见于地方特殊情事，主张各省宜自编读本者。又有见于职业上特殊情事，宜各编读本者。夫以中国之大，果其学术日进，读本之体式与种类，自宜多多益善。惟以适应特殊情事，为编读本之目的，是犹旧时偏重实质之见解也。盖自然、社会各科，离国语而独立设科。国语文字，通全国而无一致，文字与实质，各有其本身价值，混而一之，徒相妨害。即有特例，不外上述之二问题，自当以上述之方法解决之也。

第七章　目标及达目标之进程

部定要旨：在使儿童学习普通语言文字，养成发表思想之能力，兼以启发其智德。

省教育会联合会国语课程纲要草案主旨：练习运用通常的语言文

字，并涵养感情德性，启发想象思想，引起读书趣味，建立进修高深文字的良好基础，养成能达己意的发表能力。

纲要主旨，似较部定要旨详审。鄙意部章缺点，在未定明确之标准。修改要旨，殊非必要。

纲要之最当人意者，在定限度。虽根据未明，然慰情聊胜无也。分年之标准，部表太笼统。纲要程序，亦嫌武断。兹不为驳正之论，但就国民小学教授国语，述余之意见。

一、目标

（一）能应用通俗用字及普通语体文、应用文之用字。

（二）能自由书写所读之字，整齐而敏速。

（三）有充分之默读的速度与协和之朗读的音节。

（四）能了解语句构成之法则，而自由应用语言文字，述说所闻所见之事物，发表自己之思想与感情。

（五）能欣赏所读文章之内容。

（六）通晓讲演规则并能听普通讲演。

（七）能阅各种语体文。

（八）能利用文学作休闲时间之修养。

二、达目标之进程

（一）达一之目标

1. 属于读本

（1）实字中之通用的名字。

（2）语体实字之必用的动字、状字。

（3）构成语句的语体文必用之虚字。

上三项之字，皆应逐年排列于课文中，使儿童认识之。其选字字数及方法、理由详选字问题。

2. 属于教授书

（1）因地方或职业之需要，加入特殊的通用字　此项就课文可有之动机，酌量列入，以备选授。但教者须就适当情形而增损之，且当于课文外用自然教学法酌授文字。

（2）应用文之各种体式　此项方法同前。

（3）练习纯熟　此与复现之次数至有关系。凡读本新见之字，以后课文不能依练习原则屡次复现，或虽屡见而间隔不甚匀称者，应于教授书各课联络练习中，示以适当之补充教材。

（二）达二之目标

此与读本无关。除特定时间外，当自第一学年第二学期起，依年级及课文，于教授书中，示以联络读写之法。

（三）达三之目标

1. 属于读本

（1）句读标识　此项第一学年第一学期，句读间以空格。从第二学期起用标点符号，但疑问、感叹等号从删。

（2）段落划断　此项纯取小段落之划分。但每一段落，皆有一个整体状态之表现。

（3）语句成分及节奏　此项以适于儿童诵读为主。

（4）内容及文章之意味　此项以能引起想象、激发思想为主。

2. 属于教授书

（1）读文方式之配置。

（2）读文进程之分剖。

上二项皆应课文而酌定。

（四）达四之目标

1. 属于读本

（1）词之排列　此项专注重无形状动作可拟之虚字。大抵连词于二年级后用之。副词属于性态之词，助词含有活动语气，与叹词非惊讶者，亦稍后见。

（2）句之排列　此项先单句而后复句，且皆先单纯而渐进于复杂。

（3）课文须隐含具体问题　在教学中有引出寻绎之机会。

（4）表演文宜有适当之排列。

2. 属于教授书

（1）词与句之练习　读本词与句排列之序，在适用于儿童之能否了解，并不限于某词与某句出现，即应练习某词与某句。教授书为联络读法与作文起见，自当应年级、时期，就课文选取适当之词与句，逐年依序提出，俾资练习。

（2）问题之提出　此准前之第三项提出，或由教者提出，或引起儿童发问，宜斟酌课文与学习情形。

（3）练习文之举例或引出题目　此在注重动机。属应用文宜使感觉需要，属普通作文宜引起发表之情绪。

（五）达五之目标

1. 属于读本

（1）内容之目的　以能引起单一情绪为主。

（2）文章表出之意味　形式美而意味悠远，且变化而不可测。

2. 属于教授书

须应课文而示以激起欣赏之方法。

（六）达六之目标

除参阅第十章语言练习外，教授书宜指示之点，大旨在低年级注意问答规则、读听态度及表演方法，高年级注重讲演规则及态度。

（七）达七之目标

1. 属于读本

（1）须备具儿童文学之各种文体。

（2）教材实质宜普通。

（3）段落宜短而篇幅宜长。在最后学年，须使授课时间在一次以内，能读五六百字之文。

2. 属于教授书

以注重儿童自动的诵习为主。默读及概读依课文为适当之处理。

（八）达八之目标

1. 属于读本

（1）注重唱读之文。

（2）注重表演之文。

2. 属于教授书

应上列之课文而示以方法。

以上皆属正目标，尚有副目标如下：

（1）能用字典词汇　此当于第三学年上学期起，与注音字母同时为特殊之指导。

（2）能作单据、报告及书信　此须应动机而学习，参阅目标一属教授书之二，又目标四属教授书之三。

（3）能用标点符号　参阅目标三属读本之一。

（4）能用注音字母读国音。

第八章　选　材

选材为构成课文之源。儿童当读如何之文，必先定主义，而后有趋向可寻。约而言之，其主义可分为三：

（一）教训观。大意谓蒙以养正，儿童读物当读有益于身心之文，甚者主张读经，谓儿童读物不必于有益身心中求之，固为不可。然谓有益身心，必须求诸抽象的语言文字之中，而耳之所闻，目之所见，皆取直接教训之义，抑又非是。盖人格修养，贵涵濡于无形，论理式之教训，非儿童所能体会。纯持教训观者，仍无与于身心也。

（二）实用观。大意谓儿童所以需教育者，在授以实用之知识技能。语言文字之内容，皆附丽于历史、地理、理科等实质之中。学习语言文字，当应职业而兼得此类之常识，庶学习者始能应用。惟各学科皆自有其本身特质。吾国文字学习，既已倍难，借取得常识而使习语言文字，与习语言文字而兼解释实质，皆足以妨碍主要目的。今自然、社会等科，已另设为小学必修科，而语言文字，以传达思想感情为主，与常识科所谓实用者有别。纯持实用观者，亦无当于学习国语之本旨也。

（三）兴味观。大意谓兴味为学习之源，学习语言文字，易流于机械式练习，当取有兴味之文学材料，引起其识字读书之趣味。其理由似较前二说为适当。惟兴味属于方法，不能视为目的。苟于兴味之旨，文学之内容，见之未真。徒蔑视上二说可有之价值，破坏习得工具应有之程序，甚可虑也。

兹不以一偏之见，定选材之趋向。所谓不偏者，非折中之见，而在以前论儿童文学要素，融贯三者于一个目的之下。一方面见为兴味，易一方面则见为实用，又易一方面则见为教训。故其兴味非由外，实用不囿于机械程序，教训在涵濡于无形。

主义既定，再分实质与形式二种论之。

一、实质

普通所谓选材者，一当取儿童所能领会者，二当取其有兴趣者，三当取人生有裨益者，四当普遍。此固于选材有关，然根据何在，程序若何，殊未有确切定义。兹之选材，先定轨范。

其一，根据于小学儿童之心理作用。（1）儿童活动，由感觉而模仿，以进于意志。（2）儿童之知觉，由事物片段而机能，以进于关系。（3）儿童之对象认识，由幻想而现实，以进于理想。（4）儿童之意识表现，由意象控制感应，渐至繁复反应，以进于知用某种方法而达某种目的。

其二，根据于小学儿童之人事经历，由家庭而社会而国家。

以上各项程序，皆与年俱进，由此而得下之标准：

（一）写人生意味，由个人渐进于社会、国家问题。

（二）写对象，由幻想而现实，渐进于理想。

（三）成文之主体：

1. 由动的表出，渐进于静的表出。
2. 由单独动作，渐进于错综动作。

3. 各个动作之状态,由单纯渐进于繁复。

上所列程序,以二学年下学期为转变一大关键。下学期前,以前者为主;下学期后,以后者为主。

二、形式

儿童文学,大抵有儿歌、童话、民话、谜语、谐谈、寓言、故事、传记、剧本等类。除传记、剧本,以从三学年起为宜;其余分见于读本中,当注意于下列条件:

(一)依据上列之标准。

(二)内容深浅问题。

(三)篇章及语句繁简问题。

本书第一册,采谜语较多;第二册,采儿歌较多;第三册,采童话的故事较多。以纯就文字多寡、语句便读两方面,选适当之文,非谓某期适于某类儿童文学也。

近人于形式中,往往区分叙述文、说明文、议论文等类,并因文体而定排列次第,分别教授。夫文体之辨,自挚虞①以来,迄无定论。曾涤生②分为十一类,为世所称,而体裁犹未之及。即以文体论,人因心之所蕴,事之所接,发为文章,自然合拍,初不限于格而后为某体之文,亦不限于某文而必拘某体。此在文学专家,或不妨研究,若小学儿童,殊无示以某课为某文体之必要。至于规定某年级授某体之文,则说明之语句,初年级儿童多有用之;静体之叙述,高年级犹嫌繁碎。可见文体之分,绝无当于小学矣。

---

① 挚虞(?—311),西晋著名学者,著有《文章志》四卷。
② 曾国藩(1811—1872),晚清重臣,号涤生。

本书选材，就某篇所定目的，视其时期中之儿童心理，与文章分量，预拟传以何类实质教材，能动读者激赏。然后搜寻何类实质，采其与目的有关者，作为成文资料。或先选定某作适于读本之用，然后准读本体裁，增损为文。故前者选材，与各科汇集教材，取舍之旨，属于实质本身者不同。后者选材，必重加组织，虽述亦作。今之论国语教科书或读本者，往往以采取上列诸类之文，便称为文学化。实则上列诸类，只为儿童文学之分类。其是否有文学化之价值，一方视文之本身如何，一方视编读本者之组织如何，不可不辨也。至于选择实质，虽重普遍，然规定成分，于义无取，不苟同也。

第九章　结　　构

从前读本（或教科书）之弊，改良式只知选择实质，而不明组织方法，故其文平实寡味。文学式只知重兴趣，误以方法为目的，故内容多流于虚幻。欲矫其弊，于构成文章之主旨，最重者有二：

其一，重神秘意味。童话所以适于儿童者，勿论为物语、为神话、为故事，其组织必含有神秘意味。夫宇宙本一至不可思议之物，儿童初入生活范围，非若成人相习已久，对于普通事物，均淡漠视之，而此事物所包之意蕴，虽智者亦穷于探讨。苟能引起想象，则朽腐皆化为神奇矣。浪漫派之表现真理，不根据于纯粹现状，而以实际构成理想，亦含有几分之神秘意味者也。

其二，重写实。平铺直叙，固为文之大忌。然使事必惊人，语惟解颐，一一建设于虚幻基础之上，又非读本所取。兹之重写实者，矫误解兴味之弊，表以写实，而运以神秘。一方取写实派之以归纳方法，引导读者自观察想象事物，而体会真理。一方仍本实际构成理想，而不以描写现状为能者也。

虽然，读本之文，尤重激动情感，启发思想，从欣赏之中，而了解人生意味。故其构成文章之旨趣，必更明下之所论。

其一，当如诗之意境悠远。所谓诗者，文指存乎咏叹，取义近乎比兴。言情达志，敷陈讽谕，言有尽而意无穷。至于音节谐和，在调之抑扬与辞之委婉，而非以谐韵叶声为工。后世惟拘声韵，早失本旨。兹之所取，悉本实斋之言。庶读本之文，有轨可循。

其二，当如短篇小说之能产生单一感想。单一感想之产生，在以确定目的，提炼复杂事物。凡与目的无直接或间接关系之材料，悉予摈斥。每一段落，皆能表明其动机。各句各语，皆互为发明，同以一中枢思想为归宿。即其文笔，亦当与思想融洽。至文之长短，惟称目的之表明与否。短篇小说之以想象而连贯之事实，阐明人生真理，能使阅者神与俱往者，其关键在是。今取斯旨，以范读本每课之文。

教授读本，有所谓文法、语法者。旧者于章法有起、承、转、合之分，于句法有锁、撇、提、顿之分。新者则于词有品性之分，于语有主、宾、补足、修饰之分，于句有单、复之分。前者各小学校多如是教，后者亦间有行之。某校依学者之主张，准语法程序，编为读本。夫文既根乎语言，则词与句之连续，文之起讫，皆循语言自然之序，去其鄙俚，汰其枝节。其有待于矫正者，大抵各地方特殊错误之惯例，而非可执一以绳。若限于某课用某种谋篇之法与某种之语句，则课文成为机械，将无文学兴趣之可言。至虑式例不备，则一学期所读者，文有数十课，语有数百句，一学期不能尽者，更续之以二学期、三学期，自可备举而无遗。即如单句、复句之种种式例，虚字之种种用法，亦惟教者总合全书，刺取课文，依序排别，随时示以变化，使资练习，而非为读者规定格式也。盖小学儿童学文，不耐逻辑之寻绎，专为文法而授文法，终格格不相入也。进而论之，文成法立，本无定格。多读多作，自知其意。袭其形貌，神勿肖也。归震川评点古文，标以五色，各为义例，通人讥之。至于读本段落，为教授便利与引起读者兴会，组织往往特殊。选字造句，因求音节谐和，常有同义之字，在彼处所用之字，在此处则改用他字；以及省略句中某词，衍一语为数语：凡此皆作家深造，为读本所必有。初非为初学信笔所之，示以义例也。若夫释词辨性，在专家研究文法，诚非无益，然以此而求文之通，求文之佳，吾未之见也。

　　读本课文之构成，以内容变换而字句反复为唯一原则，今之改良式、文学式二种读本，皆向于此。文学式式例，最为明显。如报纸所载零篇，或摘取读本一二课读之，自觉其趣。若通观全册，便增厌倦。何也？式例既千篇一律，内容亦一览无余。譬之空谷闻音，易起应求之情。若人众杂沓，自非清歌妙舞，不足以动听也。尝推究文学式反复之例，或换质，或换形，或换主词，或换系属词，变换之例虽不一，而形式皆为平列，此实自童话连续体而出。童话篇幅较长，取材丰富，而连续体又只为文中之一种式例，读王尔德童话，可以知其故矣。吾国古诗，词多反复，如《诗经》所载，每篇数章，或各章之句同体，而只换主要之词；或反复主要之句，而只换喻物之词。其换者在达意，其不换者在咏叹，与童话连续体旨趣不同。又如旧时歌谣，有重言及回旋二式。重言式：文中主要之句，或接连而下，或起讫相应，或文中申言，此本咏叹之旨，诗亦有之。回旋式：前段末句或主要之词，即为次段起点，亦有周而复始者。凡此诸式，易近平列。推而广之，当求错综。如短篇小说可采之法式有三：一用竞争的组织。以二数以上之事实，向同一方向进行。于其相互关系之中，反复字句，则形式自不陷于一律矣。二以反复申言表示重心法。此于表示重心，本非唯一之法，但小学读本颇为适当。三前后呼应法。此其命意原主唤起情感，并非以重言为主。然于反复字句，甚有关系也。

本书结构大体之转变，一如选材，以二学年为关键。二学年前，以字句反复为经，以事为纬。二学年后，以事为经，以字句反复为纬。形式与内容，同趋于多方变化。千篇一律之诮，庶几免尔。

本书结构最要之点，在一篇之主旨，纯用间接法暗示法，不惟不表现于文字，即教者指导学习，亦不直接说明。使儿童诵习本文，用自己之想象，激发适当之心情。其有问答，但使儿童所表示者，非违反目的或陷于谬误，教者绝不加以驳难。如是而同读一文，各得以其所感应者，各欣赏其所得，而一协于自然。尝见旧时修身授课，述物之亲爱，必推论及人；述一看护之事，必推论一切救助之事。斤斤讲教段者，美其名曰推理、曰应用，实则此种教法，教者如是问，听者如是答，只属于文字之演绎、言语之联想，初无与于心情之感动。所谓理者，推之何益？所谓用者，于何应之？无如世人之习焉不察也。

第十章　分　　量

在论分量以前，有先宜解决之二问题。

一、国语占小学课程之时数与每次授课时数

部定初小课程时数，第一学年每周二十二小时，国语十小时。第二学年二十六小时，国语十二小时。三、四学年二十八小时，国语十四小时。新学制国语课程草案，不计时而计分，平均每三十分一次。一、二学年每周三十六次，国语十一次。三、四学年四十二次，国语十三次。第四学年之十三次中，又分为读文五次，语言二次，作文二次，写字二次。

上二者全课程总时数，后者指最小限度而言，比前者稍减，可弗论。惟所定时数之限度，系指实际授课而言。盖谓儿童每日可能学习之新知，不宜逾此限度；非谓在此限度内之新知，竟不能于所定时数外学习之也。今之小学教师，多于规定时数外，置学生于不顾，非编制课程者规定时数之本意也。

国语时数，部表占总时数百分之四十五或五十，草案仅占百分之三十。其大减之原因，草案剔常识课程于国语以外，时数虽减，而学习语言文字之分量，尚属相当。兹估计学习国语全部分量，自当以草案为据。其每次应需时数若干，据实施新学制各校，大概国语授课，以三十分为一次。鄙意年级较进，课文较长，时数太短，颇感不便。而读本文章兴趣既富，则时数较长，亦不为苦。约计每学期十八周，兹拟一、二学年采三十分一次，每周十一次，应得一百九十八次。三、四学年四十五分一次，原为十三次，变为九次，应得一百六十二次。但语言、作文、写字分占时间者，不以此为限。

二、读文与语言、作文、写字应如何分配

部定教则，仅于要旨下，略示方法。草案则前三年皆合并教学，四

学年始分占时间。兹所欲问者，独立教学是否当从第四学年始，抑合并教学与独立教学，可以并行不悖。欲解决此问题，当先讨论三者之教学内容。

甲、语言

述主张之前，有几个要点，当预行声明者。

第一，在言文一致之国，口述为口语话，笔述者为国语文。吾国笔述者则有国语文与国文之别，不能引外人论教学语言原则，据为分教语言之规范。

第二，各省学人，不能说国语话，而可以作国语文。盖文字与语法，本自统一也。

第三，根据文字为读，根据口语为述。读须学习，而述无待于学。不能以重视读文，加以有念书见解之嫌疑。

第四，由读文字所记载者练习口耳，视本口述者练习口耳，较有把握。

第五，注重由说话而了解文字，系国文教授时必用讲解之过程。既改语体文，不当再有此混淆观念。

自国语统一之说盛行，所谓国音教学、话法教学、国语话教学，皆成小学重要问题。惟欲谋国语统一，当以训练师范生为主。但使教育授课皆用国语话，自可引致儿童能说国语话。次之教读本悉准国音，亦可使儿童能听国语话。不此之求，惟于小学课程中提倡说话教法，以张统一国语之名。其结果小学所说所习者，并非国语，于统一无涉，徒妨害国语文教学之程序，增加儿童学习之担负，减少义务教育期内运用文字之功能而已。夫吾国国语之不易统一者，根本不在语言而在音。儿童之需要国语课程者,又根本不在语言而在文字。现在提倡说话教法之学者,多属于深究语学之士。其所贡献,大抵根据于彼学习外国语之经验,如所标示之演进语、命令语、恭敬语、会话等目,皆为学习说话之要领。抑知吾人之学外国语,为其不通语言,故对于此类教法,因应需要而稍感兴趣。若初入学之儿童,并无不能说之语言。其不能者,语言之成文,文字之认识与书写耳。不于所不能者而教之能,乃欲于能说之话而教之说,烦而且碎,徒取厌倦而已。若谓由此而识字,而书写,而成文,即以语言练习为合并教学之基础。如此排列体例,只可作识字教科书,或语法教科书,而读文一项,便应删去矣。又如普通教学法,关于语言练习,有所谓读文前教法、读文中教法、读文后教法。充其所极,旧时预备问答、练习应用问答、复述种种之弊,将以益烈。余非谓学者贡献绝无裨于国语教学,特以此为教学程式,小学教师研究鲜暇,震于学者之名,奉为科律,兹可痛耳。如国语课程草案,即受其影响者也。至于语言练习,抑又何从?

(一) 小学教学中共同问题。即于教学时之观察中、讨论中、研究中,注意引起儿童发问与陈述之动机。并对于声音之轻重疾徐、语句之鄙俚错误、姿态之轻率矜持,以及过与不及者,均为适当处理。又时于说话之中,训练一般儿童之听觉。

(二) 合并于读文教学问题。

1. 视课文之有图或实物可示者,应指导观察之目的,使儿童揣测所表示者与课文相关之点,而陈述意见。

2. 视课文之属于童话、故事、寓言、史谈等,其事实及关系有待说明者,应使儿童就提示之点,而复述大意。

3. 视课文之可表演者，应使加以组织，而为表演之分配。在初学年始期，或仅取对话形式，渐进而为文艺表演。至于普通问答，所以辅助读法进行，且于语法、文法有关，则普通教学法已论及矣。

（三）分占时间问题。另定谈话时间，一、二学年宜隔日一次。三、四学年在授课时间内，仅为预备整理，每周一次；实际谈话，可于课外时间行之。谈话事项：

1. 故事、童话、谐谈等之讲述。余在八九年前，曾主张初学年读本，多采故事为文，逐段用图表现故事程序，于讲述中兼令识字。近来之文学式读本，颇有与余之主张同者。然以余三年前试验结果，此类识字教法，与文字自然教学法当同一例，究不能替代读本，其理由前已言之。初学年始期，由教者讲述，令儿童复述，间使之述其所闻。俟一般儿童讲述能力稍进，然后自由讲述，更进则采用阅书材料。

2. 参观后陈述。

3. 普通讲演。不限用一之材料，如常识谈话，如问题讨论，皆听自便。或由教者提出目标，令儿童搜寻讲演材料。

4. 创作表演。此与合并读文不同者，彼仅取读文事实而敷衍之，此则就所采材料，有相当取舍。或有一定目的，由教者提供材料，使自行组织，教者但于表演前参加讨论而已。后三者皆用于年级较进以后。

由上所论，语言分占时数，一、二学年每学期五十四次，三十分一次。三、四学年每学期十八次，四十五分一次。但三、四学年之时数，得斟酌之。

乙、作文

国语课程草案规定，一、二、三学年为通常简单的语言记录抄写，四学年为应用文、说明文的研究和作法，并各种练习设计。说明书对记叙文、说明文、议论文等，更举例言之。

论前一项规定，进一层言之，作文是否只此记录抄写；退一层言之，以吾国文字之繁难，初学年是否有运用能力。此二种疑问，可以决同此感想者之必多也。论后一项规定，如记叙文、说明文等分类，原本于日本之国语读本，毫无可取。深言之，则吾国自来文学家所弗道；浅言之，儿童又不足语此。其理由已见前。至应用文如请帖、发单、收据等，式其简略，不必至三学年而始可学习也。

兹规定学习程序，当通各方面而先求标准，然后所规定者，无支离破碎之失。

（一）就发表形式方面言，当分为口述与笔述二种。低年级尤适用口述，以立作文之基础。

（二）就发表主体方面言，当分为记述教者语言与发表自己思想感情二种。低年级当以前者为主。至年级较进，记述较复杂者，亦甚切要。

（三）就发表趋向方面言，当分为示范练习与自由发表二种。但前者当以笔述为主。

（四）就发表目的言，当分为命题与不命题二种。前者自第三学年起适用之。

又标点符号之辨识，于了解文法颇有间接补助，当自第一学年第二学期始。指导检查字典于读书、作文均有关系，当自第三学年始，与注音字母同时授之。指导课外阅书，亦在是时。

记述教者语言与示范练习，完全随读文进行者也。口述与笔述，随读文而进行者，必其文较简单者也。发表自己之思想感情，为自由或非绝对自由，其随读文进行者，必根据于问答者也。命题，不随读文进行者也。

由上所论，一、二学年大抵为合并教学；三、四学年作文分占时数，约须每周二次，此亦可随时伸缩。计每学期三十六次，四十五分一次，与草案三次之时数等。

丙、写字

部表各学年皆列书法，未定程序。国语课程草案规定第四学年正书和简便行书的练习，分占时数。以吾国字体之难，旧时入学之始，即读写并进，固嫌机械学习过重，足以减损理解之功用。然范书太迟，则无由工整；未能工整，则无由敏速。且虑随意抄写，相习已久，矫正为难。鄙意第一学年第一学期前半，每课酌提数字，示以笔画顺序。后半酌提数字，示以书空练习。第二学期酌令抄写课文中新词与简单语句。自第二学年之始，合并学习与分占时数二者并进。合并学习为抄写记录，繁简之序，与年俱进。分占时数为范书。至第四学年始兼习行书。各学年分占时数约须每周二次，计每学期三十六次。写字每次时数，不宜过长，在三、四学年，仍以三十分一次为宜。

综前三者分占时数，语言一、二学年三十分一次，每学期五十四次。三、四学年四十五分一次，每学期十八次。作文自第三学年起，每学期三十六次，四十五分一次。写字自第二学年起，每学期三十六次，皆三十分一次。是读文应占之时数，第一学年每学期一百四十四次，第二学年每学期一百二十六次，皆以三十分为一次；三、四学年每学期八十四次，以四十五分为一次。

二问题既已解决，进而论初小读文之限度。国语课程草案，有两个最明确标准：

（一）识最通用文字二千二百个左右。余选定数目，与此相合。

（二）读语体文学书八册，每册平均四五千字。黎君君荃自称实验结果，读本应增加分量。其主张之总数，亦大致相同。

准上二千二百个字之约数，平均八册生字，每册应有二百七十余字。初学年课文较短，生字当较少于平均之数。向来教科书或读本，第一册生字，多在二百个字左右，以后逐册渐增。又据俞君子夷民国十一年调查，某教科书第一册课文总字数六百六十五字，生字二百零一字，平均每字反复次数为三又十分之三。其自编小册，反复次数，在四与五之间。本书假定标准，第一册生字二百个，平均反复次数六倍，课文总字数一千二百字。第二册生字增为二百二十五个，平均反复次数增为九倍，课文总字数二千五百四十一字。三、四册生字共五百个，平均反复次数十二倍，课文总字数七千五百八十七字。三、四学年课文则补足四万字之约数，生字则补足二千二百字之约数。兹列本书前四册字数，与假定标准比较如左。（略）

本书各课篇幅之长，与现行文学式读本相当，而生字则较匀称。其段落与语句之组织，悉准儿童语研究原则，务期无一段一句一字，使儿童发生语句累赘之感痛。第一册生字平均每课七字，至多无逾十字者。单就一课论，似较现行改良式读本或教科书为多。然课文字数之多倍之，而生字之多不过半数。就全册论，生字相等而读文加多，则所增分量，惟增内容之意味，而不增学习之担负。就学习方面论：

1. 经济。以本书一课有彼两课之分量，彼须四次学习者，本书仅以三次学习之。

2. 记忆确实。彼四次所学者为两课文字,每课练习时间只两次,此则一课可得三次练习。分布之次数愈多,则印象与联念自益固结。即以生字之数而论,每课学习至少当为两次。旧时入学读《三字经》,愚者亦能读三字。(阅者勿谓所据太旧,须知:(1)数百年历试不爽;(2)单语认识,较新法生字测验为可凭信。)假以一次认识三个字,改授九个字,分布于三次练习,当较前者为不易忘也。以此例证,可见支配生字之分量,非贸然从事也。

又为培养儿童读书力起见,在一、二、三册中往往有较长课文。然课文愈长者,其新词与单字之总和,为数极少。盖以极多重复之语句,构成多变化而富兴趣之文,使读者不感困难。当此类课文编成时,历试诸学程相当之儿童,皆与预期之结果相应。又于长文数课中,间以短文之课,调剂学习。故排列之序,大体重内容而不拘形式长短。又酌采类辑方法,以类相属,俾所得兴味,得以相互连属而持久。此其大要也。

第十一章 教 授 书

属于教授书之两个大问题,以及语言、作文、写字之分合问题,已如前论。兹所论者,为教授读本之两个主要问题。

一、过程

从前由阶段产生之弊,余在清季已陈其疑难之点,民初更反复痛切言之,其论文早散见于印刷物中。民五以前,江苏小学商榷会及京师学务局所发表之读法教授顺序,即打破旧式为之。各书坊编教授书,因之变更体例。近四五年来，设计法流行，又采取设计过程，应用于读法教学，不可不谓稍有进步。然实际上之根本革新如何，苟以教学确有精深研究之人，试深究教授书，详考各校教法，必知今之所改者，大率袭时髦之名，而以皮相之见行之，于根本无与也。夫革新之事，在彻底而不在浅尝。果有彻底真知，即形式不改，犹可期相当功效；若止于浅尝，即形式变易，而旧弊依然存在。今袭貌遗神之新式教法，其弊尚不只如浅尝已也。请试论之。

五段教授法之弊，弊不生于法之本身问题，而生于定教案者拘泥形式，以分配教授时间。今之采用设计式过程者，分为欣赏、练习、思考、创造四式。为研究教法方便起见，不得不分项推究，并论及各项应有程序，使运用者知所注意。若每项规定一式，为实际应用标准，则每课教材，断无适用一种教式之事。一课所用教式，既不限于一种，则何处适用某式，何时适用某式，皆须因应教材部分与学习情形，为相当之处置，亦不限于适用某式之固定程序。非然者，拘泥形式，则发生之弊，与旧时阶段式将无别。至于沿袭阶段式步骤，参以设计式教法，分为理解、练习、发展三步，亦惟论方法者以之分剖程序，言之成理，而不当悬为定式也。

然则教学程序，竟当废置乎？非也。方法之标准，原理必有一定，而实际则重活用。盖吾人所需于学者之论列种种方式，在备教者参究，本教材而运用方法，非执方法以驭教材也。今之讲教学法，编教授书者，动曰某年级适用某式，某教材适用某式，失之毫厘，谬以千里。非好学深思，逐项实际研究，鲜不为笼统之式所误也。兹之主张，就课文本身，先决定入手之方法，分为二种。

（一）以文章体裁分者

1. 先摘示新词，再诵习课文（摘示新词必从观察与问答中示之，与旧时先授单字不同）。或新词于诵习课文中摘示之。

2. 先口授课文，再使认识文字。

（二）以课文分量或结构分者

1. 先概习全文，再分段练习研究。

2. 由分段概读以总习全文，再由全文分段练习研究。

入手之方既决，然后应教材学习之进行，视教材当特别注重之点，参照教学过程，斟酌用之，以制驭学习进行之趋向，而达教学预期之目的。至于学者论列之教式，皆可用而皆不可用。所谓皆可用者，循学习教材自然之趋向，学习过程必有与某项教式相应者；所谓皆不可用者，任何课文不能持一定之教式以驭之也。

二、读法研究

读文之目的，一方在使儿童习得工具，一方尤须取得思想。从前大抵偏于一方，成绩遂判。本书融贯两方面进程，期于合一。读本则一方对于语言文字之支配，注重形式程序；一方对于文章结构与内容组织，必与思想历程相应。教授书一方对于认识、理解、练习三项，依学习心理原则，尤以趣味引致之；一方对于欣赏、思考、创作三项之过程，极为注重。

读文既为习得工具与取得思想之枢纽，然则如何而读，又如何与语言、作文、写字三者联络？后者上已言及，兹惟就前者论之。

甲、默读与朗读

二者各有短长，不具论。惟就如何朗读与如何默读论之。

属于默读者：

（一）适于默读之文：（1）重思考者。（2）事实及意义，在文字表现中，多含有补充之说明者。（3）篇幅较长，须分段研究者。

（二）令默读时，须指示读文之目的或范围，以使其注意集中。

（三）令默读时，须告以将为若何预备，使其努力从事。（如告以我将要看谁能读全文或谁会读某段或谁能说明意义等。）

（四）宜训练默读注重句读之习惯。

属于朗读者：

（一）适于朗读之文：（1）富于情感者。（2）有韵之文。（3）文章表出之意味深长者。

（二）朗读之语调，须应文章体裁。如诗歌，如问答文，均与读普通文不同。

（三）朗读当在了解内容以后。于句读之分别、段落之起讫、声音之抑扬顿挫，宜特别注意。

（四）朗读声音不可太高。除诗歌外，不可与语言自然之调相离太远。又次数不可过多。

（五）朗读时宜兼注意听者闭书静听之态度。

（六）为不浪费时间兼能普遍起见，可于适当朗读后，用伴读式令全体朗读一次。

（七）宜择相当之课，作为范读。

乙、概读与详读

此与前异者，不以出声与否为别。概读或观大意，或依教者所示目标，而于课文中搜索应答材料。重在速读，大抵读不出声。然默读则不限用于概读也。详读时思想与文字互相连属，或细声诵习，或静默玩味。于读讫一语句，读讫一段落，必有相当停顿。重在缓读，不限用于每课读文之中。大抵在课文最有关系，或较繁杂部分，或全文关键，或主结，用之。

丙、分段读与读全文

此于应用原理，须有彻底了解，而后对于全与分之进程，不致误入歧趋。读文之支配惯例有二：一为直剖法，以分段为进程。一为横剖法，进程不分段，而析全文之生字、新语句为第一步，实质为第二步，文法为第三步。直剖法大体分而一部分构成之内容全。横剖法大体全而内容之构成分。由直剖法所得观念，不相连属，无从集中注意。由横剖法所得观念，支离琐碎，形式与实质不能融合。自最近学习心理之研究，明示全部学习法始效虽缓，结果较之分段学习法，能省时间，所得又完整而明确，于是教学进程，发生一大变动。俞子夷君论教法新旧冲突，曾依此原则，示读文最好之一例。惟俞君举例，系可歌唱兼可表演之课文。文体种种不同，非尽能适用其方式者。又课文篇幅长者，开始诵习全文时，多感困难。于是有谓篇幅长者，可以分段研究，而各校仍多以惯例为方便。所以采全部学习法之真义，与如何运用之法，不能不明切言之也。

于此当剖析明白者，旧说之指示目的，新说之给予普通概念，皆开始学习之要件。言者只知其理，用者多误其方。指示目的之惯例，不外二种：（1）开端即告以现在所讲为何。（2）先问许多枝节语，而引致于目的之说明，大都为抽象词，义取浑括。普通概念之给予，道尔顿制视为最要。其表现概念之法，在定作业概要。本学期应作之业，概要表定总目，周定细目。吾国一般施行道尔顿制者，所定总目与细目，不过采用教科书某册之题目而已。目的之指示，与普通概念之给予，是否同一原理可弗论。惟所谓指示，所谓给予者，是否尽于一言之表示（论道尔顿制者有以概要小段之题目与指示目的同一旨趣），未可忽视也。就指示目的论，依学习心理原则，欲使儿童学习某事，当先使知为何学习。惟为何学习某事之目的，与某事如何解决之目的不同，亦与构成某事有何目的不同。某事如何解决，与某事构成有何目的，在文之主结系成时，仅有推测之因；文之主结分解时，始有表现之果。明此目的，必使儿童于了解某事全部后而自领会之，斯与教学预期之目的相应。若所谓为何学习者，不过学习某事之一种普通概念，或表示于命题之中，或表示于学习动机之中。而命题大旨以表现关键为主，亦有表现主体者。正不在归纳课文全部，提出主要目的，依此演绎，而定学习之趋向也。就给予普通概念论，道尔顿制纯以文字传达之。就作业概要所规定，可取得本期作业全部之普通概念。由作业概要，分析为作业月表。就月表所规定，则取得本月作业全部之普通概念，较前进于详密。由月表所规定，分析为周之作业细目。虽由细目之命题，可取得更进一步之普通概念，然其主要目的，在依命题而求解决，不在取得普通概念也。二者剖析既明，则全与分之进程可得言矣。

依上所论，吾人当知全部学习法之进程，在补救直剖、横剖之缺陷。故开始之全部学习，在取得全部普通概念。更进一步，即在使所得概念，由分析而进于明确。若课文篇幅过长，或有其他原因，则开始用概读之法，分段取得各个之普通概念，次概读全文进而取得混合之普通概念，然后再分析而进于明确。故全与分可以交互行之。每历程进一步，而内容所得，亦进一步。其历程以深浅分，以详略分；不以部分分，不以内容性质分。斯随分随合，随合随分，无施不宜。其学习也，如用圆筒镜窥油画，始见其表，继见其里，最后则无微不见，兴味亦随了解之度，逐渐增加，非由外烁，无散漫与中断之虞。

丁、单读与齐读

此可分为三种：

（一）单读。试读、朗读时适用之。

（二）齐读。此又有全级与分组之别。适用于全级者：（1）随范读而读；（2）单独动作时间过久，以此调节之；（3）每次教学结束之时。适用分组者：（1）分组练习；（2）分组考验。

（三）二种合并而行。伴读用之。

戊、试读与范读、伴读

试读有二种：（1）用于初读，惟以单读行之；（2）用于考验，兼以分组读行之。

范读在第一学年第一学期用之较多。其后惟于儿童读不合拍时可用之，不限于范读全文。

伴读因单读、分组读时多有参差，令优生唱读，为其余练习之引导。

抑读法教学，非孤立之事，必与语言、作文、写字三者联络并进。此并进之作用有二：

1. 属于进程者：每经一次之读，于了解方面，必有相当进程。而挟此进程以进，读法与三者皆互相连属。初读以前，大抵借助于语言而使之能读。初读以后，则三者进行，一以考验读文所得，或固结前次读文所受之印象与联念；一以启发下次应玩索之处或证实本课应达到之目的。今之印板教学顺序，不结合四项于一定目的之下，不依教材本身自然发展之序，贸贸然而读文，而写字，而作文，而语言练习。极其所至，不过于取得工具，能有相当之练习而已，乌有文学功用之可睹耶？

2. 属于活动调节者：教学之法，在变化而多方。官能之用，以并用而益明。读偏于受，必借助于语言作文，而后可以表现所受之进程若何。读偏于练习口耳，必以抄写记录，练习手之活动。斯一齐动作者，得同时各自表现其进程。是以相间而进行，动作不流于单调；分途而表现，全部皆呈其功用。此机械练习，所以贵用之各得其宜也。

以上各章，于读本与教授书之旨趣与式例，悉本经验而道，其体要已毕具矣。惟随机示教，所以补读本之不逮者，如文字自然教学法，入学之始，颇为切要。兹撮举大凡，借便参考，不能详也。

（一）校具标识；

（二）姓名书写；

（三）简单命令以文字书示；

（四）成绩标识；

（五）故事与图画之标题；

（六）他科课程中要目之书示。

《新小学教科书国语文学读本》
（初级）编辑大意*

一、本书八册，供新学制初级小学四年之用。

二、本书编辑，根据二大原则：（一）取儿童教材，以适合学习心理；（二）取文学陶冶，以达到教育目的。

三、本书选字，凡二千三百余，皆普通必用之字。其出见次第，或依儿童语研究之层次，或依教材性质之层次，循序渐进，极合儿童心理。

四、本书用语，一本纯正国语，且完全儿童化。课文成后，编者令儿童试读，修正不合其口味之语句，故全书无一句一语一字，有稍感累赘之处。

五、本书选材，一以读的儿童文学为准，儿歌、童话、民话、谜语、谐谈、寓言、故事、传记、小说、剧本等各体皆备。实质方面，根

---

* 选自李廉方：《新小学教科书国语文学读本》（初级，全八册，陆费逵、戴克敦校阅），中华书局 1925 年 9 月至 1927 年 6 月出版。新学制初级小学适用，教育部审定。其中，《新小学教科书国语文学读本》（初级）第一册 30 课，中华书局 1925 年 9 月初版，1928 年 4 月第 6 版。

据小学儿童之心理作用及人事经历：写对象，由幻想而现实，渐进于理想；写人生意味，由个人渐进于社会、国家问题。课文结构，表以写实，运以神秘，务期如诗之意境悠远，如短篇小说之能产生单一感想，以激发儿童之情感及思想。

六、本书分量，较一般之国语读本为多，并多反复与变化，以期儿童获益。

七、本书按册另编教授书，以供教员之用。

附：《新小学教科书国语文学读本》（初级）第二册至第八册目录

《新小学教科书国语文学读本》（初级）第二册①

一　两个羊过桥	二　狼来了
三　破鼓	四　猴子分饼
五　儿歌	六　谜
七　蜘蛛牵丝	八　蛛网
九　抢球	十　儿歌
十一　谁和我玩	十二　蝴蝶躲雨
十三　花园里	十四　放风筝
十五　儿歌	十六　星
十七　大喉咙	十八　不是
十九　老虎叫门	二十　跛老人
二十一　小白花（一）	二十二　小白花（二）

---

① 李廉方：《新小学教科书国语文学读本》（初级）第二册，中华书局1925年10月初版，1928年7月第5版。本书收录的为初版目录。

二十三　小麻雀	二十四　我和黄雀
二十五　石磨	二十六　儿歌
二十七　瞎子和太阳	二十八　红冠鸡

《新小学教科书国语文学读本》（初级）第三册①

一　你想怎样	二　小螃蟹
三　白鸡做饼	四　小鸡的母亲
五　吹喇叭	六　骆驼和羊
七　怎样识字	八　驴子的本事
九　猴子捞月亮	十　谜
十一　瘤老人	十二　小敏儿
十三　智慧花	十四　鹬和蚌
十五　狐骗虎	十六　落叶
十七　小小船	十八　被告人呢
十九　你拾着大尾巴吗	二十　象怎么称呢
二十一　学人的猴子	二十二　追兔子
二十三　蠢孩子	二十四　梦中飞行
二十五　怪机器	二十六　小二的脚踏车

《新小学教科书国语文学读本》（初级）第四册②

一　石匠	二　金子和手

---

① 李廉方：《新小学教科书国语文学读本》（初级）第三册，中华书局1926年2月初版，1928年9月第4版。本书收录的为初版目录。

② 李廉方：《新小学教科书国语文学读本》（初级）第四册，中华书局1926年7月初版，1928年9月第2版。本书收录的为初版目录。

三	借锅	四	春风
五	柳	六	小燕子
七	燕语	八	海中人
九	假	十	大拇指
十一	老实的弟弟	十二	商人的狗
十三	夸口的小白兔	十四	一尺长的下颚
十五	月亮歌	十六	谁说的话对呢
十七	日近呢外国近呢	十八	盘古
十九	女娲补天	二十	野兽逃命
二十一	甚么难题	二十二	小梧桐子

《新小学教科书国语文学读本》（初级）第五册①

一	回声	二	两个和一个
三	对山歌	四	爱媛
五	花的跳舞	六	没主意的老人
七	今天才生的小蚊子	八	月宫
九	游艺会歌	十	吹胰子泡
十一	毽子和独乐	十二	小松树
十三	给他一半鱼价	十四	不留一个
十五	没字的荐书	十六	挤出的小石子
十七	会一半的账	十八	一百头牛
十九	江上的丈人		

---

① 李廉方：《新小学教科书国语文学读本》（初级）第五册，中华书局1926年7月初版，1928年9月第2版。本书收录的为初版目录。

《新小学教科书国语文学读本》（初级）第六册①

一　为你	二　风雨
三　纪昌学射	四　不怕死的老麻雀
五　油菜和黄菊花	六　美丽的花
七　灯蛾	八　火
九　蚕	十　桑树的话
十一　神农	十二　农神和麦
十三　布谷	十四　谷的一段话
十五　冯谖	十六　聪明的织工
十七　瓜和果子	

《新小学教科书国语文学读本》（初级）第七册②

一　愚公移山	二　虫之乐队（一）
三　虫之乐队（二）	四　虫之乐队（三）
五　虫之乐队（四）	六　虫之乐队（五）
七　中山狼	八　千年桃
九　利己的长人	十　荷花
十一　雪中遇险	十二　武松打虎
十三　三个大力士	十四　兰花
十五　竹王	十六　苍蝇

---

① 李廉方：《新小学教科书国语文学读本》（初级）第六册，中华书局1926年7月初版，1928年9月第3版。本书收录的为初版目录。

② 李廉方：《新小学教科书国语文学读本》（初级）第七册，中华书局1927年3月初版，1928年6月第3版。本书收录的为初版目录。

十七　女王国

《新小学教科书国语文学读本》（初级）第八册①

一　早雪　　　　　　　　二　星孩儿

三　大将的儿子　　　　　四　性情不同的鼠类

五　看金鱼（一）　　　　六　看金鱼（二）

七　看金鱼（三）　　　　八　靖康遗事之断片

九　河伯娶妇　　　　　　十　果然好灵验的仙酒

十一　可怜的青年蝴蝶　　十二　一撮土

十三　一个不劳力的少年　十四　中山先生的故事

十五　好战的蚁　　　　　十六　努力奋斗

---

① 李廉方：《新小学教科书国语文学读本》（初级）第八册，中华书局1927年6月初版，1928年4月第2版。本书收录的为初版目录。

《新小学教科书国语文学读本教授书》
（初级）凡例 *

一、本册各课教案，由著者编定，先试教于湖北省立模范小学一年级，再根据经过情形之记录，加以修正。

二、各课教学进程，视教材之内容与组织以及应需时间，为适当之支配，打破拘泥形式过程之弊。

三、各课新词练习，除补充教材外，尤注重闪烁片，以谋教学时间之经济、认识变换之便利，与儿童学习之兴趣。（闪烁片教者亦可自制，制法见后。）用者于二次以后之授课时间有余，或经过一次练习尚未纯熟，均得随时以至短时间行之。

四、根据反复练习之原则，凡课文新字复现次数不匀称者，均于每课最后之教学时间内，列联络练习之补充教材。每新字在相当练习期内，至少必复现二次。

五、各课提示新词，于课前语言问答中示之。未尽者，于读文时示

---

* 选自李廉方：《新小学教科书国语文学读本教授书》（初级，全八册），中华书局 1925 年 9 月初版。

之。亦有先诵课文，后认文字者，但所示者均在就形读音，无讲解之必要。

六、各课内容之意义，由联合语言、联合动作、联合实物而演绎之，使思想与文字结合为一。

七、各课教学项目及问语之次序，均计程而进；每一次教学事项，于全与分之配置、动作之变换，颇为注意。教者如有增损颠倒，应体察及此。

八、为减少文字及各地方语言便利，均用文言说明；关于教学中之问题提出，由教者查照说明原文而运用之。

九、教者宜参阅著者之读本说明书[①]。

十、授本册读本之前，至少须有一周，引导儿童游戏、谈话，于不正式授课中，用文字自然教学法，提示文字，引起儿童识字之观念。

附：闪烁片制法举例

正面写汉字，背面写注音字母。凡有形体之名字，应于背面绘图。正面底角，标识册数、课数，如一册一课，其标识为一·一。

单字片约长一寸五分，宽一寸二分；二字片长二寸，宽一寸二分；三字以上，宽一寸；每加一字，应加长八分。

1. 跑啊　跳啊　来跳　来跑　不来　跳　来　不　啊　跑
2. 跑得远　跳得高　高　远　马　儿　得
3. 跑来了　回去了　小　转　伞　回　去　了

[①] 李廉方：《新小学国语文学读本说明书》，中华书局1925年7月初版。

4. 小宝宝　面皮老　打一打　跳一跳　打　宝　面　皮　老　一　重

5. 老鸽子叫　小鸽子叫　老鸽子笑　鸽子　叫　咕　见　笑　鸽　子

6. 小鸟大了　大鸟老了　衔食　鸟　大　吃　给

7. 拉拉手　拉成一个圆圈　拉成圆圈团团转　拉　手　成　个　圆　圈　团

8. 哥哥　果果　排　坐　果　哥　留　我

9. 有面没有口　有脚没有手　有菜不吃　有酒不喝　有　口　没　脚　菜　酒　喝

10. 小雀儿　你来吃　你来喝　你来吧　这里有食　这里有水　这里　雀　吧　你　这里　水

11. 你拍拍　你拍球　我拍拍　我数数　拍　球　数　二　三　四　五

12. 摸不着　摸着了　我在这里　你往那里　那里　瞎　摸　在　逃　着　再　往　那

13. 翅膀　四只　怎么　翅　膀　只　说　怎　么　用　猫

14. 同去看猫　我去看猫　你不要去　都不去了　往那里去　老鼠　不要　鼠　狗　碰　看　同　要　都

15. 屋里有床　床前有椅　椅前有架　架上有衣　睡大床　睡小床　坐大椅　坐小椅　穿大衣　穿小衣　屋　床　睡　椅　前　架　上　衣　穿

16. 猫捉大老鼠　猫捉小老鼠　猫追到大床上　猫追到小床上　躲在大床上　躲在小床上　捉　躲　追　到　也

17. 蝉在树上　螳螂来了　螳螂去了　黄雀飞了　蝉　螳螂　黄雀

知 飞 树 黄 声

18. 白猫来吃鱼　黑猫来吃鱼　花猫来吃鱼　快来　咪呜　鱼　黑　花　白　快　呜

19. 坐在地上　伸出舌头　伸出脚爪　舔舔面　擦擦面　伸出　舌　爪　头　擦　舔　地

20. 狼　虎　和尚　鼓背　和　尚

21. 做　样　双　哎呀　张　开　呀

22. 风来了　雨来了　风不起了　雨也停了　风　雨　姐　起　停　咦　们　门

23. 树上落了叶　水上起了浪　风在门缝里　风在窗缝里　落　叶　浪　缝　窗　呼　嘘　的

24. 天要亮　天亮了　公鸡　天亮喔　天　亮　笼　早　歌　唱

25. 月亮高高　月亮光光　别处也要走去　别处也要照去　别处　到处　月　下　走　别　光　照　好

26. 麻屋子　红帐子　住一个白胖子　麻　红　帐　住　胖

27. 他这么粗的腿　他这么大的肚　陡坡　腿　肚　粗　慢　从　他

28. 小小车　光光头　团团面　脚踏踏　磁娃娃　我摸摸他　我亲亲他　扯到树下去摘花　拉到花下去摘瓜　娃娃　车　瓜　磁　跌　扯　摘　踏　亲　话　娃

29. 芦花　飞人　片又　六　七　八　九　芦　人

30. 十个加十个　十个减十个　也是十个　十　是　加　减

小学校国语文学之研究征求批评*

　　小学国语文学读本，为儿童了解国语文学基础，较泛论国语文学更为繁难。当国语文学造端之始，赖文学家与教育家各发宏愿，为系统之研究始集大成，而近时国语读本于国语文学与小学国语教法均未贯彻，颇为遗憾。步青不自量浅陋，汇平素研究，年余整理创作初小《国语文学读本》八册，已由中华书局付梓。先编说明书一册，题曰《学校国语文学之研究》（一名《小学国语文学读本说明书》[①]），非敢问世，聊资抛砖，尚希海内教育家教正。读本印行后，更盼详细批评为幸。通讯处：武昌长湖西街三十号。

李步青启

---

* 原载《中华教育界》第15卷第5期，1925年11月。
① 即本书第148—188页《新小学教科书国语文学读本说明书》。

《新小学国语文学读本》(高级)凡例[*]

一、本书第一要旨,在依高小读文目的,养成能作语体文之技术,兼有能读文言文之能力。因见文言文独立为课文,儿童每缺乏学习兴趣,故于通用语体叙述中,应当时情事,插一段文言文,引起适当之动机而读之,使无整个时间感学习艰深文字之苦;且每次学习时数少,而学习次数加多,自易养成读文言文之能力。较之偏向语体文或文言文,与目的不适应者,更为两全而无偏弊。

二、本书第二要旨,在培养反复诵读与沉思之习惯,使每读一文,能就略读、详读、默读、朗诵各方面,极其所至。故文章形式必取优美,意义必使深长,协于有物有序之义法;读者须多读、玩味读而后有得,以确能达到文学陶冶之目的,示与徒以浅薄、粗俗为浅显者,及仅授听的文学或看的文学不同。其与中学以上读文别者,惟在事实与意义,必为高小学生所能了解;每篇大段落组织、小段落区分,便于小学以相当时间分段研究。欲了解此义,须参阅另编之教授书。

---

[*] 选自李廉方:《新小学国语文学读本》(高级,全四册),中华书局1927年7月至1928年4月出版。新学制高级小学适用,教育部审定。

三、本书第三要旨，在使儿童于读书中所悉内容、所得感想，互相印证，印象永远留住，思想连贯不辍，而每课开始之动机，不必于本文以外求之。故全册用连续体，其式例有两种：一以直进式为经，取章回小说旨趣，使读了前课，思读后课，以观究竟，读至后课，引起回忆前课之联想；又为各课连属、避免单调之事实与兴味起见，用童话结构，变换小说面目，使极离奇之妙。一以分布式为体，每课前后，不必恰相连属，然其表现之事实与意义，均向一个中心而自为首尾，使从复杂方面，得到谐和之思想。

四、本书第四要旨，在使课文结构及分配根据学习心理：一学期一册，统驭各课于一个目的之下；每册十八课，供四个半月之用；每一课具有一分部之独立目的，长短大体匀称，供一周诵习；使匀配之练习次数加多，记忆永续，而时间又极经济。研究程序，必须先取得普通概念，再进而分析，以归宿于明确。班级制固甚适用，尤便道尔顿制之用。又每课由事实或意义之转变，以极明显的结构，表出可划为二个以上之大段落，便于择要诵习与分段研究：此于养成儿童读书能力，至有体会，而又不感教授长篇文章之繁难。

五、本书结撰，依前编初小国语文学读本，以儿童文学要素，融贯教训、实用、兴味意义三者于本课目的之下。故本课文包含之内容，应了解者有四层：（一）实质；（二）正面意义；（三）背影意义；（四）描写意味。其结构多寄托于神秘之想象，使不干燥而又意味可寻，并与儿童心理相应。其现象则原本于真实不虚幻，而可增进知识，且得由现实界而探神秘。描写景物，纯用画家写生法，每写一景物，先化身为儿童心情，从实地观察，或引导儿童观察、探索所得由自然界泄露之玄机，事物活动之结晶，影成文人之匠心。大体以童话之原料为形貌，诗之旨为骨髓，务使读者从有趣味之事实与组织，引起初步之乐于诵读；再进而使由读文了解内容，至于欣赏文学上之艺术；更进而使由深究以领会背影之人生意味；且见浅见深，因儿童智力与学习情形，各有相当心得，在教学方面，尤便于处理。

六、本书语体文形式，力矫近来白话文种种流行之病，一方体会自然语言，使句句便于上口；一方运用古人作文文诀，由用字之诀，使声调谐和，由用笔之诀，使控纵自如。儿童熟读各课，自易领会造句与作文之法。

七、本书关于故事引用，极注重本国古代记述，期与社会习惯相应。

八、本书一、二两册，三、四两册，各可颠倒用之，便于复式教学之用。

九、凡青年未读本书者，用作课外阅览之本，趣味方面，与小说、童话等书有同一价值，而文学陶冶之功用较大。

附：《新小学国语文学读本》（高级）第一册至第四册目录

《新小学国语文学读本》（高级）第一册[①]

一	石匠的快乐	二	滚铁环
三	公园外的回想	四	大耳朵
五	古怪的猫	六	农事试验场

[①] 李廉方：《新小学国语文学读本》（高级）第一册，中华书局1927年7月初版，1928年8月第2版。本书收录的为初版目录。

七　水仙花	八　诗歌
九　演剧	一〇　湖上石
一一　岩石的斑点	一二　山上幻景
一三　智慧之母	一四　真理是甚么
一五　自己的责任	一六　引诱
一七　最后的工程	一八　人生的成功者

《新小学国语文学读本》（高级）第二册①

一　新年乐	二　春神故事
三　游山	四　老人指点
五　由冬到春	六　春世界
七　创造和美	八　求快乐
九　竹荪的经历	一〇　小林的经历
一一　机会之外套	一二　一百年前
一三　鱼的经验	一四　鸟语
一五　他的躯壳	一六　心的旅行
一七　月中旅行	一八　青春

《新小学国语文学读本》（高级）第三册②

一　笼里的八哥	二　城
三　为的甚么	四　这是一块甚么地方

---

① 李廉方：《新小学国语文学读本》（高级）第二册，中华书局1927年11月初版。本书收录的为初版目录。

② 李廉方：《新小学国语文学读本》（高级）第三册，中华书局1928年4月初版。本书收录的为初版目录。

五	旅行	六	平原中的闻见
七	喜鹊	八	可怜的小女孩
九	一个失业的理发匠	一〇	大河东南的第一名胜
一一	共和得来的就是这些吗	一二	一块饼的大陆
一三	甚么是国	一四	好秀丽的山景
一五	开放自由的人	一六	甚么是想得到的
一七	欧洲北部一块土地	一八	八哥散布的种子

《新小学国语文学读本》（高级）第四册①

一	青年的病	二	不值日的巡警
三	列那狐（一）	四	列那狐（二）
五	我的叔父（一）	六	我的叔父（二）
七	影	八	小学生与小虫（一）
九	小学生与小虫（二）	一〇	为了不幸的人们
一一	自然不是好爱的啊	一二	和平之国（一）
一三	和平之国（二）	一四	沙漠间的三个梦（一）
一五	沙漠间的三个梦（二）	一六	阶级问题
一七	人类演进的问题（一）	一八	人类演进的问题（二）

---

① 李廉方：《新小学国语文学读本》（高级）第四册，中华书局1928年4月初版。本书收录的为初版目录。

《新小学教科书国语文学读本教授书》（高级）例言[*]

一、本书教案，在使儿童依教师指导而自动学习，尽量发展个别之心得，因取道尔顿制教学之旨趣为教学进程，在施行道尔顿制学校与非道尔顿制学校，均适用之。

二、依据道尔顿制教学应矫正之弊，参以二十年来国文、国语教学之各方经验，分每课教学进程为三个步骤。第一步在使领会文字意义，区分段落，记入笔记簿，送交教师核阅。此与旧式检查生字难句不同者，因有工约逐步指示注意之点与难解之处，大体自易明悉；又非限以预习时间，致仓促不能详读，旧弊自可免除。第二步在使分析研究，了解内容及意义，依工约命题，逐步解答，记入笔记簿，送交教师核阅。视旧式全由教师口讲或口头问答，不能使儿童由细读深思而有得者，自异其趣。第三步在使由深究而领会要旨或发生感想，熟记可诵之文，复述或整理。每课工约，虽一次发给，但第一步工作毕，经订正后始能作第二

---

[*] 选自李廉方：《新小学教科书国语文学读本教授书》（高级，全四册），中华书局1928年2—9月出版。

步工作；第二步工作毕，经订正后始能作第三步工作。每步工作，均须逐读全文数遍，不能囫囵看过，率尔工作；且由订正而再作进一步工作，所作者自较确当。凡道尔顿制中所发现师生草率苟且之弊，亦可免除。

三、每课教案，除教师参考一项外，应每课印单张工约，发给学生，依照教学进程，分步工作。所有第二步、第三步之问题，均须儿童就书笔答，不宜用口头提出。

四、儿童作第一步及第二步工作，均须令先读全文数遍。教师核阅，对于工作速而善者、迟与多误者，应各为个别订正，使前者可以进而为特殊研究，后者亦有相当心得。其普通订正，应就相当时间与特殊情形，分组订正，此即采用单级教学之法，施行于非道尔顿制学校，使儿童工作毕者不致闲坐无事。道尔顿制学校之法，施行于非道尔顿制学校，使儿童工作毕者不致闲坐无事。道尔顿制学校情形虽不同，亦宜注意及此。

五、本书教案，施用于非道尔顿制学校时，虽仍旧以固定时间、固定班次，在教师直接监督之下，但各自工作时间与工作进度，均有伸缩余地，可达到道尔顿制给予自由之功效。因之各课每步学习时数，完全视课文内容与学习情形，任其所止。惟至第三步，教师得斟酌学习情形，稍为伸缩，与全周所占本科目时间期于相应。

六、第一步之生字难句，除教案已有注明者外，余应由儿童各就自己所未了解者记入。

七、以上二、三、四、五、六各条，于用本教案教学时，须查照行之。

教材研究[*]

今天同诸位讲教材研究。教材是达到教育目的的方法，教育是国家行政的一方面，教材适当与否，直接关系教育的良莠，间接影响国家的兴衰。现在中国的教育目的虽是很新的，方法却是仍走旧路，所以没有长足的进步。现在我们就教材方面加以研究，以企找出适当的教育方法作改进教育的张本。

一、教育的趋势

（一）错误

从前的教材研究是包括在教学法里面，它是教材心理化，可能的，愿意的，当作的，不能谓完全错误。教育之成为科学，始于海尔巴特，愈演而愈进步，但年代既久，仅存形式，发生下面两种错误。

---

[*] 原载《乡村改造》第 1 卷第 6 期，1932 年 9 月。本文是李廉方在河南省立辉县百泉乡村师范学校演讲的记录整理稿，由王禹孖笔记。

1. 用如何教材，用如何教授法

一般学校将教材分为知识的、技能的、道德的，知识的重整理，技能的重练习，道德的重推理。我们固不能不承认教材性质之特殊情形，但以不适的教材强以教学法谋解决，这种硬的教学，糖果式的教学，是不会收很好的效果的。

2. 用如何教材，养成如何能力

一种教材都有各方面的关系，不能强行分开，一种品性之形成，是多方面的，不能靠一方面养成。过去的教学根据官能心理学的偏见，以想象的、判断的、审美的笼统标准，将教材强行分裂。以不同的教材希望养成不同的能力。如希望儿童清洁就用清洁教材，希望儿童爱国就用爱国教材。只顾工具，而不顾内涵，实在是不妥的。

形式教学法（五段教学法）和官能心理学，虽成过去的东西，而其传统势力依然存在，为施行新教学法之极大障碍。

新设计教学法因受五段教学法传统势力的影响，亦流于固定的形式（如建造、欣赏、研究、练习等过程）而不能活用，甚至肯定某一单元用某一种过程，实在是错误之至。至分科设计、分系设计等说法，也都是走官能心理学的旧道。

道尔顿制也没有跳出官能心理学的范围。

我国教育界人士对教育方法无系统研究，所以拿新的方法而仍走旧道。

（图略）

（二）方向的转变

1. 传统的错误

光换招牌，不换内容，已述于前。

2. 个别教材形成的错误

现在的教育因为想适应个别需要，遂因城市教育，乡村教育，商人、工人、农人教育之不同而编为各种教材；但此种光在教材本身上丢圈子，是不会有好的效率的。

现在的教学，是静的不是动的，是书本的不是实际的，是固定的不是活动的，这些问题都不是教材问题可解决的。我们要打破静的书本的固定的教学，必须认识工具和原料的界限。

3. 今后方向的转变"环境适应"

现在一般教学上的错误，已如上述，今后必须转变方向，最要方针就是环境适应。教师对学生必须供给环境，使学生在其中多方面发展。使性向不同、能力不同的儿童，都得到适当的各个的发展，使"学生受到教育后到社会对任何事情都能有正确的判断"；这样养成了学生能力的转移作用，将来社会无论变化怎样地快，绝不致不能生存的。

二、分科与综合

现在的课程完全是在科目的支配之下，兹就科目的来源、变迁趋势分析如左。

（一）科目缘起

1. 由高等教育演进

（1）正式教育发生。正式教育是由过去非正式的教育演变而成的。中国商店的徒弟制，便是一种非正式的教育。他的学习是完全和实际生活相应的。原始社会是在家庭或团体中学习些生产技能和团体规律，它的特征：一是共同生活，二是共同娱乐，三是共同御侮。它的教育目的是共同生存，它的精神是为团体的。时代演变，共同生存的教育目的逐渐消失，教育随变为消闲的、为个人的。

社会年代愈久，文化积存愈多，交通范围愈广，要保存这些经验使它继长增高，过去直接参与的方式，绝不能负起这种使命，于是正式的有组织的教育发生。过去积存的经验愈久而愈博，任何一人不能完全传递，乃以具有专长的人、分门别类的传习，随演成科目制度。

(2) 文字发明。文字是知识之交换及传递的犀利的工具。文字发明，社会经验的记载日多，为谋参考的便利，将所有记载的数据，分门别类编成书籍，而科目发生。

(3) 学术有专业。要发展社会事业必有专门从事的人，这些具有专长的人，把分门别类的经验的结晶不断地传之后人，而学术愈发展。西洋的诡辩学、几何、文法等，中国的礼官、乐官、史官等都是专业的。

现在分门别类的学科，是由高等教育演进的，是将高等科目缩小范围而成，一方是专家的心得，一方是分析的综合，是事物的论理组织，不是真实现象，是结果，不是历程，为成人之工具则可，用之于教学、用之于儿童是不合道理的。

2. 由社会变迁演进

社会需要多，则科目增多：

(1) 门类增多。如国语、算术、史地、自然、图画、手工等。

(2) 范围变迁。A. 分析。如将国语内容分为国语、历史、地理、博物四项。B. 合并。如合历史、地理、公民、卫生为社会科，合博物、理化、生理为自然科。

（3）质的变迁。如读经、修身、公民、党义；国文、国语；图画、形象艺术、美术；手工、工用艺术、工作。

总上以观科目演进的趋势：一是门类由简而繁；二是内容由狭而广；三是活动方面由静而动，由感官的接受趋于手指和身体的动作。怎样把它合起来成为统一的学习、适应儿童的学习呢？这是我们应加意研究的。

（二）小学科目变迁分合

在教育目的上分析学习内容，可分为三方面：一工具，二知能，三品性。每种科目都有知能和工具，知能的类合便成品性。小学科目在历次变迁的过程中，三者的关系如下。

1. 包括知能于工具中

背景时代的关系，在工商业未发达时，人民生活简单，略识文字、略具知识就可应付生活的需要，这时做人的标准，完全是根据前人的成训格言（在宗法社会伦理很重要），熟读前人遗书，就可达到这个目的。此时小学的课程中，工具、知能、品性是统一的。中国的教育所以始终流于书本式，完全是中了知能包括于工具中的遗毒。

寻常小学堂科目（光绪二十九年）　修身、作文、习字、舆地、算学、读经、史学、体操。

初等小学堂科目　必修：修身、读经、国文、算术、体操；随意：图画、手工、乐歌。

2. 知能与工具分立

工商业未发达时，一切功课多倾向文艺方面，未形成知识科、技能科之分立。在市府时虽有贫民实科学校之设，但这是仅见的。十五世纪后，产业革命，过去的教育不适社会的需要。小学科目中，随增加很多的实科。中国在光绪、宣统年间，初小科目尚无自然科，迨民国成立，部颁（民元教育部）小学科目：国文、修身、算术、体操、音乐、手工、图画。

此为知识、技能科目分立的开始。民十二，各省教育联合会开会于云南，议决小学科目：国语、算术、社会、历史、地理、公民、卫生、自然、工用、艺术、形象艺术、音乐、体操。此时知识科与技能科，俨然对立，无稍轩轾。

知识与技能科目分立后，虽可使学生多得知能，而教育的统一性却因此失掉，学校组织复杂，教训分开，工具锻炼的机会也因此减少了。

3. 包括工具于知能中

工具是了解一切科学的基础，但是学习的时候却干燥无味。想使儿童对于符号科目（工具）的学习感觉浓厚兴趣，必须从他的需要上出发。民十八，部颁暂行课程标准小学科目：党义、国语、社会、自然、算术、工作、美术、音乐、体育。此标准书内详列各科教学方法要点，颇致意于教材联络及设计教学，此时工具教学包括于知能教学中。

就小学课程变迁的历程上看，自光、宣迄民十八，小学课程是一时比一时进步的。

课程变迁中有两个方式：

一是书本式。中国编订课程的人，大多是抄袭别人的东西，所以尽管变迁，却始终没有离开书本式的陈套。

二是分科。现在整个的课程，还是建筑在分科之上，虽前后互有出入，实际组织未变，传统的势力依然存在。

在知能分立的课程支配下，教育统一性是否能保持，能否解决品性问题，学校生活是否整个的，教与训应否分立，都是很重要的问题。

三、分科之弊

分科是受过较深教育的人为研究便利，而整理研究资料的一种手段。在生活中心的小学教育上，很不适用。举其弊端如下。

（一）趋于形式

各科的内容都是现在的数据，是有学问人的心得的结晶品，姑无论儿童不易了解，就是能了解，也未必能用之于实际。在分科制之下，将一整个事物因它的性质不同而分为许多片段，这样的教学对于具体问题将如何解决？至于编订课程时，各科目的主编者大多是就个人的主观见解按周期年编定质量，对于整个的生活绝对顾不到。至如教学地方教材，究应留多少时间，事实上更不值问了。

这种光在教材本身着想，绝不能适应儿童当时的需要，它的效能只能使儿童得些支离破碎的知识或能力。拿这种一成不变的东西去应付瞬息万变的社会生活，是绝对不可能的，那么这种教育还有什么意义呢？

（二）不能形成具体经验

凡一事物都有它的特性，这种特性是由全体表现的，此一事物之任何一部，其位置虽小，但和其他部分都有相互的关系。儿童初到社会，听的见的都很少，他对于宇宙的观念，常把自己耳听目见的部分的当作整个的，我们要使儿童对于事物的反应有意义、有价值、有效力，必须以具体的事物去刺激他。

智能是由感情动作形成的，割裂的事物的学习，没有感情动作可言。无论任何事物分在各科中，都是一部分或一方面的，若各个事物拆散，在学习时不能形成具体经验，是绝不会有好的效率的。

（三）减损学习兴趣

关于兴趣之认识，一般人对于兴趣，有三种错误的认识：

（1）从教材本身误会。认为生动的、变化的、带滑稽色彩的教材是有兴趣，否则无兴趣。

（2）从儿童本身误会。认为合儿童心理的东西，应使儿童学习，其实儿童欢喜的东西不一定是适合的，并且多数儿童不一定都欢喜某一种东西。

（3）从动机方面误会。现在一般教学的或编教学法的都是想用几句俏皮的言语，去引起动机，其实这是很大的错误，因为动机不是几句空话可以引起的。

真正的兴趣是持久的努力，是内发的不是外烁的。要使儿童对于学习有持久的努力，必须具备下列两条件：（1）切己的，即能满足自己的欲望；（2）预期的结果与所附的欲望。

分科的编制是不具备这两个条件的，也不能把整个的关系表现出来，儿童对之绝不发生浓厚兴趣。至于因时间问题而产生减损学习兴趣的情形，更属不能避免。

四、综合课程的价值

（一）整体生活

在分科课程之下常把学习历程丧失。综合课程是以整体生活教学，这里面有物质的，有精神的，要在一个单元中，把各方面的关系协调，无零碎割裂之弊。

（二）态度、理想与知识同为教材属性

态度与理想在教学上的地位非常重要，分科教学仅注重知识，对于态度、理想未能顾及。综合教学，在活动时须有适当态度以进行实际工作；在开始时计划分配，由总题发生各个问题，思想是自动的。这种教学对于态度、理想和知识可为双方并顾了。

（三）动作与理智协调

在分科教学之下，身与心是分离的，知与能是分离的，课内与课外是分立的，综合教学要使身心合一、知行合一、课内与课外打成一片。

（四）教材有中心

综合教学教材有中心，无零碎散乱之弊。

（五）以地方材料作出发点

过去从事教育的人有很多注意直观主义及感觉主义，但仅偏于事物的分析，其价值不甚重大。综合教学是根据环境，使儿童于环境中了解对事物动作的意义，由此推广而利用环境、控制环境。这种智慧的养成，终身可以应用不尽。

（六）对设计大单元之辨明

设计课程异于其他的地方是在于大单元。单元的特质：（1）不是孤立的事实；（2）不是杂凑的事实；（3）不是二十分或四十分的功课；（4）不是简略的大纲；（5）不是定期或原理。

五、教材的基本分类

旨趣。凡能控制环境而成为生活问题的，不是事便是物。单体事物有属于自然方面，有属于社会方面。学习问题却不是这样简单，就教育观点说，大多是有社会意义的，而社会同自然有密切的关系。过去把道德、公民——事和物不相关联的抽象东西，硬让儿童学习，殊属不妥。

学习形成单元，我们要注意的有二：（1）教材本身；（2）学习情境——一般的注意集中或各个的注意集中。

在社会、自然以外的工具，要和社会、自然联合起来，形成工作。

（一）原料

空间的：自然、社会；时间的：过去的、现在的。来源：自然方面如校园、园圃、田野、山上、水中、树林、名胜地、自然现象；社会方面如身体、同学间、邻里、家庭、学校、古迹、祠庙、村庄、道路、工厂、商店、公共机关、公共建设、慈善机关、文告、报纸。综合起来，分家事、校事、职业等。

古代的古典教育和近代的职业教育，都含有阶级性，学生对园艺作业不感兴趣，此实为重大原因，这种不良现象我们应赶紧纠正。我们要在活动中，使儿童得到伦理思想，要在设计中使学童学习农业、了解环境。

(二) 工具

实质：国语——文字、字帖；算术——数、名、计数器；音乐——词、谱。用法：国语——文法、语法、写法；算术——四则、整数、分数、小数、诸等数；工作——器具使用法、制造法；体育——基本技术。

实质同用法是连带的，不论何种用法（手指、身体），都不能离开实质而单独活动。在综合教学之下，原料是活动的，工具是统一的、固定的。工具学习要包括在整个活动中，使儿童在活动中养成基本能力。

(三) 特殊练习

过去一般的教学，学科是分立的，知与行是分立的，他们常施行单独训练——把教学内容较难的部分使儿童单独练习，致儿童极感烦恼。在综合教学之下，如欲养成儿童的基本习惯，便定出长时期、短时间的功课，在平常单元中设法训练，欲练习较难的知能则另编练习单元。

(四) 共同与特殊

小学教育关于共同与特殊方面的问题有下面几个说法：

(1) 学业初步。我们不承认小学是升学的教育或中学的预备，事实上小学毕业生不能完全升学，我们只能说小学和学业的初步有密切的关系罢了。

(2) 生活预备。这是过去的陈旧见解，在新的教育原理上说不通。过去把成人的一切去教授儿童，是错误的，不过我们也不能否认小学教育和成人生活有关系。

(3) 国民教育。小学教育固在使全国民有共同观感、共同能力，但不能因此而统一教材，因为在不统一教材中，一样地可以实现共同的目的。

（4）教育行政。在统一教材之下，教育行政当局，容易实施考核，我们不能否认。然地方情形却不能不求适应，不能超出共同原则之外。

（5）职业问题。在工商业发达的国家，分工极细，欲求其经济而有效，多主张添设职业科目（农或工商业科目）。但小学教育是在使儿童能认识共同生活的目标，我们只能求大体的适应，不能且不应用特别的教材去适应每个人特别的需要。

总之，在综合教学之下，原料是个别的，目标是统一的，在同一目标之下用不同的材料适应年级不同、环境不同的儿童的学习，庶无大谬。

六、基本设计

设计教学不外对某事或某物，但对自然的历程不容忽视，兹就事物二者分述于下。

做某物：（1）意义在目的之外（如某工作的目的在展览）；（2）以当时作品为活动工具（游戏的实用的工具）；（3）从某项作业或接触环境引起需要，如畜养需要鸟笼，写字需要字本。

做某事：（1）活动全程对目标发生任务；（2）在概括目标下产生具体活动；（3）游戏化的动作实现企求目的，如故事表演、实际生活表演、邮差设计、小商店设计是。

对某物：（1）以观察为主要工作，如参观某会或某场所；（2）以试验为主要工作，如试验种子发芽。

对某事：（1）以调查为主要工作，如调查学校的四围；（2）以搜集为主要工作，如搜集图书、画片、实物、花种等。

做某物做某事，是客观的由活动产生问题，对某事对某物，是主观的由问题产生活动，二者互相推动，而活动便连续不绝。

尾言

设计教学法，在现在是较进步的教学法。我们研究设计教学，一方面要把理论了解清楚，一方面要从小问题着眼去试验，同时对于此外一切的新方法也采取而利用之，那么设计的教学自日趋精密，教育前途也可渐放光明了。

附：设计教学参考书

1. 《教育哲学大意》，波特著，孟宪承译，商务。
2. 《苏俄小学课程》，崔载阳译，民智。
3. 《欧洲新学校》，华虚朋著，唐现之译，中华。
4. 《明日之学校》，杜威著，朱经农、潘梓年译，商务。
5. 《初等教育设计教学法》，沈有乾，中华。
6. 《设计教学法》，杨廉，中华。
7. 《设计教学法精义》，曹刍，中华。
8. 《设计组织小学课程论》，郑宗海、沈子善译，商务。

教学单元应有的基本认识[*]

教学单元这个名词，在教学上是占有地位的。但是要问教学单元的要素是什么，不但实际从事的先生们不大考究，就是讲教学法的也都略而不论。我认为这是很值得研究的一个问题。

从前五段教学法盛行，实习生作教案，没有不拿单元作教学本位的。虽然把单元看得很重，但是所谓单元，是拿已编成的一课教材来分配学习历程，并不问构成教学单元有什么要素。所以尽管重视教学单元，大家并不了解教学单元。因此，教学方法陷于形式，趋于割裂，那是势所必至的。

一定有人说，从前教授法讲到教材，不是要论教材组织吗？不错，不过这是整个课程的编制问题，因各科目的、材料性质不同，各有特殊研究，不是一个单元教材的问题。虽然在谈组织里面，有时也说到单元教材，但不是研究的主体，怎样能使人注意到教学单元的要素呢！

要认识教学单元，先须把种种类似的术语，辨别内容。例如教授细

---

[*] 原载《开封教育旬刊》第 1 卷第 2、3 期合刊，1932 年 11 月 15 日。

目、活动大纲、作业要项、动作单元等，本和教学单元不同，但是这些名称容易混淆，内容又彼此时有分合出入，实际从事的人们遂不免发生误会。上举四个名称，所包含的是课程内容应有的质和量。教授细目、活动大纲、作业要项等，名异实同。列举事项，勿论分科或综合，大体是教材纲要，间或旁及教学形式。至于怎样构成单元，是不计划的。动作单元则是打破分科课程的一种编制方法，在规定的各个目标下，分析为种种活动的事项或问题。如程湘帆《小学课程概论》（商务，1923）各科目标下所列小注是：这两种仅有分析，未有组织，且不涉及连属方面种种关系。他所列的内容，在实施时有一项可分为数个单元的，有数项可合为一个单元的，有合数项的某部分为一个单元的，有某项仅为许多单元的注意条件的。虽分别列举的某项，或有具一个教学单元的规模，但不能因这样就都当作一个教学单元。总而言之，教学单元在综合课程中就是一个设计，在分科课程中则为某科教材的一个题目，就是教科书中的某课。

　　因为一个设计，即为一个单元，所以教学单元的要素，就可用设计定义来说明，也就不是从教学形式中构成一种教学单元。设计定义，其说不一。就中说得较具体的，有谓注重有具体成就的活动；有谓不限于具体成就，惟从有目的的活动，由问题产生有价值的物或知识而得到解决；有谓以实演的作业为本位。任取一说，作为教学单元的要素，都是很有价值的。更说得详尽一点，如所谓：（1）有一个基本观念为集合事实的中心；（2）在主要动作进行中，形成一个发展思想的历程；（3）问题为具体的，观念就表现于活动历程中；（4）组织和应用知识时，以一定的目的为根据；（5）实际结果包含在真生活的具体情状或事物中；（6）含有转移性，即一个设计成功，为同类许多事业的关键和解释；（7）由小的局部的具体基础，可以渐渐扩张到大的整体的解释。如果依这样条件构成教学单元，那么每个学习和全部课程的关系和程序都相连属，而且都有具体的结果，就使在固定课程下亦不致像现在照本宣科的教学。

然而现在流行的设计式，影响到教学单元的有两点，却不可不辨明。第一点是因袭旧式教授法产生的。如所谓建设、欣赏、研究、练习四个方式，创这说的未始不无独到见解，研究教学法也不无相当用处。不过我们小学教育界运用这四个方式，竟成了阶段式的变相。要知道单元成为设计，是集中在一个中心目的，教材绝对不像学科孤立性质，并且历程中引出来的问题，也须连带解决。如果说某单元必采某方式，就走不通。而且整个计划中，当含有分计划，实施时关于讨论、批评、欣赏等，必须适应计划次第，分成若干步骤，相间运用，决不限定某一次或某一个时间，运用某一个形式历程。尤其是语言活动和身体动作，如果不相协调，各在一个阶段下形成，那么动作即十分努力，但是缺乏思想，和世俗的手工机械练习有何分别呢？每次语言活动占时过久，多数无事可做，不易维持全体秩序，这是启发式屡见不一的流弊。

第二点就是大单元的误会。其实设计功用，并不在乎单元大小。所以不同于分科课程的，因为设计成为单元，不是分类组织教材，而是建筑在事物整体上面。虽然有综合各科的可能性，并不一定要综合各科始成设计。就是综合各科的范围，亦不是一定要单元愈大，包含科目始愈多，如果牵强联络，反失了整个事物的真面目。即如马克马利论设计教学法，标榜大单元的五个功用，其实都是设计的标准意义。不过设计教学，每学期中总有几个主要设计，占的时间较多较久，这是必然的事实。

照上文所说，一个教学单元，是要从目的或问题产生儿童们的活动，不是专从预计教材规定学习历程，业经说得很明显了。所以它的最低限度，可以决定如左：

（1）进行一个学习，必有一个共同活动的目的，这个目的，不是给以抽象的意义，而是要形成具体活动的目标。

（2）依据这个目的，因应本级儿童的活动情境，必有适当的历程。这个历程不是一种形式的程序，而是要由逐步所产生的新活动，各自形成活动部分的具体工作。

（3）在每个历程中，勿论从主体方面，或附随方面，儿童学习应该得到什么，最后应完成什么，这些结果不是突如其来的，并且活动表现不一定专靠机械的作业作成绩的。尤其须审量劳力和时间，有没有空耗或浪费。

假使一个学习，不备具上三个条件，或者形式备具，看不出儿童自发活动是什么，任有怎样良好教材，都是白费时间的。还有一层要注意的，就是教学功用不是专灌输知识技能的，而是要从功课中的活动范围、一切动作，表现他的真实人格。这个问题，将来或许专篇讨论，这里不过揭出旨趣罢了。至于学校举行一种大规模的会，简直不建筑在儿童活动方面，而且不能由此学习什么，那更是重大的错误。现在我特别提出三点来说：

第一，学校一切活动都要分别事项，形成一个教学单元，不要以为教学单元只是世俗所谓正课的一种形式。凡是日常事务，或训育问题，不要做得太零碎、太简单了。固然一个训育目标，应该随时留心，并且分布到各方面来培养，不过不能因此就忘了具体的规划。例如清洁问题，假如变成一个整理教室或公共处所的设计，在这个设计中，每次有种种的活动，全学期有前后照应的事项，我想一定比所谓清洁检查有效而且有趣。尤其不可失掉综合教学的良好机会。如各校校历所定的事目，皆可作共同的设计。就是没定校历，如纪念节，如大规模的例会，不是每学期都有几次吗？这是多么好的设计机会。可惜各校遇着机会，不是学校代办了，就是当作一种消遣的日期过去了。

第二，任何教学单元，必须审察全部历程，可以产生如何的新活动。假使在某历程中，可应用比较具体的旧经验，教者应分别记出，免致在新情境中作无谓的讨论，虚耗时间。至于应产生的新活动，也必确信它可以作同类解释的关键。我很希望各个教师，对于有经验的人参观或询问，遇有上述情事，能够这样相告，这个教学是一定能成功的。

第三，教学单元如需时较多较久，虽是连续作业，却不一定要作整日功课。例如养蚕栽花的设计，因为时间很长，许多知识技能都是从工作中得到的，许多训育问题都可融贯到里面，养成习惯。这类设计，分布在几个月内，每天需要工作，并无一定时间，直到完成时为止。假使不从开始做起，或者中途间断，就失了教学的意义。我定名为长期短时的日课，很主张每学期像这样的设计作一二个，一定可达到训教合一的目的。

许多参观的先生们，在一个教学单元中，随便抽看若干分钟，也不深究各部分前后有关系的学程，总合考核，漫然就下批评，未免太冒失了。然而对于毫无素养的教师，这话又从何说起。我最后大胆地说一句，勿论你是参观，还是教学，请自己审问一下，你对于教学单元的要素认识清楚了吗？

就单级课程问题答小学教员高天锡*

天锡先生：

所问兹答复于下：

我不知道你们的课程如何排列，但就所问情形推测，当是以异科目同时排列。所谓异科目，系以教学形式不同为准。例如以算术、工作、美术等和国语同时排列，时数恰恰相当，余下的常识的时间，没有可以同时排列的科目，因此发生问题。不然照部定时数国语比常识还多，何以独有常识不能完结。若只是科目各别的分量问题，和排列课程不相涉，仅有课程教不完的问题，这里教学上形式所感困难，平时也是一样。我单从单级教学的原则说，或可解决一切的问题。

单级教学第一个注意点，是学年编制的问题，这是看本校所有的班数和任课的人数而定。如果只是一位教师，设学年编制可不必看得很重；若是有两位或两位以上，假使有学生四班，就应该把大部分的课程分为两组，小部分的课程斟酌情形单授或合授。这样分合，依学年，或

---

* 摘自《通信问答》，原载《开封教育旬刊》第 1 卷第 6、7 期合刊，1933 年 1 月 1 日。题目为编者所加。

依能力，都是可以的。

就课程排列说，同时间同科目，和同时间异科目，只是不同班次，在同教室同时间授不同的课，所应注意的有两个颠扑不破的原则：(1) 是避免的，例如同时出声之类；(2) 是要调节的，例如去某组示教某组确是应该自学的功课之类。依这个原则，单就科目性质分配同时间的课程，有时异科目教学也要违犯的。就使达到第一个原则，决难达到第二个原则的。如果运用得当，就是同科目同时间授课，也可以适合原则。工作、美术、算术不待说了，国语本来有读、写、作三种形式，未尝不可适用呢。只有常识一门却易为问题，所以成为问题，因为用书本式教学而然的。其实常识分隶于各种科目下，本身也就有限。即因教师本身问题，不能不用书本式教学，也应和国语为相当联合。因为书坊的教科书，有许多课只是文字上的认识，根本就要删除的。那专授知识的，也可以少许时间作文字练习的整理。我并不是主张唯一同科目同时间的，只是要遵守上两个原则分配课程。

怎样分配课程？其一，要分别把各年级各科的单元，详审相互的联络，一一提出，并为综合的教材，依科预计各占时间若干，再计各科独立单元占时间若干。其二，把上所分别的各个单元，详审若干单元可以某某年级合授的。其三，详审各个单元所处特别示教或特别练习的，以及在各个年级需特殊教学的。其四，依单元教材或依科目分别性质为同时间的配置。其五，依学年分，兼采能力分组制，每学期内隔两月须变动一次。其六，因各学年时间不同，以及各级预定学习时间临时须有伸缩，每日或隔日须分别提出各级特别示教或练习时间，但是在某级单独教学时候，对他级自学功课，应预先有切实规定。这里所说，是把分团式、自学辅导式以及最近新式参合来用的。从前单级教学法，专就科目同异讨论排列，是缺点很多的。在民五以前，国内颇推倡单级教学，形式上也还有几本书。当时我所见的学校，有些虽然编配很合适，实则每一时间教学，如果四级同在一室，每级真正学习，还只是四分之一的时间，其余时间大半空费了。现在教单级的，遵从前单级教学法，都未详细研究，不知成了如何情况呢。我希望教单级的采用我的说法，或者不致如上所说的弊病吧。万一教师因劳力和学力的问题，不能完全用我的主张，只要把上面两个原则切实玩味，用于课程分配，用于临时教学，并酌提少许时间，分别为各级学习，什么补授某科，根本不成为问题。

李廉方　十二月二十四日夜

附：高天锡来信

教育实验区诸位先生大鉴：

顷读《开封教育旬刊》，见关有"通信研究"一栏，这番举动，惠及乡校，远道教界，无任钦佩，谨将个人意见简单提出，敬请指正。

现在乡村小学，多为一班四级。这种纯粹单级课程表，按部定科目配合，多感困难。因常识一科，分量很重，若必欲授完，势必将直接教授的时间增多，以减少儿童自动工作时间。或者同时间排列同科目，不然则至学期之末，他课授完，惟常识往往剩余，以致同时开始而不能同时完结。此种困难，可否于学期之末单独补授常识以谋解决？

……

西华县东关小学助教员高天锡谨上

对乡村教育课程的意见[*]

在《我所主张的乡村教育》一文中,作者"分组织、编制、设备、课程四方面,提出大体意见":一、组织意见,主张小学校与民众学校合设;二、编制意见,以单级或复式学级施行教学;三、设备意见,以适合地方经济为原则;四、课程意见,以农事工作为教学中心。"我这点小小意见,虽然无甚高论,却是彻底改造的途径。"以下是作者关于乡村教育课程的意见:

工作分园艺、农作、工艺三种,本可以并行不悖的,不过因学年高下,工作得有偏重。大概低学年以园艺为主,中学年以农作为主,高学年以工艺为主(但工艺须和农事接近)。凡是一个中心教材,勿论自然和社会学科,须形成互体功用;就是工具学科,如国语、算术,也须因应工作的目的和需要,为适当的学习。并且由这样整个的动作,养成国民应有的品性。不过在单级教学中,我们应当注意的,就是低学年的中心工作,和中、高学年联合时,应以中、高学年的生徒为领导者。中学年或高学年的中心工作,和低学年联合时,低学年的生徒只为参加学习者。

---

[*] 摘自李廉方:《我所主张的乡村教育》,原载《乡村改造》第 2 卷第 2 期,1933 年 4 月。标题为编者所加。

小学各科活用教材的编辑计划[*]

一、理由

教材为实现教育目的唯一工具，教学方法及效率亦视教材为转移关键，所以各地进步小学皆努力于自编合宜之教材。部颁课程标准，仅具大纲，不列具体教材，且不备各地之特殊情况。坊间所出各种教科书，大都取材广泛，不切实际。斟酌损益，端赖实施。是现有之固定教材，颇难尽适用于河南小学也。

本会成立之始，齐姓一厅长即以编辑适当小学教材相勉。嗣于校长谈话会、教学研究会发起会席前，尤屡屡提及。本会负此委托，力求自效，爰订编辑河南小学各科活用教材具体计划。拟集合全省对于小学教育素有研究者，因应环境，依据部颁课程标准之原则，编辑适合河南省小学之各科教材，以资应用。谨将计划列下。

---

[*] 摘自李廉方：《开封城厢小学及民众教育实验区工作计划》，原载《开封教育旬刊》第 1 卷第 13、14 期合刊，1933 年 5 月 1 日，由李廉方、邰爽秋等合著。标题为编者所加。

二、计划

（一）编辑方针

根据部颁课程标准，适应地方需要，编辑活用教材。

（二）编辑种类

甲、修改教本

不限于全部修改，可任取某科教本之某一课，提出原教材不适当之点加以改正。

乙、补充教材

专就一种事物为有系统之叙述，自成小册，共分两类：（1）地方需要；（2）时事需要。

丙、儿童读物

改作、翻译、创作不拘一格，但必须适合现代儿童阅读之用。

（1）常识读物：A. 自然常识；B. 社会常识。

（2）文艺读物：A. 儿童画报；B. 儿童故事；C. 短篇小说。

丁、大单元设计教案

（1）创作之设计。

（2）整理散见于书报之最有价值的设计。

（三）编辑办法

1. 本区职员须查照上款之甲、乙、丙、丁四项，每学期开始自认若干题目，每月编成若干，必须预先确定，分月送委员会审查。

2. 特约专家及有教学经验者编辑。

3. 征稿（此与 2 项之酬报审核均另定规则）。

4. 审订上列 1、2、3 之稿件，由本区各委员分别负责，提出审订意见于常会中表决，遇必要时并得聘专家审订。

5. 本区职员须指定一人收集稿件并担任印刷，于每次常会中报告一切事务，遵照议决案处理。

6. 印刷用小册或活页。

对于劳作科课程及教学之意见[*]

十小劳作科教师孙觉民君编制《劳作科教学计划大纲》既竟,本旬刊将印为专号,冀以促进工艺与美术教学之改良,并引起各科教学方案之继起实现。孙君于小学工艺与美术颇有具体的深切研究,由其计划大纲即可窥见一斑。余对小学教育之主张,本稍近于以手工教学为中心的倾向。以此类技术,非所娴习,不欲多所论列。惟是教学实际,由分科构成之孤立情事,即改良而不免蔽于所习,在原则则成为笼统目标,在过程则成为空虚形式,已成今日新式教学之一般倾向。爰本其平素之教育见解,就孙君所拟之计划大纲,更进一说。抛砖引玉,或有裨于贡献云尔。

部定课程标准,"劳作"原称"工作",其作业类别分为校事、家事、农事、工艺四项。在总说明中谓农事、工艺可单设一种,即以所设一种命名某某科,其余必要作业并入性质相类的各科中;又低年级得并美术、劳作二科为工作科。在教法要点中谓本科应充分与社会、自然联

---

[*] 原载《开封教育旬刊》第1卷第18期,1933年9月1日。

合教学；又讨论、研究，须与操作、调查打成一片，不可独立为一种作业而流于空谈。以上所述，为编制劳作课程宜基本认识之点。

欲知劳作之应如何教学，先须认清劳作在整体教育上所具有之意义。在近代教育思潮中，劳作所以成为方法之共同倾向者，勿论起因于社会方面或心理方面，总而言之，在改革从来之知识本位的教育，而易以行为本位的教育。惟如此倾向，成为功用，系产生于整体教育之上；非设某个学程，或行某种方式，可以达其目的也。在分科教学中，诚有某个学程最适于劳作。然必以此为中心学科，一切设施，一切教学，皆由此而分布而推演，而后可以完成其教育之主张。如部定课程以劳作名科，地位占科目十分之一，时数尚不逮焉。以整体教育之功用，建筑于些微部分之科目上，即形式已不完整。如其以设一种为已足，则用旧时之手工学程即可替代此种作业，劳作不过名称之变易而已。至于作业类别，校事、家事与农工并立。实则各别部分，多有相互关系，如衣食涉及农事，制作涉及工艺，其最显明者也。假使依类而成单元，则分别作业，即易启割裂之弊。如果但就部定之目标与教法要点以论，未始不可完成劳作教育之理论。若由作业要项，求其如何运用于实际作业，并估量由作业所达到劳作之效率，敢断言其问题甚多也。

使教育部当局以及起草课程标准者，有感于吾国教育陷溺于士族式、书本式之积习太深，确信劳作教育之方法足以挽救之，即应标明劳作旨趣，贯彻于小学整个课程之中，以确立生产教育之基础，并培养平民政治之精神。其最适于劳作之科目，如自然、手工、美术等，应就其范围所及，提出改造标准。若仅变易名词，扩大一科目之范围与意义，无论为劳作或工作，均空泛而无当于实际，或且损及劳作教育之真正价值也。

孙君劳作科教学计划，分为二部：一美术，二工艺。因此而余之意见，可得言焉。

其一，美术与工艺分别计划。就科目之性质言，自各有其不同之点。关于练习部分，亦可分别而独立教学。惟作业单元之形成，虽可划分部分而为学习，然必建筑于综合教学之上。美术与工艺既合为一科，即宜打成一片，组织教材。况美术作业分绘画、剪贴二类，如与工艺结合，成为学习历程之一段，尤为设计教学必循之方式；若名为合并，而教材与进程仍自分离，是合并纯为毫无意义名词也。

其二，以工艺与美术占领劳作之整个领域。前论劳作之意义，业已阐明其旨。虽美术与工艺较适于劳作，然使与其他科目分离而作业，即劳作之真正价值恐亦未能具体认识。此固取部定名称，可不复论。如果求劳作教育之意义，实现于此种作业之中，则编制课程应注意者当有三种。

（一）正学习。即一个单元教材之本身也。此在美术与工艺方面，其要素有三：（1）材料；（2）制作法；（3）器械使用。皆从来教学注意所及者也，应分年规定其内容与进程。

（二）附学习。美术与工艺具有一种创造活动，此在取得知识技能之进程中，涉及品性之动作，较他科目犹多而且明显。尝见制作与饲畜等作业，教师往往任儿童侵占或损坏用具，浪费材料，即令正学习确有所得，而品性已受损害，此学科日趋实用，而自我益形分裂也。新教育必要之改造，当视所含附学习之意义如何。此种规定，必依正学习之主要事项，审察其人与人及人与物之关系，由开始学习所表现者，预计其应当如何与不应当如何，以便使儿童由动作而自行发现，免致遇机会而漫不经心。

（三）主要关系。此不言附学习者，则以教学计划，立于一个科目之上，其与他科目有连属关系，有待于相互进行者，惟有提出要项，彼此对照。其整体作业，结合各科而完成，正附则可随科目而易位也。

原计划只对一项略有规定，不及三项。则本科之作业要项，无由全部完成其设计。不及二项，则教与训不能合作，劳作之功用已微。至于教学过程，美术分欣赏、研究、制作三种，工艺分研究、建造二种，此系一般流行之设计所尚者。以所计划，随教材之部分而活用，诚为有益。若用作分类的整个单元之固定历程，犹之五段教授法也。关于此点，余曾历历言之，兹不深论。

抑又有言，劳作诚为现代教育之共同倾向，然并非任何劳作之学习，即有教育价值也。美术与工艺诚具有创造活动之性质，然并非注重此科目，即能培养儿童创造力也。设计诚足以改造课程，然徒袭形式，其结果或较劣式教学更劣也。最后举此三点，唤起劳作教学之注意，即以结束本文之意见。

关于小学课外作业问题[*]

各科作业处理的情形，由河南教育厅调取省立各小学练习簿及笔记（内含大小字笔记、日记、作文、算术等），交付本区领导、河大教育系全体学生，逐一检查，按照本区临时制定之表记数。经本区干事赵君作安如数统计，分析列表，提出说明，编成调查报告。余校正既毕，更为说以进之。

调查材料系教育厅长官当日派员守提，由各级教师检出本级每门上中下各五本。一方面非任意抽调，一方面不便作伪。间有疑非本期作品，亦经检查者审慎提出。是材料之较真实与适当，差堪共信也。

调查处理作业材料之动机，最重要的有两种原因：其一，各小学教师以授课之外，处理作业为最忙工作，究竟一般忙至如何情形。其二，由此课外处理者，究竟给儿童以如何影响。至因之而知一般倾向所通用方式，在教育上有何价值，亦区区之微意也。

此次调查项目，全取其可以数目字表示者，固在便于登记与统计，

---

[*] 摘自李廉方《写在这次的调查报告之前》，原载《开封实验教育》月刊新第 1 卷第 1 号，1933 年 10 月。题目为编者所加。

然亦以真实价值，惟数目字之表示为最可凭信。虽项目内容，有非尽数目字可以表示者，然先由此得到概念，进而为分析调查，当更正确矣。

现今小学教学上急宜考察之问题，莫要于学生课外作业与教师课外处理作业，几形成为一般倾向。教师以为苦而不能不作，家长有所疑而不敢非难，并且官厅视察、校长考核，皆以此为评定成绩之最重要条件。至于学生因此而造成苟且、敷衍、虚伪之种种恶习，教师借此取巧贻误授课或削减授课时数，皆为世人所淡忘。即令教师认真处理，所处理者是否有效；学生认真作业，是否不妨害其健康——从无人为正确证验。徒以相习成风，即最取巧之教师，亦不能不费少许时间，以完成此种形式。然而可怜一般儿童，为此但求塞责之课外作业，得失不足相偿，真可为痛哭流涕者也。

课外作业所包甚广，兹之所指，大抵以有练习簿或笔记为范围。当初提倡课外作业，原为学有余力者，给以补充教材，或者为预习与温习起见，指定范围，与正课息息相关。其处理之方，并不限于课外订正。即在课外订正，其共同与个别之点，尤当分别予以适当之直接指导。今则课外作业，与课内并无分明界限。课外订正，仅为教师之单独表现。如此教学，即令练习本与笔记完好无缺，其能否成为良好成绩，殊可疑也。

余不解小学教师，动辄以课外处理作业为苦，何以不取课外处理之时数，伸展为教学时数，使授课与练习相连属。任何练习，皆在巡视之下。任何订正，皆在授课时数内处理之。如此则教师工作疲劳至如何限度，尽人可见。然而计不出此，势必课外处理作业，可以节省教师劳力，而教师则以为苦也。或者课外作业，确有正确效率，而教师又无比较可以证明之。似此习非成是，举国风靡，即此一端，已令人有无限之感喟也。

报告中分表说明，不少言外之意。兹举其最显明之两点，或可予吾人以深省也。

（一）任何订正，一般倾向只在无正确标准的条件之下给予等次，凡稍费时间之方式，不甚采用。此在努力与价值二方面，均显示以无可掩饰之情事。

（二）作文命题，大半近似杂志上文人发抒闻见或感想之玄虚形式，如本文以"写在这次的调查报告之前"为题，即其例也。且有在形式上给儿童以不良印象，如"杀妈妈的儿子""我灵魂中的仇人"，其最甚者也。命题实质固属重要，即形式上亦有急宜矫正之必要。

本报告原在借调查所得，求一种问题之解决，丝毫无考核学校或教师意味。不过不相比较，则解决之途，即无由而得。阅者虽由所表出之事实，可以略窥各别真相，然亦惟实际从事者容易察知其隐微。幸勿误会调查目的在判别优劣，是则鄙人所郑重声明者也。

《儿童读物审查》卷首[*]

在儿童生活里面，由精神安慰方面和求知方面，相互发生功用，读物是一种最要的工具。可是这个功用，专靠正式读本授课，是不容易给予许多很好的机会哪。惟有学校依各级进行步骤，为有目的的部署，使儿童从自然反应中自由阅读，才能达到目的。

供给或采取这样读物，必须如下说的三个配置：

第一，读物种类，必须从儿童活动各部分，以及必须知能各方面分别选择，而不纯是一种文艺读物。然而任何读物，必须具有文艺描写的意味。

第二，读物内容，每编至少必须具看的、读的、听的、唱的四种之一的功用。除听的外，这三种都要用儿童口吻构成文字。

第三，读物程度，必须分低级、中级、高级三种编配。

儿童读物，近几年来才为国人所注意。但是注意的原因，未必是从儿童本身上着想，这是一般就作品可以想见的，现在且不讨论这个问

---

[*] 原载《开封实验教育》月刊新第1卷第3、4号合刊"儿童读物审查专号"，1934年1月。

题。只是所感觉的，最近出版千余种，不是都可以作儿童读物。然而各小学图书馆所陈列的，因经费限制不能遍购，所购的并不一定是优良作品。即如某某杂志上所登载某某小学分年读物，也不是从全部分的读物经过了细心检查来定的。本会所以做这很繁琐的审查工作，不是什么文学批评的见解，也不是什么目录学的方法，只是为各小学选用读物，多少给予一点便利吧。

《改造小学国语课程第一期方案》序言[*]

不识字无以读书，此人所尽知者也。字如何乐识、易识而且多识，知其体要者殆鲜。何也？中西文字异趣，方式非尽可袭用；改造文字，在目前亦扞格难行。顾体会文字，初学最要而最难。攻教育法者遗体，张国学者昧用，兴学数十年，即此工具学习，犹在迷离摸索之中。以此而期国民由教育之推进，发皇自力，应付国难，未有能睹实效者也。日本之用汉字，止于辅助，然如选字、写字，专书著论者，动逾数万言。吾国学者，仅以稗贩欧美断片方式，标奇立异，鲜有应用学习原理，从本国文字整体学习方面，为穷本竟原之系统研究，宁不可耻耶？

余少时于治经史、词章、图算之余，粗习文字学。及东瀛游学归，深有见于国民教育为立国之本，国语文字为一切学习工具，因之致力于此尤勤。故始事教育，即以余暇，代授小学及幼稚教课。其后视察本省及外省学校，先后七八年，皆注重参观小学文字教课。而于国语读本与教授书之研究，在书坊任校订之役三四年，其独力自编之读本与教授

---

[*] 选自李廉方：《改造小学国语课程第一期方案》，开封教育实验区教材部1934年6月印行。

书，初小、高小无缺。三十年来，凡国语教材及教法之种种问题，靡不推究其因果与关系。又旁及于东西小学读本、儿童读物，与夫属此种研究之论述，亦殚力参校其异同得失。自民初迄十四年，间有撰论，散见各杂志者，颇为朋辈所推许。虽语不苟同，而文属急就，以供实验，或未周洽。近感于国难日殷，求以解决识字、读书问题，自效于国人。每思整理闻见，搜剔群言，以有系统之论述，自成一家言。终以人事碌碌，未遑创作。顷者策进区务，发愤为此，不先从民众课程入手者，诚以小学读书期限较长，进程亦较繁，此而根本改造，因应制宜，自便损益。兹幸第一期国语课程改造方案，业经成书，其余正在赓续中。每创一新例，与儿女东旭、鸿英反复讨论，辑录则属之王君子和，图案则属之孙君觉民，试教则属之杨君含真，集思计程，进行实验。虽不敢自矜心得，然式例详审，系统完整，即计篇幅，求之自今以往出版中，固未有也。

抑有感者，识字与读书，国人虽认为重要，顾以此种研究，属于国语教学之一部分问题，而且为开始教学之问题，所谓大人学者，从未视此有如何学术价值。如有人焉，发掘一古物，或考订一古事，识与不识，莫不相率推重。其有在生物学上发现一微虫之质点，在统计上校正一计算之误数，更互相夸耀，甚有锡以世界学者之嘉名焉。至于论及国语教学，不过曰此小学教师事也，凡从事中学以上教育者，几鄙夷而不屑道。

嗟乎，人类求知，与夫文化推演，胥由工具而进展。使工具学习，而能节省时间，增高效率，其关于民智推进，讵不重哉？然而期其创获，以视科学之发明，或更困难。国人不审，而遗源以逐流，荒本以搜枝；言改造者，又务取本源不同之式例，削足就屦以希之，方自鸣其科学方法，陷溺而不知返。此教育之所以寡效，而教学亦日趋于迷途，国语课程其一端也夫。余于此稍有体验，不觉感慨言之，以俟世之知言者。

中华民国二十三年五月二十一日
李步青廉方识于开封教育实验区

附：《改造小学国语课程第一期方案》目录

第一篇　由认识环境而取得工具

　第一　教学纲领

　第二　教学方式

第二篇　实施课程及说话始基

　第一　课程分合之旨趣

　第二　课程之单元组织与运用

　第三　言语教学

第三篇　环境活动之补充与调节

　第一　如何完成正式阅读前之准备

　第二　单词单语如何补充

　第三　以读儿歌确立正式阅读之基

　第四　以读故事画开缀文之途径

小学教学活动纲领
——以"龙亭"为例*

序

  本区教材部编辑乡土教材，不佞督率同人①慎重从事，并由月刊②主编李东旭检校编次，其中关于史料搜辑及考订，时得张邃青、张仲

---

* 摘自李廉方等：《龙亭》（小学教学活动纲领及参考资料），开封教育实验区教材部1934年6月印行。题目为编者所加。《龙亭》为"小学教学活动纲领及参考资料"最先问世的一本。"本书编辑之目的，在于供给小学教师以多量的材料，使能利用当前所有的事实和遗迹，以说明开封附近社会、文化、地理、自然之过去与现在；引导儿童对于史地研究知所凭借，对于自然研究知所应用，俾砖石草木俱成为有用的研究对象，借使儿童之爱乡感情，由真知而步入于真爱。故内容非常丰富，考证均极确鉴，是乡土教材之佳著，是史地教师之良友，是关心古迹文化者不可不备之参考书。"（《龙亭》原书广告词）

  李廉方20世纪30年代中期在"廉方教学法"实验过程中主持编撰的一系列"小学教学活动纲领及参考资料"，主要涉及三类：一是地方名胜古迹和著名人物，如《龙亭》《相国寺》《禹王台与繁塔》《铁塔与惠济河》《岳飞与朱仙镇》《包拯》等；二是国人重要纪念日、历史事件或人物，如《九一八国耻纪念》《五九国耻纪念》《云南起义纪念》《儿童节纪念》《国庆纪念》《孔子圣诞》《淝水之战》《民族英雄史可法》《总理逝世纪念》等；三是中华传统民俗或重大节日，如《端午》《新年》等。

① 同人，指李蔚秾、赵作安、赵玉芳等人。
② 月刊，指《开封实验教育》月刊。

甫、关伯益诸先生诸多之臂助，兹因《龙亭》一册最先出版，谨志数语。

中华民国二十三年五月二十六日 李步青廉方谨识

导　　言

本纲领之主要目的，在于使儿童明了龙亭的历史变迁，认识龙亭附近自然及社会的特殊情况，利用当前所有的事实和遗迹，以说明开封附近社会、文化、地理、自然之过去与现在；使儿童对于史地研究知所凭借，对于自然研究知所应用。因而砖石草木，俱成为适当的研究对象。借使爱乡情感，由真知而步入于真爱。所以纲领内容，完全以考察及研究为重心，不采从前游玩的教学活动方式。高年级重史地、自然之研究，及社会现象之较深的观察；中年级重历史、传说之研讨，及地理、自然之观察；低年级重游历事情之认识，及风景欣赏，与方向、远近之辨识。高、中年级，研究事项大致相同，内容深浅当随学生程度而变化。至于高、中、低各纲领，所列各研究事项，系按照通常情形而列举；如何实施，须依季节、时机活动运用。且每一事项，均有其独立之内容，在教学时，亦自当随学生兴趣，与事实材料之便，专重某几项，或某几点，而为集中注意之进行，初不必尽如纲领所列，一一作普泛的考察。空洞的游览，与普泛的注意，同为校外教学之大病，在龙亭研究教学时，当尽量设法避免之。所附表格，系择事实必要、记载较易之事项而编制；其用意在于辅助学生，进行分析观察，及摘取要点之注意。

其他不易表列调查之项，则以普通记事方法，指导学生随时记录之。表格内容，中、高年级相同，如何填写，当随学生程度而不同。至如各项内容如何展开，教学进行如何顺适，教者自须视当时情形，而活动运用之。

甲、高年级

（一）开始活动

1. 教师于适宜机会提出下面的问题：

①龙亭是什么时候建筑的？

②现在龙亭里面还存着些什么是前代遗物？

③龙亭附近有些什么特别产物？

④龙亭湖水是从哪里来的，有无出路？

⑤龙亭附近的居民多作何种工作？

2. 凭日常所知，对上列问题作研究谈话。

3. 决定出发考察，寻求实际证据。

（二）出发前的准备

1. 编制简单纲领，决定考察要项（参看三）。

2. 准备各项记载表格（参看附表）。

3. 准备采集用具（参看参考资料，视季节情形，准备当时采集所需用之工具）。

4. 制一出发路线图（各自拟制，共同讨论更正）。

5. 讨论出发前个人应有之准备：

①准备铅笔速记本，或绘图用具。

②准备清洁衣服，及适宜用品。

③准备个人独有计划之应用对象。

6. 决定出发时间，划分小组或指定工作。

7. 出发前集合，加重出发考察之注意。

（三）出发考察

1. 沿途经过市街之注意与记载（表一）。

2. 龙亭附近前代遗物之观察与记载——石狮、铁柱、太湖石等（表二）。

3. 龙亭内碑文石志之观察与记载——马裕慧重修龙亭碑记、五岳真形碑、冯玉祥建修中山公园记、康有为游龙亭题字、侯嬴井、流杯亭、迎秋台、清虚堂等（表三）。

4. 龙亭内特别建筑物之观察与记载——阵亡将士塔、中山先生像等（表四）。

5. 在龙亭上所见开封城郊特殊建筑物之观察与记载——曹门、宋门；繁塔、新南门（东南）；鼓楼、南门、工厂（南）；西门、地方法院（西）；北城、体育场、营房（北）；北门、铁塔、省党部（东北）（表五）。

6. 龙亭上休息谈话，自由绘画或作其他个人有计划的活动。

7. 龙亭湖周围进出水渠道之勘察与记录。

8. 龙亭附近植物生长情形之观察与记载——柳、柽柳、槐、刺槐、芦苇、水藻、白杨、马齿苋及其他等。视季节及时机之便，选择观察与研究（表六）。

9. 龙亭附近动物生活情形之观察、采集与记载——蜻蜓、蚊、蛙、鱼、鹅、鸭、雁、水鸭及其他等。视季节及时机之便，选择观察与研究（表七）。

10. 龙亭附近特殊产物之观察、采集与记载——盐、硝、碱等（表八）。

11. 龙亭湖水及水中现象之观察、采集与记录——水、沼气等。视季节及时机之便，选择研究。

12. 龙亭附近土壤之观察、采集与记录。

13. 龙亭附近居民生活状况之调查与记载——洗衣人、制盐人、制粉人、摇船人、养鸭人。视时间及机会之便，分组或由个人分别作家庭或个人的访问（表九、表十）。

14. 湖滨集合谈话休息，自由绘图，或作个人有计划之活动。

15. 回校。

（四）整理研究

1. 关于龙亭的历史研究

①整理前代遗物调查表：分别研究其名称、件数、质量、形状、所在地、向来传说、历史记载等，借以推想宋、明、清各代之过去事迹。

②整理碑文石志记载表：分别研究其名称、大小、所在地、文字大意、建筑用意，借以明了龙亭建筑之经过，与开封人文及地理的变迁大略。

③整理沿途经过市街名称调查表：摘出与龙亭历史有关之现存街名或地名，如老府门、家庙街、蔡胡同、周桥、徐府街、鼓楼街、拆楼口、辇子街、马粪坑（即马府坑）等。推想明周府遗迹，借以明了龙亭之前身。

④整理特殊建筑物调查记载表：研究其建立年代、建立用意，与旧日碑文石志相比较，借以推想今古社会思想之变迁。

2. 关于龙亭的地理研究

①整理在龙亭上所见开封城郊特殊建筑物记载表：从各建筑物所在之方向与地点上，证明龙亭在开封城内所居的位置。

②整理龙亭湖周围进出水渠道之勘察记录，推究龙亭附近地势低下的原因，借以说明开封附近地势变迁大概，及黄河对于地势变迁之影响。

③整理沿途经过市街之观察记载表：统计共经街道，约计龙亭离开自己学校之远近，再与在龙亭所见自己学校之方向相印证，借以说明自己学校在开封城内所居的位置。

3. 龙亭附近的自然研究

①动植物之名称、形态及生活习性的研究

A. 整理个人观察记录：报告个人所见，提出个人疑问，共同讨论，更正错误，抽出疑难问题，记录因时期关系所未经看到之动植物种类或情况，准备再作考察。

B. 整理所得标本：视动植物之体质情形、生活习性，分别饲养、压制、浸制、干制，粘贴标志，或注明各部位名称，分别保存。

②矿物之名称、品类、来源及用途之研究

A. 整理个人观察记录：报告个人所见及通常所知，提出疑问，共同讨论，更正错误，抽出疑难问题，记录因时期关系所未得见到之品物或现象，准备再作考察。

B. 整理所得标本：选取所采品物之一部，如盐、盐卤、硝、硝渣、牙碱，及胡涂碱、土壤等，标志保存作为标本。

C. 试验研究：冲淋土壤，煎熬湖水，煎熬盐卤，试验硝之简易功用及变化（溶解，黑色火药，硝酸，硝之简易功用），试验食盐之简易变化（溶解，潮解与还原，盐酸，盐之简易功用），试验沼气之性质等，及其他可能的试验记录、试验结果，抽出不明白及在试验中所未见到之各点，准备寻找参考，或作实地观察。

4. 龙亭附近之社会研究

①个人访问之整理：根据组或个人调查结果，依工作分类，作年岁、收入及庸雇、自工的统计，使学生明了此类人生活之一般。

②家庭访问之整理：根据组或个人调查结果，依所居住地带或职业分类，分别作人口与收入的比较统计、住室与人口的比较统计、壮年与老弱之比较统计或男女之比较统计等。

（五）分别结束或深究

1. 制一龙亭研究缺疑表：用简单表格，登记此次考察因季节关系所未经见到之各种现象，或未经查明之各种事实——如蜻蜓或水蚤，蝌蚪或蛙，芦苇或芦花，小鹅，小鸭，晒盐或熬盐，或其他历史、地理上之可疑的事迹等，注明简单要点，准备再作考察。

2. 依季节、气候，选择适宜问题，继续作各问题之较深研究。

3. 陈列、保存所得标本。

4. 揭示最佳记载表格：选择学生所填调查表格之最佳者，再加誊清，揭示保存，供众参考。

5. 揭示最佳记录：选择学生之观察记录、研究记录之最佳者，再加誊清，揭示保存，供众参考。

6. 揭示最佳绘画或其他个人作品：选择学生之最佳绘画或个人独自计划之作品，陈列展览，或装饰教室，供众观览。

7. 整理个人成绩：将此次考察个人所用之表格及研究记录等整理装订，附记前后经过、个人感想、研究时期及整理年月等，各自保存。

乙、中年级

（一）开始活动

1. 教师于适宜时机提出下面的问题：

①你曾听过多少关于龙亭的故事？

②龙亭里面有些什么是前代的遗物？

③龙亭前面的水是从哪里来的？

④龙亭湖里生着些什么东西？

⑤龙亭附近的土地出产些什么东西？

2. 根据日常所知对上列的问题作研究谈话。

3. 决定出发考察，寻求实际证据。

（二）出发前的准备

1. 编制简单纲领，决定考察要项（参看三）。

2. 准备调查表格（参看附表）。

3. 准备采集工具（参看参考资料，视季节情形，准备当时采集所需用之工具）。

4. 制一由学校到龙亭之路线图（各自制作，共同讨论更正）。

5. 讨论出发前个人应有之准备：

① 准备铅笔速记本或绘画用具。

② 准备清洁衣服及适宜用具。

③ 准备个人愿作事项之应用工具。

6. 决定出发时间，划分小组，分配工具。

7. 出发前集合，讨论出发途中应有之注意。

（三）出发考察

1. 沿途经过市街之注意与记载（表一）。

2. 前代遗物之观察与记载——石狮、铁柱、太湖石等（表二）。

3. 驰道长短之步量。

4. 特殊建筑物及奇异碑石之观察与记载——阵亡将士纪念塔、中山先生像、龙墩、五岳真形碑、侯嬴井等（表四）。

5. 石级或东西台级之实计。

6. 在龙亭上所见开封城郊特殊建筑物之记载——曹门、宋门、繁塔、新南门（东南）；中山门、鼓楼、图书馆（南）；西城门（西）；体育场、北城墙（北）；北城门、铁塔（东北）（表五）。

7. 龙亭上休息谈话，自由绘图，或作其他个人或小组的特有活动。

8. 龙亭附近植物生长情形之观察、采集与记载——柳、柽柳、槐、刺槐、水藻、芦苇等（表六）。

9. 龙亭附近动物生活情形之观察、采集与记载——鹅、鸭、鱼、蛙、蜻蜓等（表七）。

10. 龙亭湖水来源之勘察与记录——桥梁、涵洞等。

11. 龙亭附近土壤之观察、采集与记录——土壤的疏松、发白、不生杂草等。

12. 龙亭附近特殊产物之观察、采集与记载——盐、硝等（表八）。

13. 龙亭附近居人活动情形之观察与记录——洗衣人、制盐人或其他等。

14. 湖滨休息谈话，自由绘画，或作其他个人或小组的特定活动。

15. 回校。

（四）整理研究

1. 关于龙亭的历史研究

①整理沿途经过市街名称记载表：摘出与龙亭历史有关之现存市街名，如老府门、家庙街、蔡胡同，或东华门、马府坑、辇子街等，借以说明龙亭之前身。

②整理前代遗物记载表：分别研究其名称、件数、质量、形状、所在地、向来传说及历来记载等，借以联想前代事迹。

③整理特殊建筑及奇异碑石记载表：研究其建立年代、制造用意，借以比较今古社会信念之不同。

2. 关于龙亭地理之研究

①整理在龙亭上所见开封城郊特殊建筑物记载表：利用在龙亭上所见各建筑之所在方向，证明龙亭在开封城内所居之位置。

②整理龙亭湖水来源勘察记录：统计龙亭湖周围桥梁、涵洞之数量，证明多量积水之来源，借以说明龙亭四围之地势。

③整理沿途经过市街名称记载表：统计由学校至龙亭，中间所经街道之数量与方向，证明龙亭对于自己学校所在之方向。

3. 龙亭附近的自然研究

①动植物之名称、形态、习性的大概研究

A. 整理个人记录：报告个人所见，提出疑问，共同讨论，更正错误。抽出疑难问题，记载因时期关系所未经见到之情形，准备再作考察。

B. 整理所得标本：视动植物之体质情形、生活习性，分别饲养、压制、浸制或干制，粘贴标志，或注明各部名称，分别保存。

②矿物之名称、性质及用途的研究

A. 整理个人记录：报告个人所见，提出个人疑问，共同讨论，更正错误。抽出疑点，及因季节关系未得见到之品物或现象，准备下次考察。

B. 整理所得标本：分别情形，选择可能品物之部作为标本，标志保存。

C. 试验研究：冲淋土壤，煎熬湖水，煎熬盐卤，试验硝之简易用途（黑色火药），试验食盐之简易变化（溶解与还原）等，及其他容易理解之试验，记录试验结果，抽出不明白之点，准备再作研究或考察。

4. 龙亭附近社会情形之研究

①洗衣人之研究：就当日所见，分别计算其人数，研究其聚集地点、工作用具，及到此洗衣之原因等，简单记录研究结果，抽出可疑问题，准备再作考察。

②制盐人之研究：就当日所见，或访问所得，分别研究其工作事项、工作情形、住家远近等，简单记录研究结果，抽出可疑问题，准备再作考察。

③其他社会观察之研究：其他劳苦工人或当日所见之特殊而有意义之事项，选择为儿童所易明了者，加以研究。

（五）分别结束及深究

1. 制一龙亭研究缺疑表：绘制简单表格，登记此次考察因季节关系未见到之各种现象，或未得察明之各种事实，如蛙或蝌蚪，蜻蜓或水蚤，芦或芦花，小鹅，小鸭，晒盐或熬盐，或历史及地理上之可疑事迹等，注明简单要点，准备寻觅适宜时机特别考察。

2. 依季节、气候，择适宜问题，继续研究或考察。

3. 陈列、保存所得标本。

4. 揭示最佳记录表格：选择学生所填最佳表格，再加誊清，揭示保存，供众参考。

5. 揭示最佳记录：选择学生所写最佳之观察记录、研究记录，再加誊清，揭示保存，供众参考。

6. 揭示最佳绘画或其他作品：选择学生在考察途中，或事后所作之美术及他种作品，揭示或装饰教室墙壁，供众观览。

7. 整理个人成绩：各自将考察时，个人所记表格及观察研究记录等，整理保存，以便随时翻阅。

丙、低年级

（一）开始活动

1. 教师于适宜时机提出下面的问题：

①龙亭在我们学校的哪一方面？

②龙亭的前门向着哪个方向？

③龙亭的前面临着什么地方？后面临着什么地方？

④龙亭近旁常有些什么有趣的东西？

⑤龙亭近旁的地上，出产些什么东西？

2. 根据日常所知，以谈话形式谈论上面的问题。

3. 决定出发察看，开始准备。

（二）出发前的准备

1. 共同准备：

①准备捕虫器具及植物采集工具，如捕蜻蜓，捕蛙，或捕虫，捉鱼、虫、蝌蚪之用具（参看参考资料，视当时需要酌量准备）。

②准备携带器具，如入虫袋、毒瓶，或生携鱼、蛙、蝌蚪之用具（参看参考资料，视当时需要酌量准备）。

③准备其他工具，如携带盐，或盐卤，及湖水、土壤之器具，或其他特定计划所需用之器具。

2. 个人准备：

①准备铅笔和画本。

②准备清洁衣服和适宜用具。

③准备其他个人愿作事项之应用工具。

3. 决定出发时间。

4. 划分小组，分配用具。

5. 出发前集合，讨论出发途中应有之注意。

6. 推选明白向导，实行出发。

（三）出发考察

1. 沿途经过之注意：

①市街名称及方向。

②各街之特殊点（机关或店铺）。

③共经过了几条街道。

2. 龙亭前门及石狮之观察（龙亭的大门向着哪个方向）：

①用最高同学和石狮比高。

②用石狮和龙亭前门比高。

3. 驰道长短之观察（龙亭的大门离开很远）：

①试猜长有多少步。

②分组分段，实际步量（每组数五十或一百步）。

4. 船的活动观察（龙亭的前面有水，水上有船）：

①船是用什么材料造成的？

②用什么方法使船走动？

5. 龙亭内游览观察：

①哪里是中山先生铜像？

②龙亭的台阶级有多少？

③龙墩是什么样子？

6. 在龙亭上远眺：

①哪里是南城门？（龙亭大门向南）

②哪里是铁塔？（铁塔在龙亭的哪一方面？）

③哪里是繁塔？（繁塔在龙亭的哪一方面？）

④哪里是鼓楼？（鼓楼在龙亭的哪一方面？）

⑤哪里是我们的学校？（我们的学校在龙亭的哪一方面？）

7. 在龙亭上近察（龙亭的前面临着什么地方？后面临着什么地方？）：

①河南体育场在什么地方？

②图书馆在什么地方？

③龙亭前面的直街叫什么名字？

8. 龙亭上休息：

①集合谈话（解释零星疑问，或谈论向来传说）。

②自由绘画，作其他或个人或小组的特有活动。

9. 龙亭湖畔观察与采集（龙亭湖畔奇异的动物和植物）：

①观察（蜻蜓的飞行与静止，蛙的游泳，或小鸭、小鹅的步行与游沐，柳及柽柳的比较与认识，藻及芦苇的认识与观察等）。

②采集（捕捉蜻蜓或蛙，或捉水蚤与蝌蚪，捞取水藻，掘采芦苇，摘取柳及柽柳等）。

10. 龙亭附近土壤及盐池的观察（龙亭近旁的地上不能生长麦子或杂草）：

①土壤的观察与采集（疏松、结甲与发白现象的观察，采集土壤，试寻一株青绿的草）。

②盐池、盐淋的观察，及盐的采集（盐池、盐淋的形状比较，及功用的观察，采购盐卤及盐）。

11. 湖滨休息：

①集合谈话休息（解释零星疑问，或讨论临时发生的问题）。

②景色欣赏，自由绘画，或作个人或小组的特有有计划活动。

12. 回校（复习来时沿途注意事项）。

（四）整理研究

1. 追述与回忆（集合谈话，依开始所提问题，及其他所见事项为范围，作追述回忆的欣赏谈话）。

2. 数量问题之整理：

①由学校到龙亭共经过几条街道？

②龙亭路长有多少步？（总和各组，实测所得之数）

③龙亭前方的台级有多少？

④其他个人或小组特定活动中有关数量的问题。

3. 标本的观察与处理：

①观察（柳及柽柳之分辨，蜻蜓、蛙，或小鱼、蝌蚪、水蚤等之详细观察）。

②标本制造（视动植物之情形，用简易手续分别饲养、压制、浸制或干制）。

③陈列保存（标本制后标贴名称，陈设保存。）

4. 盐及盐土的观察与试验：

①冲淋盐土，煎熬盐卤。

②试验盐的溶解与还原。

5. 整理展览龙亭上所作绘画（利用龙亭上所作绘画装饰教室）。

丁、中高年级龙亭研究调查应用表

表一：沿途经过街名记载表（略）

表二：龙亭附近现存古代遗物调查记载表（略）

表三：龙亭内现存碑文石志调查记载表（略）

表四：龙亭内特别建筑物调查记载表（略）

表五：在龙亭上所见开封城郊特殊建筑物记载表（略）

表六：龙亭附近植物调查记载表（略）

表七：龙亭附近动物调查记载表（略）

表八：龙亭附近矿物调查记载表（略）

表九：龙亭附近民众个人访问记载表（略）

表十：龙亭附近民众家庭访问记载表（略）

附：《龙亭》目录

一、现在的概况

二、教学活动纲领

三、过去的记载

    （一）龙亭建筑的历史

    （二）龙亭考

    （三）与龙亭历史有关之地名沿革

    （四）花石纲纪实

    （五）龙亭附近地势低洼的原因

四、故老的传说

    （一）滚龙甬路上马迹的传说

    （二）潘湖和杨湖的传说

    （三）石狮的传说

    （四）龙墩的传说

    （五）铁泉海眼的传说

五、龙亭附近的民众生活情形

六、龙亭附近的动植物及其采集工具

七、龙亭附近的矿物

附录一：李自成决河灌开封纪实

附录二：龙亭大事年表

附录三：万卷堂藏书目录志略

《禹王台与繁塔》例言*

乡土教材之《龙亭》既出版，社会颇嘉许，惟于所谓教材者稍有议论。揣其所言，不外两点，兹为说以明之。

其一，参考资料非儿童能读之作品。惟编者之旨，在为教师深切了解其环境之过去与现在，启示儿童活动，分别为适当指导，而充分供给其启示活动之资料。俾其据此制订各级教材纲要，选辑阅读文字。不欲以固定之主观教材，限制其真实活动，此实现代教学开始所应取之途径，抑学习过程中探求文化之源也。其充分供给关于考订方面，一一标明出处，加以附注，以便为进一步研究。

其二，为一个教学活动之课目，而费如许劳力供给参考资料，似乎不甚经济。此当知世俗通行之教本，形式上各课相属，自成统系，实际上每课皆为断片知识，此前代类书排比典故之变相，支离破碎，在前代

---

* 选自李廉方等：《禹王台与繁塔》（小学教学活动纲领及参考资料），开封教育实验区教材部1934年7月印行。"禹王台与繁塔均为开封著名古迹，其建置与变迁，记载虽繁，话多臆断。本书遍搜名籍，一一考订，关心古迹文化者不可不读。其他如附近动植物之说明、人民生活情形之调查，均极详实。教学活动纲领尤其周密，凡留心地方教材，身担教学职务者，尤不可不入手一编也。"（《禹王台与繁塔》原书广告词）

最为治学者所鄙弃，而今演其式例，几视为教学必由之唯一经典，习非成是。以此示教，何由而使儿童了解具体生活耶？兹所供给，任何一个课目，皆涉及环境过去与现在之全体，若完成一个教学活动，于其环境之历史及现状，具有相当之深切认识。而且每种活动，可以分期序进，此实综合课程与大单元设计之运用，构成必需之参考资料。假令开封小学，取本区继续编成小册，作为主要单元之课目，每课目皆有长时间活动，将零散知识集中于大单元而学习，无单独授史地与自然、国语之分野，而一一因应情境而收获，敢断言儿童所入，必较旧时各科各课分习之知能，为真切、为丰富也。并且由直观之接触与探求，领略先贤事迹，亦较单授传记易启观感也。

总之，教本程式与科目分项学习，皆为妨害初级教育之具，改革者仍袭其习弊而不自觉。改弦更张，时不容缓。编者谨持斯旨，发其凡于此，以质知言之君子。

李步青廉方二十三年六月端午节后三日

论小学的基本教材[*]

第一节 基本教材之旨趣

教学之实施，建筑于教材之上。综小学各学年全部教材，为一切教育基础。自学业基本言之，则曰初等教育。自人生基本言之，则曰普通教育。自社会基本言之，则曰国民教育。小学教材，大体已孕育于此三种含义之中。低年级尤为小学基础，其所以滋养正当学习的萌芽，引致于开始新生活的途径者，自有适当材料。兹编所论，固侧重此点，然实贯彻小学全体而开端，与基本设计之专以低年级为立场者微有不同。

开章明义，首论体要。

一、课程内涵宜广。小学教材，随社会之进步而日益增多。近谋教学联络，科目极力合并，内容仍趋于扩张者，非此不足以适应生活之需

---

[*] 选自李廉方：《小学低年级综合课程论》第三章"基本教材"，中华书局1934年9月初版。有删节。题目为编者所加。《小学低年级综合课程论》为我国早期研究课程论的代表作之一，也是最早研究综合课程问题的专著（张廷凯：《我国课程论研究的历史回顾：1922—1997》，《课程·教材·教法》1998年第1、2期）。

要也。而教材内含之意义，较此尤深切者：其一，凡足以增进人生生活者，如技术、习惯、道德及理想、目的，得与知识并视为教材的属性，在实施时界限尽泯。其二，关于实用方面，如手工、园艺等材料，其学习主要目的，不在职业之直接功用，而在普通陶冶之教育价值。又二者含义基于每单元教材形成具体经验，非由教法达到开展领域也。

二、教材宜适于中心综合。中心教材之说，由来已久。不过当时偏重文化，取历史为中心。我国二十年前之国文读本，包罗万象，即含有此种意味。自发现手工教学价值，以此为初小中心教材，几为世人所公认。惟以学科为中心立场，就片面言之，不论何科，皆可据为广智识之中心，而引致于求智识之广大领域。就整体言之，专以一种学科为单位，任如何求各个教材之多方面关系，决不能使各种学科成系统之教材包含在内。或者为科目领域所限制，对于某事某物形成之具体经验，至有不适当之取舍。若打破科目之设计单元，每个教材，应包括若干科目之功用，依单元所引致之学习情境而定。全部教材，应如何使各科目内容，认为有学习必要者，皆得适应机会而学习，在教师之通盘筹划。

三、学习应立于劳动之基础上。由社会主义出发之生活教育、作业教育，均主张于学习进程中，贯彻劳动之旨趣。盖深感于近代教育，形成于闲暇阶级与资产社会之结合。凡贫而丐与富而惰者，皆由教育不良之影响所致。因欲从基本教育，涵养职业兴趣，各实现其固有能力，俾平民政治之精神，日益发扬。正不独矫正从来教育积习，调协文化与实用之异趣，而趋于一致也。

四、以环境材料为出发点。直观教授与感觉训练，诚能体验儿童心理，开低年级有效学习之路。顾其犹有未尽者，则以拘牵于孤立之事物分析，不能引致于生长历程，实现社会功用。惟教材之选择与组织，必其足以增进生活，形成具体经验。斯所构成之目前活动，虽由直观，虽用感觉，要皆有转移作用或扩充意义之可能。

由以上论点，定基本教材之方针，以下各节，就教材运用分析论之。

第二节 科目问题

第一目 部定课程之旨要

部定课程标准，分为国语，社会——历史、地理和卫生一部分，自然——包括个人卫生在内，算术，工作——扩大工艺范围，包括校事、家事、农商等项，美术——扩大形象艺术内容，体育，音乐。

作业要项，分系于各科目下，分年排列。并于课程标准总说明下，规定各科目每周时数。

各科目教学，社会"应从工作教学出发和党义、自然、美术、算术等联络设计打成一片"，见社会教学方法要点一。自然"应该充分和社会、工作、美术等各科教材打成一片，作大单元的设计教学"，见自然教学方法要点九。算术"第一、二学年或和别的设计联络教学"，见算术教学方法要点一。工作"应充分和社会、自然联合教学，商情类估价一项尤应和算术联络教学"，见工作教学方法要点一及五。美术"要和工作、自然、社会等各种设计打成一片教学"，见美术教学方法要点二。音乐"要和国语、社会、工作、体育等各科设计联络教学"，见音乐教学方法要点五。

第二目　分科课程与设计教学

合上所举者观之,是部所主张之设计教学,完全在分科范围以内而活动。又以分科之孤立教材,时有妨于设计进行,于是以联络教学,打通此科目与他科目之关系。如此则一单元教材,如何支配于各科目之下,吾人不能不发生疑问也。将以命题为主,因其关系于各科目者,分别由各科规定时间而学习乎?如其关系不能划成部分,而为错综事实——例如小商店设计,关于布置商店与陈列货品,则美术与工作混合;关于购置与交易,则自然、社会、算术、国语混合,皆不易析为各科之独立历程。即令教材关系于各科目者,可以独立自为历程,而程序与时间,不能守分科之固定课表,授课实感困难。况所谓某项历程,即单元中之某项作业或某部分问题,确有具体之鲜明标题,必分属于某科目,殊觉毫无取义。将以科目为主,不忽视教材之各方面关系,而并合于一种科目内学习乎?则学习内容非一科目所能包含,功用亦不属于一科目价值,又何取于科目之独立耶?尤其各科目每周时数分别规定,而学习单元则为联合教学。以命题为主,如何与科目规定之质量相应?以科目为主,此有关系之学习,其时数如何计算?吾人当知一单元教材,含有数科目成分者,其关系不在某事项与某科目之间,而在儿童所感觉需要与科目之间。盖与儿童活动联络者,并非科目,实为其所需要之材料也。论设计者有谓最初入手,以分科较为易行,由此进于分系设计,最后则达于完全设计。须知完全与不完全之别,系整体与部分之别,并非组织之殊。苟未十分了解设计,即不必见诸实施。如其了解,即不当以分科、分系为进行步骤。何也?分科与联络教学,实际上并不兼容;联络教学即不能成为设计,实施者如为慎重起见,只有先定大体准备,由几个大单元设计的预定，与各科教材混合的预定，逐渐进于完全精密之地位。① 此而不辨，不如不谈设计之为愈也。

部颁小学课程总说明："多数专家主张小学科目，不宜繁多，可合并的尽量合并，不易合并的指示联络教学方法。"夫科目固不宜繁多，但应时代产生之新事物，亦当在可能范围内尽量学习。不过如从前包罗万象之国文读本，今日决无人主张恢复之者，当可促吾人对于编制课程之反省。惟总说明之意，所谓联络教学，似专指科目不易合并之教材而言。试稍为有系统的省察，一独立科目之孤立教材，可构成具体单元之设计，究竟有限。是各个单元教材，分属于科目下，无时不在联络教学之中，即此已合并之科目，已失其独立作用。如以为一般教师习惯于传统式之分科教学，一时不易更张，余欲何言！若认教育革新，确有彻底改造课程之必要，仅仅以合并与联络为能事，吾虑其南辕而北辙也。

第三目　综合课程之教材

吾人虽反对分科配置教材，但教学所遗留之标准经验、学科所供给之结晶材料，从来皆显示于科目中，其足以供参考者，正有其价值。所以由各科选取需要材料，以及各科材料所给予人类必需知能，亦编制综合课程者所不能蔑视也。不过从事物属性与表现而言，本为多方的。由论理分类，愈分析，斯贡献于学术者愈大。从事物整体关系而言，其相互功用不可分析，愈分析，则愈失其联络，尤减损初学兴趣。因此部颁小学科目，如国语、算术，就实质而言，必附丽于他科目之教材而表现，并且他科目教学，尤资之而后可以进行，此另有专篇论之。如体育

---

① 参阅拙著：《小学教材之商榷》，载《新教育》6卷3号，1924年6月。——原注

之基本操，不必与事物教材有若何联络，始显功用。音乐固近似工具科目者，然如听音、发音、乐谱等，必需独立练习；又有专与体育结合，作为独立之游戏课程；其由一个具体单元作业中产生运动或音乐之活动，则与他科目结合而成为设计。如由某项游戏具有综合设计之可能性，须搜集多种有价值之教材选用之。如理智游戏，涉于计算练习者较多，亦当于基本工具内论之。

若夫综合课程之主体材料，以自然、社会为体，以工作、美术为用，而自然与社会两科目，尤为教材产生之源。二者更有相互性，分离学习，即失教育即生活之本义，且不能由具体经验，形成生长历程。其见为分者，系单体事物之来源或其隶属，所谓物属于自然，事属于社会是也。如其成为学习单元，即使目的在认识单体事物，亦必审此事物之各方面关系。此种关系，一方属于事物之本身，一方属于学习之情境。前者为必须了解之限度，后者为当时所集中注意之点。学习者不从社会关系了解自然，几无功用可言。盖儿童所研究者，非普通动植物的生活，而为有益于人类之动植物的生活。即所需者非一般的自然界，而系可作人类场所之自然界。从自然方面观，一切研究皆充满社会意义。从社会方面观，注重现在日常生活，凡古代社会之历史的习俗与形式，不能成为研究的中心。所以教材单元，在实质则取自然与社会之互体或其片面，在工具则涉及国语、算术、工作、美术、体育、音乐等若干部分，缺其所需要从事者，即不能完成具体单元之学习历程。至其作业活动，则自然与社会的互体或其片面之教材，可分析为家事、校事、农工商业务等之工作，各别形成具体问题。美术科目，大体与工作相近，其中如绘画，更与国语之功用同，亦须与自然、社会结合而学习。故各科目综合于具体单元之教材中，虽有时因教材性质，各显其特殊功用，然不宜各自独立为科，徒以联络教学为补救方法也。

第三节　标准问题

第一目　标准之旨趣

论教材标准，即联想及于教育功用，具有社会背景。此后之社会，将日趋于平民化，是无可怀疑者也。平民主义在继续改造社会组织与生活形式，所谓教育即生活成为生长历程者，即应此主义而实施。吾人所理想之社会，如果预定标准，即足以阻人类活动之策进。若取古代或现在为鹄，不能形成标准社会，自不待言。且一言标准，对人类行为，即须有一定规范，在宗法社会、宗教社会、封建社会、资产社会，往往以此为宰制人类之工具，与发展平民主义之精神易相背驰。标准社会既不可知，其可言者，不过抽象理想。是教学上之标准，根本已成问题。

再就如何取得标准而言，吾国向来编制课程，大率由几条抽象原则，一蹴而进于教材分配，其原则则纯由主观而定，某原则需用若干教材，某教材合于某原则，并无精密的研究。此不惟书坊教科书如是，即部定课程标准亦然。最近论课程者颇倾向于活动分析、错误分析、职业分析、内容分析等科学方法。编制手续，用科学之法则与技术，固属正当。不过囿于形式，或过于迷信，而不立于一较广大的教育学说之下，仅以方法相标榜，将使方法之外形愈科学，而教学实际愈扞格而不可通。盖其根本或不免于错误，即原则无由期其正确也。然则标准固不必制定乎？是又不然。社会之成长变迁，皆由固有之良好与缺陷两方面而产生。人类学习，尤在如何接受种族的经验，始最便于新问题的应付与新目的、新机会的创造。虽对于某种事物之体会，不能执一例相衡，然其接触所及，并由此而伸展至理想可达到之领域，其为人生最不可少与当时最感兴趣者，固非茫无涯涘也。

兹所研究者，第一为共同目标与最低限度。

第二目　共同目标

在从前有所谓各科要旨，部定课程标准则分科列举目标，姑勿论其目标产生，是否有精密的分析，或不免笼统之嫌；即分科列举，根本已成问题。其一，合各科目标，不能形成教育全部的目的。试将各科目标合为一表，即可见构成品性之目标不备。其二，由目标产生之教材，不能完成目标所含之教育意义。试任取某科目所列之作业要项（工具科目除外），与其目标对照，便见分晓。若谓目标之立，不过为选择教材，示以正当意义，不必计内涵具有如何效率。是目标分合，并无一定领域，何必列举？即不立目标，亦可径就教材而衡量价值，更无须此门面装饰。余非绝对不同意于目标，特以一个目标往往含有多种科目之教材，或其教材含有多种科目之关系。即分科教课，亦当由全体上规定之。似此分科列举，实为根本错误。

民国十八年教部颁行《小学课程暂行标准》，曾于授课中讨论部定目标的问题，新颁者虽稍有修改，大体无殊，兹录当时讨论要点于下，借资研究。

第一步研究，当综合各科目所有目标，加一个精密检查。其次则每科目的目标，都是要本教育目的，规定运用这科目的功用之原则。虽然人类行动，由各科目的功用发展出来，不一定皆具同样的形式和程序。

可是由教育目的所运用的教学历程，形成为心理作用，只有轻重强弱的分别，并无形式不同的表现。所以第二步研究，当就各科目所有的目标，检查备具的形式，是否它的功用表现，恰恰尽量达到了教育目的的一部。

查暂行标准各科目的目标，国语社会各列五项，体育、音乐、自然、美术、工作、算术各列三项，共二十八项。为便于检查起见，分类归纳于下：

习惯	好运动	体育
	日常计算敏速准确	算术
	生活美化	美术
兴趣	研究美术	美术
	生产	工作
	阅读儿童图书	国语
	欣赏并爱护自然	自然
	文物制度探索设计改进参加活动	社会
	音乐欣赏并应用	音乐
精神	试验	自然
	团体进取	音乐
	劳动身手	工作
	平等互助	工作
	牺牲服务、和协互助	体育
	尽力社会、服从公意、信赖民权、忠于团体	社会

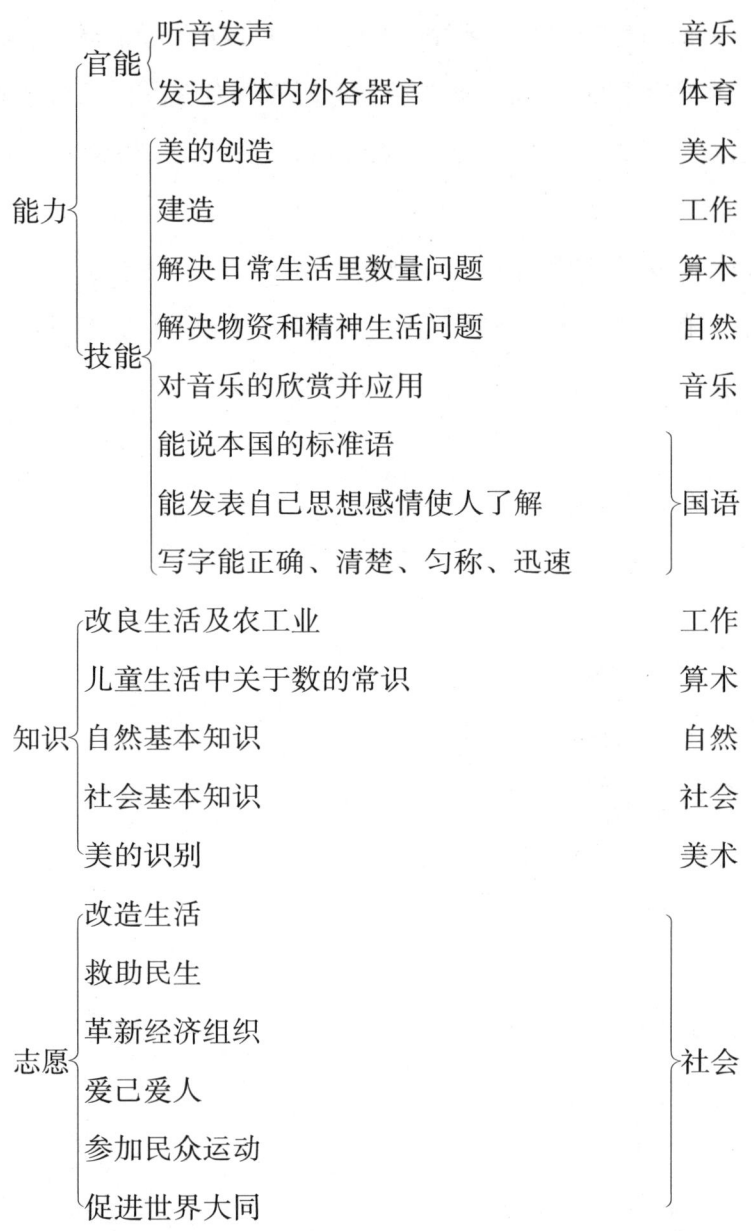

试查以上所列，发生以下问题：

一、分类用辞，各习惯、兴趣、精神、能力、知识、志愿等，各别表现的活动，是否能分占一定领域之目标？

二、合每类应有的活动，能否完成教育目的之全部？例如，习惯仅见三项，是否此外即无应当养成的习惯，或他类活动亦应有养成习惯的功用？

再就各科目内目标，检查所系之六类，则如下所列：

系二类者

1. 国语——兴趣、能力。

2. 音乐——精神、能力。

系三类者

3. 体育——习惯、精神、能力。

4. 美术——习惯、兴趣、能力。

5. 算术——习惯、能力、知识。

系四类者

6. 工作——兴趣、精神、能力、知识。

7. 自然——兴趣、精神、能力、知识。

8. 社会——兴趣、精神、知识、志愿。

试查上表，发生以下问题：

（一）各科目所有的目标，具有前表之活动者，依每科目的内容和历程，是否适当？

（二）依各个目标所含义，是否能在它的科目下，完成教育目的的要求？

新颁课程标准，各科目标较十八年所颁布者无甚出入，可不必论。其增入标准总纲，列总目标八项，在形式上似已完备。惟总目标与各科目标之分合，必有明确系统可寻。从归纳言之，总目标必为各科目标之集体。从演绎言之，各科目标必为总目标之分体。无论如何，总目标全体，必分别包含各科目标全体；一个总目标，必有一定各科目标属之。若各科之各个目标，可属于总目标之任何一项；而总目标与各科目标之关系，并无分明系统。是任何目标，皆为一种笼统观念所形成，则总目标之增入，徒为形式，殊不足以立标准也。

目标固当为列举的，而且为具体的。惟应形成如何之具体的，殊为可研究之一问题。譬如系领扣，脱帽行礼，皆具体之一事，在儿童有时为训练较重要之习惯。如将以上二事，列为目标，则目标将举不胜举。如此琐碎，将使选择、排列、取舍重感困难。所以关于目标上具体之义，就实质言，当包含理想与动作两方面。如招待来宾之动作，含和蔼、有礼貌之理想，即以和蔼、有礼貌地招待来宾，成一完全的目标。就形式言，当为非笼统之概括的，在一个目标中，可以容纳同类之各别的事项。如服装整洁合度之目标，包含扣钮、洗濯、折叠、屏去华装异服等是。

非笼统之概括的目标，尚有须申论者，即共同与特殊之教材，应在同一目标之下。就实质言，共同与特殊两方面，诚各自有其个别教材。惟此个别教材，其一，非完全属于固定的。例如国庆纪念，此全国所同者也。若含有爱国概念之教材，惟当引起如何情感之倾向。或采古事，或采近事，或取偶发事项，可任教者自择。即如国庆纪念，若在武昌，或其本地于起义时，有特殊事实者，又如当时国家有特别事情发生者，则因地方或时事而取材不无异同。其二，非各自为目标的。小学教育，所以称为国民教育者，即在使全国人民，于基本上培养其同一观感与同一知能。如必以教材求同一，则教材必限于固定，已无解于活用之说。若谓以共同教材为主，特殊教材为补助，则领域与分量，难期明确。吾人当知城乡异业，南北异俗，山水异宜，农工商各业异生活等，莫不各有其个别教材，但由学习以达到生活所企求之标准必期于一致。惟由同一目标产生教材，斯取材不同者，能收同等功用之效。部定课程总说明内容："教材范围，富于弹性，以期通行于全国而不为地域所限。"又自然课程标准第三附注："依地方情形，扩充范围，随时伸缩增减。"尚非探本之论也。

制定目标之法，论者颇多，综其大要，不外三种：

（一）意见集中。由编制者将全部课程，分别拟定目标，每目标析为若干事项，征询专家与实施者之意见，再行规定；或拟制各种询问表式，分请专家与实施者提出事项，然后汇集整理，并慎重审查。由前之法，以目标为主，今既打破科目成见，大抵循活动分析之途辙。就类别之主体言，活动固各异其趣。就达到目标之事项言，彼此多相互为用，打破科目而仍不免科目分离所形成之弊。并且分析多根据于成人偏见，亦不能供给课程一切材料，此由程湘帆《小学课程概论》（商务印书馆1923年）列举之目标可以概见。以事项为主，被征询者如对目标怀疑，则所承认事项，根本已失其据。由后之法，分门提出，出入必多。全部提出，如为整个的，应征者颇难；如为零碎的，不成系统。即如教育部之分科拟制，应征者至多不过六分，事实显然。况仅取意见集中，纯属主观，已非科学方法所许乎。

（二）分类调查。方法在搜集事实，事实所显示者只于有何事项，非指何者如何，不能认为决定目标的方法。

（三）学科内容综合。此取各科教学经验，与各科教科书内容，分析列举，加以检查，订为综合课程。此固简而易行，但综合既为分科之反动，如仍从过去教学中讨生活，未免矛盾。

第三目　最低限度

部定课程标准中有明白规定，似尚完密。惟所定限度，是否能给教学以明确标准，不无疑问。其一，分科规定，往往将知识与技能分为两事，非分裂教学之联络功用，即侵占他方面应有效率。……其二，有许多条件过于混沌，根本无度可限。……其三，明确规定之条件，仍难捉摸。……

最低限度含有质与量两种成分，固定教材既不适用于新课程，则质与量依何而定？抑知标准云者，非在列举各个之教材，而在显示教材所依据之鹄的。鹄的既立，即知应取如何之质，不限于用同一教材也。质定斯量之轻重可以取决。然此亦惟工具教材，始易统合而求得明确限度。如国语 2 戊"默读标准测验分数在 4.5 以上""作文标准测验分数在 4.5 以上"，4"书法测验快慢能达到 T 分数 4.8，优劣能达到 T 分数 4.5"，姑勿论此种规定如何，其为明确限度，固无可疑。不过所表现者，仅为成绩标准，不足显示教学途径，于规定课程，殊不发生若何关系。又综合课程最低限度，当打破科目界限，适应新课程之组织，规定某部分可以伸缩。……如此说明，虽系于作业类别之下，实较其最低限度所规定者为适当也。

第二为动作单元与教材原素。

第四目　动作单元

教学上普通所谓单元，在分科课程为某科教材之一题目，综合课程则为一个设计，即实施单元是也。部定各科作业要项，有一项可析为数个单元，有数项可并为一个单元，有并数项中之某部分为一个单元，有一项仅为许多单元注意之条件。本城"实验之教学活动大纲"（见河南教育厅《小学教育实验专号》，1931年），问题与事项并立为纲，内列子目，较作业要项为具体，用法实同一例。他校自定课程，更形杂糅。大概国语、社会，多为有组织之题目，其余近于分列事项，此可任取若干小学课程而检查者也（最近苏州中学实验小学《小学实验课程》，各书坊代售者甚多，即其一例）。《苏俄小学课程》（民智书局1929年，崔载阳译）胪列概要，《设计组织小学课程论》（商务印书馆1925年，郑宗海、沈子善译）抽举事例——均近于发凡起例，非学校实施者之规定。主张科学方法编制课程，更有所谓动作单元，即在每个目标之下，分析为种种活动之事项或问题，如程湘帆《小学课程概论》目标下所列小注是也。因此名称混淆，内容时有分合出入，论者、编者不甚分辨，实施者易滋歧误。兹明白分析，作业要项所列举者，大体为各科教材纲要，间及教学形式，如何形成单元，非所计也。动作单元所列举者，为日常活动之单独事项，应需如何教材，尚待搜求。要之二者仅有分析，未有组织，且不涉及连属方面之种种关系。虽分别列举中，或有具实施单元之规模者，但不能据此视为实施单元。尤其动作单元，属于实用能力方面，易蹈前所云举不胜举之弊；属于概指方面，又易犯意义含糊或应用混泛之嫌。其与实施单元之分合，较之作业要项，头绪更多。在倡导科学方法编制课程者，不乏分析动作单元之主张，以此措诸实际，立感困难，且虑手续繁重，结果不如所期，其详当继续论之。

第五目　教材原素

在科目问题中，论及综合课程，业已发其大凡。兹更为申论，分为原料与工具两种，工具又有实质与用法之别。如国语之文字，算术之数与名，音乐之谱词与符号，实质也。如国语之语法、文法与字帖，算术之整数、小数、诸等数等计算与计数器，工作、美术之基本制造法及其工具使用法，体育之游戏与运动的基本技术，用法也。工具之实质与用法，本有连属性。但如工作制造法及体育技术，则用法不系于实质，而系于手指或身体之活动。凡兹所举，勿论形式如何变化，基本之作用无甚差异，且有一定限度可求，分定标准，固简而易举也。考验之法，由其说明则形成知识，由其使用则形成技能。其在教学则二者相互为用，有练习技能在知识了解以后，亦有由使用进程而取得知识者。其结果或能说明而使用未娴，或能使用而说明未赡，此则视学习情境与其方式如何。从来学校教育，完全建筑于工具学习之上，即机械成绩并不显著者，则以貌袭普通教育之形，功课杂糅，致斯结果。如仅由此疏而理之，不惟无以完成教育功用，抑致全部工具变为苦工。即使教育为生活，而生活非生长历程，亦惟阶级社会或适用如是之教学标准耳。

准上所论，吾人当重视教育价值，不在本身而在当时需要之理论。所谓当时需要，必为应付或种事物之社会功用，不外于利用自然材料，接受遗传经验，控制环境，因而继续改造社会组织与生活形式。不然则学习实无意义，而且不感兴趣。审此即知工具标准，仅为课程内容一方面之事，无本体则工具成为抽象的、孤立的。比本体为教材之原料，从空间观，一方面为自然界，一方面为人事界。从时间观，一部分为过去记闻，一部分为目前情状。直言之，即自然与社会之互体或片面而已。以此为学习根据，一方为由国语、算术、工作、美术、体育、音乐等科目结合于二者所形成之作业，一方为自然、社会二者本身应了解之真相。由前之说，勿论何种科目，离开自然与社会之材料或其情境，皆失其意义。由后之说，所谓真相了解，常在此各科目结合所形成之作业中。不过作业之出发点，必以自然与社会为基础。其事项必为校事、家事、农工商业务等，在儿童生活中由必需、愿意、可能三者所组成之问题。其来源则自然可由校园、公园、花园、菜园、田野间、树林里、山上、水中、名胜地、自然研究室、博物馆、商品陈列所，以及时令推移之自然现象等求之。社会可由身体、同学间、邻里间、家庭、学校、工厂、商店、医院、公司、古迹、祠庙、教堂、村庄、街市、公共机关、公共建设、交通机关、慈善机关，以及书籍、图画、用具、报纸、文告，并各职业界生活状况，与纪念日、节日等求之。此虽未指定教材，采取具有范围。即使学校设备不周，其环境所供给者，在低年级殊不乏取用材料，可以因地实施。此类教材标准，于质则由上之事项与来源可以推究，于量则适应个性而充分发展，无最低限度可言。虽其功用必由工具而表现，而本身意义，尚各自有其独立存在的价值。因此通常常识之称谓，遂为自然、社会混合之名目。实则如此命名取义，其一，由于书本传习，视此为知识之主要成分；其二，由于传统之重视学业，必以笔书或口答之试验为评判。此在分科教学中，将自然、社会与其他科目分离独立，成为一种记识之诵习，可以想见。所以初小之常识测验，不详察地方情事，颇难通用，则实施教材更可了然。

第三为社会需要与儿童生活。

第六目　社会需要

先应了解者，为基本观念。如生活预备之说，以成人生活为轨范，使儿童努力于不知何物与不知何故之将来。一方抹煞目前的志愿活动；一方在实际应用方面，不能联络贯串。于是职业训练之说以起，比较似切近于实用矣。惟其需要仍属于成人社会，社会情形既复杂，个人择业，又非幼年可以预定。尤其以实用为目的，易倾向于机械的训练，与物质的享受。所以文化在教育方面亦成重要问题。从前对于文化之误解，往往视为纯系内心修养或精神产物，致劳力与劳心分为两途。今之学科分立，即为文化与实用杂凑之一种现象。如果明了个人能力之发展，即为实际生活之重要准备；依环境而使能力发展，自使将来所需者，由现在引申而出。又知社会之维持与策进，无一不赖各个人之合作与互助。离开社会全体利益而求实用，非平民教育所许。即事物本身，亦未有不含社会意义而有存在价值者。所以个人实用之终极目的，即为社会文化之创造。文化与实用，非相反而实相成。

由上所论，社会需要系于人类相互之关系，此相互关系，存于共同生活中。吾国社会，机械与资本均未发达，大体为自耕农与手工业之生活。内则各团体多倾于片面利益，外则世界竞尚大规模的企业，无不露矛盾现象。凡欧美教育实施，所需于社会之调查与其企图，多与吾国情形迥异。即如共同生活，彼可完全循分工合作之轨道，吾国则尚须立于独立自营之基础上，进而求分工合作之事业与精神逐渐发展。因此，需要之事物与其能力，在现社会无甚特殊，所表现为普通者更泛，所希求于改进者更迫。惟无论如何，此所需要如何事物与如何能力，必本人类相互关系之功用，依地方情形，分类为各别调查，汇集事物与问题，而后可归纳为若干纲目。此种调查,应由地方教育行政机关,请教育专家分别规划之。

低年级教材,除地方主要物产外,其余惟时常见闻接触者,得模仿其动作。故对于社会需要,此处暂不分析论列之。

第七目　儿童生活

如训练主义,只注意于官能陶冶,当然屏弃其说。惟如自然主义者所主张,纯依儿童兴趣,随时指导工作,未免太无标准。兹所研究之儿童生活,系编制课程不可不注意之路线,非谓规定内容,以此为唯一准则也。不过何者为儿童生活,颇不易言。如谓儿童与成人同处一社会中,其活动仅有程度之差别,需要性质实无大异。或以简单的成人活动,即为幼年人的生活。使此说而毫无问题,似乎全采旧时课程之教材,当不致如何违反儿童心理矣。何以求之教学实际,竟大相刺谬耶?吾人固知儿童之兴趣与动作,常为其环境中成人之兴趣与动作所刺激,发生影响,由其游戏与工作模仿成人活动,可以见之。不过此种人生反映,是否由于需要合一,而非一时情境感召所致;是否活动惟以程度差别,而非由心理作用之特殊表现。试一审嗜好因年龄而殊,而求知与好动,一般成人不及一般儿童远甚,便可证明上说之不尽可信矣。

然儿童生活虽不易捉摸,就现代学者研究结果,已有途辙可循,兹取其论及低年级者述其概要。如谓小筋肉动作,略具支配能力,得由粗率、笨重之工作,渐进于支配稍备、精巧略具之地步。想象自流动、虚诞以进于较切实的,绘画故事为伸张此种活动之要素。模仿动作由较单纯的人物动作之表演,进而为群体生活之社交练习。社交由家庭而进于朋友以及于小群之服务。个性由极流动、易受暗示方面,进而觉悟自己能力，略欲自用。本此决定所需之材料与工具，编制课程者或选取已有之读物、玩具以及游戏、手工教材等，请富于小学经验者评定；或不列教材，仅就读物、玩具、游戏、手工等分询所好者为何，调查各低年级儿童与担任教师之答案，以此结果，汇为低年级备用教材。但此亦惟地方教育行政机关，或小学联合会，锐意从事，较易成功也。上二者于编制课程，均有中心价值。如活动分析者之意见，取目标所具之教材，最适用于儿童者，为最有价值，因而规定分量，此惟施于高年级则可。若低年级之教材，所谓基本功用，重在智慧之启发，并不以直接功用于社会定价值，其分量亦不必有一定制限。惟就儿童生活之需要，选取教材，与社会需要的纲目相对照，视何者由儿童生活之出发点，能进而达到社会需要的某纲或某目之功用，即为主要教材。以此因应年级与时令，分别排列，其内容仍得伸缩自如，庶实施者随时参考，裨益当匪浅也。

第八目　假定标准

综上所论，对于基本教材之标准意义与其方法，业已开明旨趣。进而编制课程，似尚有待。为实施者目前便利起见，可先取部定标准为假设。不过部系分科规定，不适于综合课程之用。兹取一、二年级各科作业要项，汇类归纳，以便参考。

（一）生活品物，关于食的、衣的、住的、行的、用具、农事等。

（二）生活状况，关于一般生活、交易、卫生等。

（三）史迹。

（四）自然现象。……

上所列举，合社会、自然、工作、美术四科全部作业要项，兼及算术一部分作业要项，以类相属，分别归纳。凡每种事物之具体关系，皆连属而及，于组织教材，较易窥见其整个面目。虽全部容有未尽之处，然以此为鹄，一方选取各科目固有教材，分别集合于一个中心目的之下；一方进而采用上所论述之调查方式，增损补充。在目前编制课程，诚不得不以此为实施标准也。

第四节　组织问题

第一目　编制之主要争点

在讨论本问题之前，必须解释编制课程之种种争点。

其一，为论理的与心理的之争点。主张论理的者，用科学方法，搜集适当教材，为有系统之排列。旧式课程之选材，对于分析调查，不甚注意。即使尽科学方法之能事，亦不过对于社会需要，取舍较有根据。依此实施，从社会方面观，一、社会非静止的，似不当以现状为标准生活；二、职业分析之教材，难期适应于个别生活之预备。从儿童方面观，仅取由易而难、由简而繁者，以为进程，不必即其所能为，更无从确知其愿意与否也。主张心理的者，大率注重动作的内容，分析儿童时期之活动种类，为组织教材之基础。此于矫正古来硬化之弊，诚不无益。惟教学必有目的，目的所资于教材者，不在心向而在功用。

其二，为固定与自择之争点。主张固定者，以小学应培养国民共同之倾向，因应地方情形，增加特殊教材。惟共同倾向，不限于用同一教材；特殊教材，必与共同倾向之旨相应，前于论共同目标，业已阐明其义。正不徒强迫学习，完全丧失动机；造成品性，不适用陶铸模型之机械式已也。主张自择者，在吾国已行之设计式，约有两种方式：一由学期开始，共同提出题目而决定之。此可议者，事前提出之题目，临时是否能保持其兴趣，试细思之，与固定教材相去亦几希矣。且以全期之规划，而预决于一时之参差意见，亦殊未合。一单元开始学习，由儿童公决。余欲问者，公决为形式的，抑为真实的？如为真实的，苟不根据于准备范围，或作业中产生新问题，则作业必致纷扰，或散漫无所归宿。如为形式的，纯依教者课前预计之教材，又何取于公决乎？（上为吾国一般不彻底的设计教学情形。）

其三，为终极目标与目前目标之争点。主张终极目标者，兼有论理的与固定之弊。主张目前目标者以地方教材为主，不必尽具社会价值。以儿童活动为主，则易犯感觉主义之弊。两者并进，又易顾此失彼。综上所论，可以得一总括之论断。即教材不限于固定，不限于一致，而不可不产生于预定的共同目标之下。此共同目标，必须具有社会功用。其达此目标之教材，则由儿童当时之需要或兴趣为出发点，而归宿于论理的之企图。又每期课程，必于前期结束之后，统计已有进程，参照下期课程标准，估量必须学习事项，分别规划，庶有当也。

第二目　批评实验课程

上所言者特其大较耳，进而申论组织，必须综一学期全部而言，始了然于基本教材之运用。兹先取吾国实验课程数种，择要批评，或更明白易晓也。（所引虽系三四年前之例，但吾国学校迄今仍无特殊新式，当可资为研究。）

苏州中学实验小学课程——摘录低年级社会、自然两科教材要目。（略）

原课程分党义、文学、缀法、书法、算术、社会、自然、卫生、工艺、美术、体育、音乐十二门，每门分目标、选材标准、教材要目、教学条例、教学实例、毕业最低限度六项论列，内容较部定课程标准出入过多。据序言，缘起于部颁一年以前，且在试验研究期间，故不变更原有主张，借期结果互相印证。惟付印比部定几迟一年，似应将目标选材标准最低限度所以异于部定之点，逐一提出，附以说明，而后取材能实现其特殊目的。原课程之编制，除谓公众卫生与个人卫生不宜划分，确为部之疵点，但是否应独立一科，殊可讨论；以及谓工作内容复杂，仍以工艺为主，校事、家事、园艺则于课外指导，商情和算术联络进行，亦不过各有所见而云然也。此外之异同出入，率皆笼统混合，取材既无从见为独到之选择，试验后亦未由显著其异点，则互相印证，有不成为空文者鲜矣。至于目标与选材标准，划分为二，将各自独立耶？既有目标，又有标准，如何融合而为各个教材之一贯的根据，将有主从关系耶？目标与标准之分合，又无明确界限可言，并且二者皆为抽象意义，旧时各科教学法空谈原理，尚可谓持之有故，若实际编制课程，如此界说，似难应用。试摘录其自然科选材标准，以资讨论：

（1）切合于民生的；（2）为日常所习见的；（3）适合时令的；（4）适合儿童的需要和兴趣的；（5）有代表一种类的价值的；（6）适合于机会的；（7）对于地方物产有重要关系的。

吾人苟依普通惯例，对于上列标准，当然无若何意见，或者亦不过视每项是否适当，有无遗漏，逐一衡量而已。余所欲问者，选取各个教材，对于上之七个标准，是否只须合于任何条件之一个，抑须兼备数个条件或完全条件？如前说，假使一个单元教材，具（1）切合民生之条件，而不具（2）日常习见之条件，（2）具矣而不具（3）适合时令之条件，（3）具矣而不具（4）适合儿童的需要和兴趣之条件，是否可以为标准教材。如后说，须兼备数个条件，究竟某条件须与某条件联合而后成标准，不能不分别规定；须备完全条件，如日常习见与适合时令，似不能为全部教材之唯一条件。原课程书未有详细说明，如果组织教材，随意运用，此条件仍为虚设。不但此也，上列七个条件，除（5）有代表一种类的价值外，应取如何或若干教材，为某条件之基本教材，并无一定标准，是标准与教材各不相谋也。

原课程似取分科设计，根本为余所否认。其教材组织，当然不合综合课程之用。故对于上举教材之实质与分配，虽微觉其未尽适合，皆置而不论。兹所论者偏于形式组织方面，即此于编制课程，或亦可以显示避免歧误之方向也。

（一）要目内容太不便于分合伸缩与取舍　余所主张之设计课程，在不用固定教材，而有形成全部单元之整个规划，此在吾国实施设计教学者，不乏有同此感觉之人。惟此种困难，如何由课程组织而解决，尚未有彻底意见。以余主张，每种课程，规划若干总纲，此总纲包含多方面的材料，其如何教学与取何程序，不能预定，但限于必须学习，即事实不许，亦当于继续期内觅学习机会。内列许多要目，由其要目，可为一个设计，亦可为数个设计，伸缩取舍，悉由当时学习情境而定。不过总纲须由具体事物而联合，非分科或划分部分之谓也。上举之社会科课程……内容干燥，且缺乏独立性质，用为独立单元，伸缩取舍，了无意味；若与他项要目联合，亦形散漫。……

（二）组织要目分裂事物整体的关系　此于上举之自然课程可以见

之。社会教材要目之组织，失之散乱，此则适与相反，分为现象、生活、利用三部分，每部分又有若干类别。仅就表面而言，由原课程三部分之集合，可以表出整个功用及其一切关系。由每部分之类别，可以尽量采取适当材料。不过搜罗教材，与组织教材，不能混为一谈。搜罗教材，宜于分析部分而求。组织教材，非立于事物之具体方面，不能发现整个功用与一切关系。并且综合课程，所成为单元教材，于其本身以外，尚须及于与他科目连属之关系，设计教学所以能完成教育即生活之意义者，即在于此。原课程划分三部，在自然现象中，如雨、云、雪、冰、霜等，犹可谓本身具有独立作用，然专究现象，其作用已失其意义。如秋、冬、春、夏之气候风景，离开自然生活，即无现象可以证明。如自然利用，其原料无一不产生于自然生活中，尤其食物一类，不了解其自然生活，更无从而利用也。旧式书本教学，往往将须用经验体会之教材，求之于文字之间，割裂为课，辄不觉悟其非，诚不足怪。各书坊之自然、社会教科书，最犯此弊，安可以实验教育而犹蹈袭其习弊乎！

（三）分年排列不留伸缩余地　原课程分年排列，自有相当进程。如社会要目，一年级研究家庭与邻里之生活，二年级则进于个人与公共之需要；一年级学校附近名胜古迹，二年级则进于本地公共建筑与名胜古迹；一年级本城之位置、商业中心、街道与交通，二年级则进于本地之重要机关、重要职业、热闹街市、我国的首都、京沪铁路、交通用具与发明；一年级国耻纪念与国庆节，二年级则进于国耻之"五三""五九""五卅"，以及旅顺、大连、济南、上海等位置，"双十节"与武汉位置。如自然要目，一年级研究自然现象之雨、雪、冰、霜，二年级则进于露、雾、霜、雪之成因与雷电由来。自然生活之主要自然物，两个年级各别不同。自然利用则由一年级衣之质料与制法，进于二年级原料与制造手续及其装饰染法；由一年级食之简单食品做法，进于二年级各种制造物及其烹调方法；由一年级住之布置，进于二年级住之分配与顺序；由一年级行之船、车，进于二年级行之火车、电话。凡此进程，纯属于论理排列。即令一年级列举事项，可作二年级学习准备，在真实动境上，已不无扞格之处。而况不尽为学习准备，或者先后分划，并不能为正当进程，则分年教材，正见其窒碍甚多也。

南京中学实验小学课程单元目录如左：（略）

该校刊行《协动实验课程》，每个单元，皆详列经过程序。所有单元之形式及内容，自不能仅凭目录而讨论。其可表现者，约有二类：（一）属于学校本身应有之学习。……（二）属于季节应有之学习。……以上单元之数，共有五十八，几占全数四分之三。圆周排列之数二十七，则占全数三分之一。凡此之可为当然教材与其自然程式，再稍参以极少数之单元，自成为整个两学年课程。惟各个单元，虽便于依序排列，究竟除排列圆周之若干单元外，其余单元，如何分配于各个学期，殊无明确标准。所以苏州中学实验小学课程，分年排列事项，不能表现具体单元之组织。南京中学实验小学课程，虽有具体单元之组织，然未示每期教学目标，则增损去取，无所依据。即使教者排列单元，于其活动事项，注意各科进程之配置，亦成为无目的之教育。如该课程绪言所谓课程为实现教育目标之唯一工具者，将何所据而表现耶？

进而观其实验经过之方案，分为动经、动纬两方面。

动经有三：

1. 动机——据绪言谓事实上只需一个，各单元皆悬拟四则，以示范例。

2. 动波——列举活动事项。

3. 动果——列四项或三项。

动纬分常识、语文、算术、艺术、体育五系，每系之表格内列要项、说明两栏。要项即动经中动波之活动事项，分系归类，以见各科进程。说明则视每项之性质，或分析，或指实，兼示方法大概。

绪言更声明各种材料，在方法上有需充分研究，符号学科有需充分练习者，皆另有活动以补充之。

此就大体而言，所以为课程计者，不谓不周。惟详审内容，不无可议之处。

其一，就动机论，在实验者已明知只需一个，何以不就事前诱起某个动机之准备与当时实施之情状，记述事实，而一一托之于悬拟，与旧式教案之预备问答、指示目的，同一途辙，殊不足以示范例。

其二，就动果论，勿论为预期或获得结果，必为动波各项学得之综合功用。如分别列举，必依该单元若干步骤或分系表现之，而不可列不能决定之目。如第一单元所谓每天很早地就到学校来，与第二单元所谓会分工合作之例。更就该课程之圆周式单元检查之。如第二十三单元动果列熟习集会的常识，第四十三单元动果则列使儿童知道集会的常识，第六十二单元又列使儿童知道开会的常识。在第一学年下期既已熟习，而第二学年上下期乃皆云使之知道，果如此，直愈趋愈下也。

其三，就动纬论，此可分两部分论之。属于编成系统之教材，如语文、算术二系，每单元附列自编国语教材、算术之数与方式，亦依序排列，自成完整体系。不过细审国语教材，纯为系属于其单元意义之文字，并非应用其活动进程，得到学习机会，与切合学习生活之文字。在学习上较之固定读本实未见能增加若何兴趣，而在文字本身上，或反因实质束缚，不易完成形式之程式与其意味。各单元动纬下所列之算术，虽其数与方式，循序排列，惟各个单元排列之序，其本身活动，与算术整体进程难期适合，必须在单元之外，补以练习时间或补充时间，始可完成算术本身之学习。固然在绪言上曾说明符号学科，需充分练习者，有精勤活动为之补充。抑知采设计法为整个课程，必须于若干大单元外，辅以补充单元。此补充单元，符号练习实占主要地位。练习能在四个方式中占一个独立地位者，惟此补充之符号练习。研究设计法者不明此中关键，如依课题形式，强自划分方式，必致设计流于五段教法之弊。然使全部单元，并不参以练习单元，或大单元中之进程中并无小单元之练习设计，使非另定时间学习符号，成绩必不优良。然既以设计法组织课程，关于符号练习，不依设计而形成课程，则课程殊未完备。例如九九练习，非短时间所能记熟，该课程仅在一二个单元中为机会学习，必不能期其纯熟，固最显明者也。

属于无一定系统之教材，如体育系之音乐，附列歌词，与国语同，仍成为一种诵读文字之工具；常识、艺术二系，其本身系统，本不似符号之进程厘然。常识所列，近于国语之变相教学，强自分系，徒使学习失其统一性，并且紊乱其活动程序。艺术多为记忆画与自由画作，此不过表明每个单元之进行，必须有艺术工作以调和之。其实设计教学，所以异于分科固定课程者，即每个单元具有整体活动。虽因单元本身活动，各有偏重之点，不尽每个单元皆备各科功用，正勿虑其单调乏味也。若非为补充学习,忽在本单元中参加无关学习,殊嫌枝节。

此外,可议之处尚有二点:

其一,每单元动波之学习事项,不划若干小单元分配进程,但顺序排列若干题目,其题数大概在十八以上,使非全学期课程组织于一二个大单元之下,则每个单元之活动历程,必不如是其多。如该课程每单元所排列之题目,当然有若干可归纳于数个历程之下,不过题目形式,往往有近以启发式之问语。试任取数单元为例,如一之什么叫学校,儿童彼此怎样称呼,三之什么叫幼童会,怎样加入幼童会,二十四之总理是什么地方人,总理是什么病死的等,决不能成为一次教学时间之活动。若以事项分隶于各系授课,无妨零碎散列,使不问进程如何,但以事项应属何系,即在其系中授课,则进程失其自然,已失设计活动之旨趣。而况设计式之分系授课,不审每历程中所包含题目之性质,属于一系或二系以上,即无从分配适当时数也乎。如其打破进程,是直旧式之一种联络教学,初无与于设计也。

其二,该课程每个单元,但记总时数由七百余分至一千二百分,究竟如何需此时数,无从分别考计。夫总时数由各个题目活动而成;各个题目活动之时数,由其活动分量与学习情境而成。必规定各个活动之时数,始可控制实际活动。由各个实际活动时数之结果,始可为教学标准之参考。该课程不分列各个活动时数,仅示以总时数,于示范殊无价值也。

此外课程,不及一一备举。由上两课程之批评,或于组织课程之方式,知所取舍矣。

《岳飞与朱仙镇》弁言*

宋室南渡以后，岳忠武率师北伐，两河望风景从，可见强敌逼境，人民无不奋斗以图存者。惟赖有忠义奋发之民族英雄，为之倡率，斯精诚团结，足以制胜疆场。然而主谮相奸，登录佞幸，忠良骈首，欲画淮北饵敌，以冀保守偏隅，终于自覆其宗社，可不哀哉！余尝游朱仙镇，寻岳忠武进军遗迹，兼探询朱亥里居及墓道。朱亥一市井侠耳，其事不足道。忠武效命于危亡之日，扫荡夷酋，所至披靡。及于奉诏班师，居民攀留不得，相率南徙，敌人不敢追蹑其后。迹其战功军纪，与夫尽忠报国之志略，胜不骄矜，黜亦坦然，诚足以光日月而泣鬼神。今遗迹已泯，妇孺皆能道其轶事。以此知忠义奋发之精神，即其人赍志以殁，百世之下，犹闻风兴起。若夫遭逢时会，拥兵自雄；稍一失势，则多方煽

---

* 选自李廉方等：《岳飞与朱仙镇》（小学教学活动纲领及参考资料），开封教育实验区教材部1934年11月印行。定价四角。"本书分为四编……材料丰富，考证翔实，全书二十余万言，凡关于岳飞之志愿、战功、诗辞、题记，以及朱仙镇之过去与现在，无不备载。有志青年，不可不读，关心古迹文化者及小学教师，尤不可不入手一编也。"（《岳飞与朱仙镇》原书广告词）而且"时至今日，《岳飞与朱仙镇》一书在编写史志和撰写研究论著方面也是极为重要的历史资料……凡提到开封朱仙镇及岳飞情况时无不引证该书内容。引用程度之高实所罕见，其他几书也如此"。（参见焦惠园：《试评〈岳飞与朱仙镇〉》，《河南图书馆学刊》1993年第10期）

乱；惟知苟全利禄，剥削民生，视国家之丧师失地，曾不图挽救于万一。当其尸居高位，煊赫一时；而误国殃民，臭贻子孙，未有不与秦桧、万俟卨同伍者也。兹编教学参考资料，首举忠武为范，所以示复兴民族之趋向也。贾鲁河之变迁，关系地方盛衰，故并及之。至于朱仙镇记录，抑慨朱仙镇集之亡佚，搜残补阙，或亦留心乡土者所乐观也夫。

编是册时，曾率同人视察朱仙镇一周，李君蔚秾复往调查五六日，搜寻变迁事迹。篇目之预定及材料整理，屡加订正。计编成是册，编《教学活动纲领》及《岳飞的志愿和战功》者赵作安，编《岳飞所在的时代》者王子和，编《贾鲁河》者李蔚秾，《朱仙镇》则李蔚秾与赵玉芳合编，附录则同人合辑，搜书面岳飞题字及卷首遗像者李东旭。

民国二十三年十月李步青廉方识于开封教育实验区

写在相国寺《民众读物调查》卷首*

近三四年来,民众问题和民众教育问题,总算大家都很注意。如果谈到教育方面,当然不是凭旧来学校方式,可以普及民间的。说到这里,读物就成了最先决的问题。假使这种准备不足,什么设施,都没有着落了。

往时虽没有什么民众教育的设施,可是民众读物却也还不少。不过这种读物,不是政府派员修撰的,也不是文章家、著作家为了没世之名,或进呈御览,才精心结撰的。所以往时的读物,不列于经史子集的书目,并且文人学士们绝对不屑入目。然而一般民众,没有不受这些读物的熏陶,因为它的结构,不是好唱的,就是好听的,而且文字没有之乎焉哉,容易看得懂的。它的内容,不是说某人怎样成家立业,就是说某人怎样得一个好媳妇,那都是民众梦想的事情哩。或者说怎样打不平,怎样在急难时遇着救星,使人们看过后可以得到一点安慰。又或者是说报复和报应的事情,使人惊心动魄。就是谈到医卜星相的杂书,也

---

* 选自张履谦:《民众读物调查》,开封教育实验区出版部 1934 年 12 月印行。

是社会一般的倾向。可以说一般民众的思想和行动，由这些读物引出来的，也不为过。我们如果稍为留意，试看那些劳苦大众，在偶然得闲或高兴的时候，唱的、讲的、看的，没有出过这些读物的范围。而且家境稍裕，只要不是真正读书人家，也没有不是这样的。勿论这些读物良善与否，可是普遍的事实如此。那极少数读书人，除了靠读书取得势力，占个重要位置外，哪里有转移整个社会风气的力量。

现今对于民众读物，公家、商店、私人们，也曾出了几部书，如《千字课》《平民读本》《人人读》《民众教科书》之类。这种无意味的、不切实用的、不宜唱诵的教科书式，除了靠政府办民众学校的力量，强迫来学者不得不读外，若比较往时《百家姓》《六言杂字》《增广贤文》之类，民众还乐意采用，已经不可同日而语。然而民众读物的种类，决不是专作识字用的，也不能专靠讲读的。虽然也有某处编印此类读物，出版倒不少，只是内容形式，均不合平民口胃，连送给人家看，且不乐意看，更不必说了。至于号称领导民众的人们，只时常喊口号、发宣言，一点不着边际。还有最出风头的人们，正在提倡改造汉字，试验罗马字，或者提倡大众语。就使这些先生们功成名立，还是没有什么东西，供给民众读啦，唱啦，说谈啦。那么和他们的思想行动不发生什么影响，目前正不必多此一举，更生枝节。其实这些先生们，口口声声说为民众，心目中何曾有民众，也不见得认识民众，不过站在知识阶级立场放空炮罢了。

所谓真正读书人们和领导民众人们，成了这样趋向，于是让那些下等书贾和下等文妖，整天地揣摩如何可以赚钱，继续做那民间流行读物的工作（参阅本书调查表）。政府和文人学者们，从不把这些读物看在眼里，也没有想用什么来替代这些读物。其实引诱民众的力量，比教育部所辖的任何教育，以及文人学者所读的新旧书籍，不知大多少倍呢。

下走在这规模极小、力量极薄的实验区里，虽然负了指导小学和民众教育的使命，因为人事关系，将近一年，本学期才能够在大花园小学贯彻了实验主张；杏花园小学还须明春才能开始。民众教育简直没做一点工作，这固然是很抱歉的事。不过自信没有偷懒，也不想敷衍粉饰，要做就彻底地做，这是可以向大家表白的。

因为如是，所以我们对于民众教育，开始想做一点准备工作，并且是准备初步的小小工作。恰好教材部编辑"相国寺特种调查报告"，想到相国寺各书摊出售和租借的读物，在开封城占中心位置。任何时候到相国寺游览，总见着许多乡村老百姓在那里买书，或者商店伙计和小学生们在那里租借读物。虽然他们生意，比不上几家卖教科书的书店和卖旧书的书铺，但是这些书店书铺，民众是不会到那里面去的。我们不能立刻供给民众以什么读物，又不愿意编辑那教科书式和不合平民口胃的读物，所以把调查相国寺民众读物，作为一种准备工作，嘱张履谦君主持其事。

履谦费了数周工夫，报告始末，因嘱整理成册付印，贡献有志民众读物研究者。（附带报告，民众娱乐和医卜星相的事情，仍由履谦继续调查。）

京山李步青廉方二十三年十二月写于开封教育实验区

《改造小学国语课程第二期方案》序言[*]

第一期方案，业经实验完成，悉如预期。第二期在由识字进于读书，即以取得自学工具为标准。关于文字本身，必须从体与用两方面，彻底求通。吾国文字，非故借之古音古训，无取乎穷源溯委。因此文字学成为专家之业，而字之所由孳乳，在音素、笔画、整形三方面，各自有其统摄之本来面目，不尽为浅人所通晓。自有科举以来，童年读书，质之浅深与量之多寡，皆由成篇之文而定，不涉及字之本身问题。及学校分立科目，书不得而多读，而认字之法，习非成是。至于学者工具，日益趋下，国人不揣其本，反之于蒙塾教法而不可通，于是研究国语学习者乞灵于拼音字之教法；研究国语文学者更进一步，惟改造汉字是务。今之人竞言中国本位教育，顾此国民工具，不求甚解，乃欲以科学方法之形式，变更根本标准，宁有当耶？夫文字学习，非以无师自通与尽量发表，能策效于最短期间，为最大之希望乎？此而可求，固不必舍己而芸人之田也。不佞志此凡三十年，对于小学教育之研究，以了解文

---

[*] 选自李廉方：《改造小学国语课程第二期方案》，开封教育实验区出版部1935年2月印行。

字为先决问题。尤以教学方式之成立，必基于教育见解而产生；学习进程之分布，必适度而尽其变化之用。举中西已有程式，兼收并蓄，竭虑审度，苟协本旨，不矜自创。如其未合，必返而求之，逐一体诉于经验，另立规范，每有所获，寝食为废。荏苒一年，续成斯编，以饷国人。阅者如不为断章取义或望文生义之吹求，其有就中订正一式或片段质疑者，无不馨香祷祀求之。刊竟，爰弁言于卷首。

中华民国二十四年二月

京山李步青廉方写于开封教育实验区

附：《改造小学国语课程第二期方案》目录

序言

第一篇　课程组织

　第一　继续前期而完成阅读前的准备

　第二　组织本课程之根据

　第三　本期课程之单元活动

第二篇　教学程式

　第一　教学之基本问题

　第二　产生练习之提示资料

　第三　提示

　第四　练习之分布

　第五　试习

　第六　复习

第七　综合练习

第八　补充练习

第三篇　正式开始习字

第一　正式用铅笔开始习字的意义

第二　特殊练习与附随练习

第三　笔画与笔顺

第四　整形研究

第五　练习簿之研究

第六　铅笔使用

第四篇　自由阅读之基本工具

第一　概论

第二　注音符号

第三　部首与音系

第五篇　自由阅读之初步教材

第一　通论教材之选择

第二　试读教材

第三　开始阅读教材

第六篇　表述

《相国寺》序言[*]

城市之所以异于乡村者,由于工商与农之区别。欲使人类适应环境,进而控制环境、建造环境,先以了解环境为主。所需乎教育者,即在使如何能了解其环境,尤贵于小学教育培其基。城市缺乏大自然之供给,因职业各别,人为之表现,较为复杂。处此复杂社会之中,而不从复杂之现象以求学习生活,此教育之所以与社会隔离也。固知此种复杂现象,决非一二设计教学所能尽其用。苟为社会中心所在,必为教学上最重要而且最适当之单元。相国寺为大众、工商荟萃之所,具有悠久之历史性;其遗留之古代建筑,亦足以动人观感。关于特殊事实,另有专编。其涉及教学上之参考者,属马灵泉君搜考调查,辑成若干篇,并加订正,庶几便于留心城市社会者之省览云尔。

　　　　京山李步青廉方二十四年三月识于开封教育实验区

---

[*] 选自李步青等:《相国寺》,开封教育实验区出版部1935年3月印行。

本区实验小学国语课程实验标准*

第一期——正式阅读前准备期

（一）标准

1. 对环境事物及其动作与关系，能由符号认识之，且有适应其能力之理解而陈述之。

2. 就所诵习儿歌之文，能分辨句读及其词。

3. 能观察较简易之连续故事画而说其内容。

4. 培养正式阅读前应准备之习惯。

（二）达到标准应取之方向

达 1 标准应取之方向：

（1）由教学活动，就环境观察与学习动作，以有目的之组织，或机会之指引，使于领取常识中，由事物之实体及有象动作，认识其主要文字。

（2）确固前项之认识印象，用图片、字片、句片等，为有程序之分

---

* 原载《开封实验教育》季刊第 1 卷第 2 号，1935 年 4 月。

布练习。

（3）由所观察与所动作，为有规则之谈话，并能用拟势语之动作，辅助言语。以及通常说话之基本习惯，如问答时离席起立，发言先举手或报号数，不得许可不得发言，不掺在他人说话未完时而发言，应对常用之敬语等，皆成为自然态度。

达 2 标准应取之方向：

（1）由唱诵至表演，进而认识其文字。

（2）由读文练习，而表现其玩味与愉快之心情。

（3）文之句读与音节，由文字认识之练习，而自然体会。

达 3 标准应取之方向：

（1）忌用图文对照之故事画，而在用简要文字，启示看图之锁钥，使知认识文字，为了解其他事物之工具。

（2）由看画中故事，培养其了解内容必用思想为自修进程。

（3）选用教材及指导观察，注意于扩张想象之心情。

达 4 标准应取之方向：

（1）使在准备期由学习之用具，培养其取携、使用、保存、整理等等应有习惯。

（2）使读文集注于指示点以及行列字句，培养其眼动习惯，并预防不对准文字而信口乱读之习弊。

（3）使由指引或练习，暗诵所示文字，养成默读习惯。并注意于朗读文字，须有轻重疾徐之律动音调，以预防无调节之蛙鸣读法。

（2）（3）两项在本区各校习弊已深，本期应于一个月内多方禁绝之。

（4）使由字片、句片之练习，养成正确而敏速之适当习惯。

第二期——取得自学应有技能期

（一）标准

1. 继续前期未完成之工作。

2. 熟习注音字母，能用之以拼音，限于上课开始，早日完成。

大花园一团可于本期后半期酌习，二团上课开始学习，三团于极短日期内，整理练习。

3. 于熟习注音字母后，习得用部首查字典，或等于用部首查字典之能力。

4. 由教师辅导，自读反复故事，进而自读低级之一般读物。并就已读者，能表述之。

5. 能分析单字，迅速认识之，且能由音系及部首而类推生字之字音、字义。

6. 能用铅笔书写熟字，兼了解其笔画、笔顺，并缀属而成语句。

（二）达标准应取之方向

达 1 标准应取之方向：

（1）扩充前期范围。

（2）增高前期进程。

达 2 标准应取之方向：

（1）由学习活动之教材，认识生字，预计声符、韵符、介符之分布而练习之。

（2）于拼音时，注意于口腔与舌、齿、唇之运用。

达 3 标准应取之方向：

（1）在未检字前之一二月中，对字之冠脚、偏旁、形体独立者，遇有同部首之若干字，即分别提出冠脚、偏旁，使为集字之练习，并示以变形之例（如水为氵、心为忄）。

（2）检字应注意之点：①部首笔画之序列；②疑难字之检查；③本字笔画之序列。

（3）检出字后应注意之点：①拼成音读；②依本文之联词与上下文语气而求字典所注之义。

达 4 标准应取之方向：

（1）读本系公用，先概览一遍，复阅时见有未识之字及难解之字义，逐一记于笔记簿上，每词或每句空若干格，以便检字时补书所查音义。读本系自有，凡未识及难解之字，均于字旁作记号，依此逐一检字，记明音义于笔记簿。此外，文有未解以及先生所指示者亦须记入，但对先生指示者，应划一线于所记之下。

（2）在未习检字前，凡生字难义，得问先生而记入之。习检字则须自己先查，非真查不出，或查出而仍不解者，不得轻问。

（3）由故事之讲述与表演，使言语与动作得到适当之练习。

达 5 标准应取之方向：

（1）用闪烁片练习，并于测验认字，而分别计其误数与速度。

（2）凡新字之部首或音系，已见于所识之字体中者，先使揣想其字义当为如何性质或如何品类，字音当近于何声。

达 6 标准应取之方向：

（1）新识之字，不必逐字书写，多费时间。惟就同部首与同音系之各构成同所在位置者,选取之而为适当之分布练习,勿太重复,亦勿遗漏。

(2) 先取字体较简单者,详示以笔画、笔顺。次及于一切部首及音系之各别字,示以笔画、笔顺,尤注意于形似之字。由此进而用集字法,使自由依同部首、同音系而书写其字。

(3) 遇有发表机会,而使之自缀语句。或在调节练习之活动,而使之缀字。

第三期——完成自学功用期

此视学习期限长短而伸缩其学习内容。

(一) 标准

1. 能自读普通刊物及文告。

2. 能作环境普通需要之应用文,并有条理地发表自己意见。

3. 能写环境之日用文字,不查字典,不误笔画,不错款式。

(二) 达标准应取之方向

达 1 标准应取之方向:

(1) 搜集文艺、自然、社会各种儿童读物,使尽量依序自读,并作笔记。

(2) 分类选文,每周至少一次由教师指导其精读。

(3) 适应环境活动,使之看文告,述揭示新闻,参阅应用文集。

(4) 标点符号之练习。

达 2 标准应取之方向:

(1) 在环境活动几个大单元历程中,使之致力于报告记述,及练习单据、书牍之法。尤其以开会、旅行、纪念三个时机为进行最要根据。

（2）注意于问答讨论中言语及姿势之矫正。

（3）定期表述、讲演，交互批评。

（4）鼓励在家转教他人，及作宣传运动。

达 3 标准应取之方向：

（1）毛笔书写之姿势与执笔法，以及字之运笔、结构、位置，领会帖意，均于规定时间内指导练习。初写用毛笔习大字，渐进而兼习小字。

（2）适应时机作布告、标识、书信、柬帖等之书写练习，并书写揭示新闻。

（3）设代书处，指导其代人书写。

（4）工整与速度，另作测验。

上之规定，系统与步骤之分明，以及凡一种重要工作，皆先有适当准备。达到无师自读，有一定途径。自信在今日，已往国语课程标准，在大体上无有如此精当简明者。即民众教育，稍加增损，亦可适用。盼同人努力依此实施，必能于教学上新辟纪元。并盼于实施中，将方向各项，多所阐发，更求完整，无任企幸。惟另有一事须注意者，国语功课以外之作业，如劳作、算术、图画、音乐、游戏等课，关于活动之名称、动作，有须教师说明，等于文字解释者，教师应就所在之地书示文字使认识之。但以不妨其本身活动为限，且不得以文字讲解，代替本身活动（从前劳作课即有此病）。因此，运动场、农场均应悬置小黑板便于书示。该课毕，其教师另纸以书示文字，通知国语教师。算术课亦应如是。

《改造小学国语课程第三期方案》序言[*]

余草前两期方案,将及两载。兹作又将一年,至屡废寝食以赴之,仅成上卷。其所为者不过小学初级,又未完成课程全部。嗟乎,何其难也!盖教育本非可策效于苟且,而改造又非空论可以制胜。今之教育已濒破产,不改造将日即颓废,欲改造即当自基础始。顾国人皆知小学教育之重要与当普及,鲜有知其当改造者。即言改造,亦迷惘于仿袭与传统之途,惟浮华、肤泛是务。所以然者,缘于不知方法为达到目的之手段,二者非有二致。未有方法而谈目的,则目的为空言;不依据目的而讲方法,方法虽妙,不过等于幻术之掩人耳目耳。即以方法论,非方法从教材而出,而系教材依方法之目的与程序而组成。程序不必详论,独此所谓方法之目的者,则系由教育之目的,演为教学之目的,始确立教学法,教材即此教学法所含有之一方面,非可以独立研究者也。若径从教育目的以编制教材,勿论实质如何,决不能使所用教材,得由教学以期达其教育目的者也。统制教育而欲取途于部编教科书,标榜新式教学

---

[*] 选自李廉方:《改造小学国语课程第三期方案》,开封教育实验区教材部 1935 年 12 月印行。

而以自编教材相夸，其蔽一也。至于缩短年限，不从教学法入手，斤斤焉夸其自编教材完善，甚至美其辞曰可作通用善本，则更欺人之谈矣。抑今之学者，著论教育学与教学法，内容多未沟通。论教育学者率为理论，其言每每可喜，教学法则必推本于实际，虽亦尝有惊人之言，顾一涉及教学方式，鲜有超于传统的授课式以外者矣。设计教学虽足以改善学习课程，而根本未脱离授课之学习形式。道尔顿制改变其学习形式矣，而课程未有改进，欲以同时间开放作业室，企求学习之自由，重增教师烦苦。文纳特卡制亦有优点，然止于修正道尔顿制求进步耳。其他小问题实验与编制改进，在教学上不无相当贡献，究无与于整体改造也。巴必德氏分课程为七种[①]，以第七种今尚未有实现其理想者，是诚然矣。

　　不佞优游于小学教育之研究逾三十年，每知一新法，无不孳孳求之，终未足遂其企图。其重感于一般小学现状，计有三点：一、学习浪费时间；二、学习无兴趣；三、学习不适应生活。由此反感，竭思以求，而知此后改造，不彻底打破授课式之教学，所企图者仍归泡影。固然授课不能全废，然立于授课式下图改造，末由求得出路也。三年以来，整理心得，一反历来学者之议论与方式，另辟新途，期以一般小学学龄儿童二年半学习时间，修完部定四年课程，自信为绝对可能之事。盖出发点不在缩短义务教育年限，而以如何学习敏速、学习有实用、学习有兴趣之三个原则，除旧布新，由学习经济的立场，建设新实验；与世之变更学龄，以估定之硬性课程，削足就履，自鸣其缩短年限，实则

---

① 巴氏论课程一文载 *The Elementary School Journal*，译文见本区季刊第三期。——原注

抹煞儿童教育者不同。此在二十二年已制订纲要，并发表最初段一部分之方案，登载本区月刊。① 人事羁迟，迄二十三年秋季大花园村小学方开始实验，杏花园镇小学亦于本年春季推行，赖同人努力，顿改旧观。然方案未尽实现，而圆满结果已出臆想以外。计以二年半修完部定四年课程，虽未结束，殊无问题。尤其学生作业之活跃，知能之正确，与夫程度参差相助而不相妨之表现，实为授课式所未有。虽以事实所限，未能完成巴氏第七种活动课程之理想；然改变学习态度，彻底改造主要课程，即巴氏理想，得由此植立之基础，继续扩充，无须以后之改弦易辙，固本方案所预筹及之者也。于此有不能已于言者，国家托命于国民，培养基本国民，惟赖小学教育。然而小学教育为尽人视为可能之事；从事小学教育者，又尽人视为环境所迫之职业；其传习者不过举师之所授，摭拾数种出版物而损益之，应付便已裕如。取巧者饰为浮辞，以紫夺朱，且有足以蒙惑众听者矣。此种结习，充满国内。如有竭毕生之力，幸而有成，亦不足见重于今日功利之世界。小学教育之乏专家，有由来矣。余诚不解其迂拙，乐此不疲，皇皇然奋勉于举国认为无足轻重之研究，劳精敝神，遭非笑而不以为侮，对藐听而不惮其烦。凡足为改造之障碍者，皆辞而辟之；可资改造之参证者，皆疏而理之。本楚人筚路蓝缕之成训，作愚者千虑一得之企图，初不自量其力之不逮也。嗟乎，培因未制成电话以前，其著名之电气工程师，哂其不解电气学；华虚朋初创文纳特卡制，数被摈于地方督学；以及卢梭之颠沛潦倒，贝斯达禄其②之奔走流离，何尝不极人事之艰虞。为时代所轻蔑之数君子

---

① 即《改造小学国语初步课程方案》，《开封实验教育》月刊新第 1 卷第 2 号，1933 年 11 月。
② 贝斯达禄其，今译裴斯泰洛齐。

者，违异时流，独伸己见，夫岂计及功成名显，而后毅然不顾一切而为之哉？其所发现，不惜卑躬折节，委曲以求人之共喻，或相助者，固无丝毫为己之心也。末学如余，得借一枝之栖，进行其微末之实验，斯亦至可幸也已。编既竟，发其凡于此，非敢希梨洲著《明夷待访录》[①] 之企想，庶几宁人纂《日知录》[②] 之志也夫。

京山李步青廉方识于开封教育实验区
中华民国儿童年第六月

附：《改造小学国语课程第三期方案》目录

第一篇　自由阅读与选文读

　第一　自由阅读所占课程之领域

　第二　创立自由阅读之新意义

　第三　自由阅读与选文读之分界

　第四　选文读之教学标准

第二篇　自由阅读与儿童文学

　第一　读文与读书之别

　第二　朗读与默读之无谓的争论

　第三　何谓儿童文学

[①]《明夷待访录》诞生于明清之际，是中国政治思想史上一部具有启蒙性质的批判君主专制的名著，为明末清初民主主义启蒙思想家黄宗羲（别号梨洲）所作。

[②]《日知录》是明末清初著名学者、大思想家顾炎武（字宁人）的代表作品，是一部经年累月、积金琢玉撰成的大型学术札记，对后世影响巨大。

第四　阅读兴趣之进程

第三篇　读物的目标

第四篇　自由阅读的读物及其选择编配

第一　读物的选择编配之旨趣

第二　自由阅读的进程及其读物

第三　各种读物之评价

第四　读物的实验之反应

第五篇　自由阅读的教学

第一　教学基本上应有之认识

第二　略论自习法

第三　略论道尔顿制

第四　自由阅读与教学过程

第五　学习指引

第六　准备

第七　直接指导

第八　考核

第九　余论

以一般小学学龄儿童二年半授课时数修完部定四年课程之试验经过 *

一、本试验之旨趣

目的　非取强注与期待手段，而在顺应儿童生活，减除从来学习时间的浪费，使其可能的进度与容量，达到必然的速率。

理由　先从从来一般学习时间的浪费而言，分为三项。

（一）从课程上产生的浪费

1. 分科的浪费

小学课程占时间最多者，为国语、常识（包含自然、社会）、算术三科目。但授国语科必涉及常识，授常识科必涉及语言文字，授算术在名数与构题方面，必涉及文字与知识之了解。虽然编课本者，在常识与算术二科下，必称顾及国语科已授文字，然任查如何课本，多有出入。而在此出入限度中，因各科分授，彼此即发生学习上重复与疏略之情

---

* 原载《教育杂志》第 26 卷第 4 号，1936 年 4 月。

事。重复之为浪费，人所尽知，不待申述。疏略大抵属于关系成分，其实关系成分往往影响于本身应用，不当简易而简易，使所学得者徒劳罔功，与浪费无异。

2. 合科的浪费

吾国所称合科者，大抵循设计教学之途径。试检过去教学，最明显之缺点有三：（1）不问单元本身如何，皆统合各科目而分配教材，使合科成为形式，问题解决不能保持其自然进程，徒附益多少无意义之学习。（2）单元零杂，徒集注于每个问题的中心，而抛荒各科目固有之必然的程序，所习者繁简先后，多失其次。（3）特殊练习，不能适应科目必然的进程，时有畸重畸轻之失。所以较好之设计教学，虽有部分儿童极表现其活动，究竟实效如何，无从度量，而全部成绩并不能超过于其他教法，甚至较为低下。由上之三缺点，可知其浪费时间不少也。

3. 虚设科目的浪费

此最显著者为劳作、美术、乐歌、体育等科目，虚设情形有两种：（1）无适当教师；（2）无适当设备。各小学为求合于部定全部课程，不问科目应达到之效率，但敷衍其学习时间者，比比皆是。

（二）从课本上产生的浪费

课本为授读式下之产物，与专供自由阅览之儿童读物不同。勿论课本如何改良，总为授读而用。教式必从授读而成立，则自动、自由、互助之精神，皆无从而培养。既用课本，不便儿童选阅，即非出于授读之途不可。地方不同，个性不同，当时兴趣不同，一律范围于同一课本之下，于是不乐读者不得不强之读，所欲读者不得不禁其读，学校成为监狱，教师成为狱官矣。若谓课本之用，于统制教育与统一国民性有关，其实统制之作用，不在课本一致与否；即言统一，则所统一者在目标而不在教材。假令同目标，即城市与乡村、山地与海滨，教材各自不同，不因生活殊致而异其目的。如必以同教材始为统一，又何解于适应环境之说？所以因地增损教材，实由于因袭课本之使用，演为具文，非通论也。因为限于课本形式，徒使儿童拘牵于文字读讲，与无关活动需要之诵习，消耗精力，虚掷时间，无兴趣，鲜实用，可为浩叹者也。

（三）从教学上产生的浪费

1. 授课的浪费

（1）问答的浪费。启发式所以必需问答者，在启示其疑与难。然而国内教学，多丧失其本旨，并问题形式种种之禁忌，习常违犯而不自觉，几使问答成为敷衍时间之捷径。在预备段往往费若干分钟，其用为引致目的之指示，并非由此目的而构成活动进程，故所指示者不过虚浮之简括言语。引出新观念于旧观念之基础上，使所问答者为所忆及，即不问答而自能资以理解；非所忆及，虽一再问答而不必有效。在练习段约亦费若干分钟，因为口问只能一人作答，如不能集中全体注意，至少有一部分儿童任意荒嬉。吾国设计教学之讨论进程，亦有同样情形。

（2）讲解的浪费。对全体为同一讲解，浅深详略，颇难称乎各个之要求而适如其度。所以教室中诲尔谆谆而听尔藐藐者，成为极普遍之现状，并非儿童本性之真顽与真惰也。

（3）练习的浪费。此之最显明者莫如读、讲。如读用于齐读或分组读，其随读多为盲从；用于个别读，听者不必皆肯集中注意。讲之情形与个别读同。

总之，授课式必发生两种现象：其一，全课在进程内必有一部分的课业浪费时间；其二，全体在同时间内必有一部分的儿童浪费时间。

2. 自习的浪费

（1）普通教学。此有两个显明之点：其一，课外作业，各科作业是否相称，各个家庭是否可以自习，以及作业处理后得到如何效率，教师概置不问。但以成绩簿之多，加重负担，为装饰外表的工具。其二，课表规定自习时间，自习须与直接教授相衔接，时间固定已成问题。若自习只为减轻教师授课之别径，则自习徒以拘束儿童，其效率无可言也。

（2）单级教学。此纯以出声不出声，为分配各组功课之标准，非真正的自动习惯之培养。故其流弊所极，在不直接教授时间内，大都一无所得。

综上所列，不外于教材组织与教法进行两方面。其浪费时间，达到若何限度，虽不能以数量表出，然大约有三分之一或四分之一的时间属于浪费，可断言也。设计教学虽改善课程，而未变学习态度。道尔顿制之学习态度固已变矣，而课程又未改进。德可乐利教育虽于教学上开一新途径，而学习与年俱进，殊少发现。小问题实验所发现之正确结果，足使学习经济，然不能影响于全部课程。国内小学教育，关于教材组织与教法运用，尚无出于上之途径以外者，而乃欲延缓学龄，废止假期，变更教育因子，以图缩短年限，勿论事实上疑义已多，亦且缩短年限，非真由学习经济而取得也。

所以本试验之企图，深鉴于欧美现行教育，尚不足以祛吾国已往教学之失。因而细审教育理论所昭示吾人者，不少未完成之方式。如教育必与生活适应，教与训必须合一，学习兴趣不由外烁，设施宜求简易，以及熟习时数与领受容量必适其度等，多仅有理论或断片例子，并无彻底与一贯的系统方案。此次试验，抓住要点，融合无间，先从主要课程入手，逐渐完成。其最要者有三个条件。

1. 统一知识与工具

此在合科教学，业已明其旨趣，但教学过程仍不免失之分离，设计式最为显然。德可乐利教育分为观察、联想、发表三段，又止适于初期活动，而不足以贯彻全部进程。因此本方案分为三期：第一期为正式阅读前准备期，第二期为取得自学应有技能期，第三期为完成自学功用期。或将疑此似有偏重读书倾向，非也。语文为进行一切学习的工具，此而濡滞，影响将及于全部。然语文非能独立者也，离开一切活动，即无由产生切合实际需要的材料，尤其初识符号，必由事物之了解而取得观念。所以本方案第一期之识字，必由环境事物之接触而来，是为统一知识与工具之始期。第二期虽亦循此过程，然从练习中分析单字，作自由阅读之基础，是为统一知识与工具之开展期。第三期将常识与纯文艺读物，依序分别配列，使常识切合部定目标，读写作完成部定作业要项，不足者则以单元活动补充之，是为统一知识与工具之完成期。

2. 认定中国文字不当采取拼音字的学习法

此在提倡废汉字者必以为不值研究，不过汉字一日未废，如何使全国入学儿童，在使用工具上取得学习经济，仍为迫切问题。并且汉字是否比拼音字难于学习，并非尽如提倡废汉字者之臆断。兹舍此不论，惟所谓与拼音字学习不同者，在开始识字，建筑于观念视觉上，不轻用读，此不惟与汉字各个独立相应，亦且能引起种种练习活动。第二期单字分析，关于笔画、笔顺、体别之基本书写，不过两月余而即植立基础；部首、音系、音符，由辨形、拼字、注音之基本练习，亦只二三月而取得自学技能。并且此种机械练习，多从游戏动作而出，亦感兴趣。经此准备，再加数周整理，除古籍含有声之转变成分外，绝无儿童不能自读之书。吾知必有人曰，已往学生，往往受教育十余年，尚多别读别写，或者不熟于检字，此经年余之教学，具此能力，似未可信。本区实验小学，经二学期、三学期者共有四班，可以往查。其原因无他，惟此基本准备与自由阅读之二个途径，有以启之。

3. 认定低年级学习，必时常有身体上之活动，而后不感疲劳，自守秩序

然而身体活动，若与课业学习不发生交互关系，仍为孤立活动。教与训合一之为空言，职此之故。故本试验方案注重两点：其一，学习方式多方变化。在任何一上课时间内，必有四五次之变换学习，不惟同日之学习方式不宜重复，即接连数日间亦常变化。同一学习事项，必有多种方式练习，一种方式未习熟者，即易一方式以习之，再未习熟，又易一方式以习之，务使儿童视学习为游戏，而不感厌倦。其二，任何学习必须由身体活动而进行，其方式即由活动而变化。活动稍不合适，即足妨碍其学习，并且妨碍他人与不纠正他人，皆能感觉其影响于自身活动。

二、本试验进行之概要

（一）活动单元之构成

以环境活动为主，分为四大部分：（1）我的学校；（2）我的身体；（3）我的家庭；（4）我的乡里。四个大单元各含若干小单元。前两期周

而复始，从空间、时间两方面分期扩大，不足者辅以季节特别活动，至第三期则单元活动为辅自由阅读之所不及。总之，出发点建筑于直接感觉之上，并确立基本的知识、技能、道德之领域。至其活动程序，关于手工、乐歌、体育等科目，不轻于结合；算术虽常相需用，但仍保持其特定时间之系统学习，以避免从来设计形式之流弊。

单元活动之教学过程，用德可乐利视察、联想、发表三段。常识从四周之大自然、大社会而取得，文字则由所取得之常识而提授。故提授文字无须另加解释，而文字练习又足以复现其取得常识之观念。其教学过程，在第一期由实物、动作、图片等而对示文字；继由实物、动作、图片之眉标介绍，引导注意于符号与符号之间；进至于撤去眉标，而辨识符号。至此分发字片，由全班之连续活动，领取已认字片，结束初步练习，并开拓种种建筑于游戏上面之复习。而且教室内种种动作，皆由教师示以口令片，故练习中几于不发一语，而活动变化，层见迭出。

第二期大体同前期，不同者有二：

1. 教学程序演进。（1）以撮要语句为主要材料。（2）练习方式。在试习中，有对问、对照、对拼、对演四种句片练习；在复习中，有辨形、拼字、排句、拼音符、缀写五种单字分析，与图画联、计算联、制作联三种命题练习；在综合练习中，游戏方式比前期更多。

2. 开始特殊练习。如书写、计算之初步练习，在课首抽出若干时间或特定时间行之。其中成效最显者，为文字学习。（1）归纳笔画为二十四例，起笔为四例，统合于单形字；合体字以二形相并相叠，三形相并相叠，三形以上及外包字，共为三类。此种基本示范练习，不及半学期，基本习惯即可成立。（2）部首与音系，在单字分析与书写示范，因形似、音近之混淆，以及字之拼合，分别指导，数月中亦可确立基础。

练习占教学时间最多，本试验之活动，立于有计划之游戏上，辅以简易教具，进行其普遍练习。所谓普遍者有二个方面：

1. 全班必同时多为有意的活动。（1）个别活动必发生全班连续关系；（2）教师命作一种活动，必有多数人皆须用记忆或思考而后可以表出，而且有辅助之教具，同时资以活动。

2. 全部材料必每人皆有练习机会。（1）用迅速方式轮次而及；（2）变换方式分别活动；（3）任作一种活动，须自己从全部材料中选用。凡从前随声读与听他人言语、看他人动作之虚泛的注意，以及支离的、机械的、无意识的种种练习，极力减除。

（二）自由阅读之读物与其进程

此与道尔顿制不同者有数点：（1）系应用前两期基本准备，逐渐完成自学之功用。（2）混合国语与常识，以读书式的课程与非读书式的课程对立，无同时开放作业室引起之困难问题。（3）读物绝对不用课本，而且选择自由，足以表现其真正兴趣。（4）学习指引较为明确，可以减少个别指导之繁难。兹分别论列其要点。

1. 读物配置

根据学习兴趣分段选择读物，常识部分并依据部定完全目标而定。

（1）开始读物。

甲、谜语　此为试读教材，借以熟练注音拼读并作检字准备。

乙、反复故事　读文较长，则兴趣大；字多重复，则检字无须多费工夫，便于速读。此项读物读在二十册以上，即可进读普通读物。

（2）普通读物。

甲、第一段为紧接反复故事之读物　内容纯属于想象生活，图画与文字参半，篇幅视较复杂之反复故事略等。选用书册为大东《小童话》六册，大众《二个小宝贝》四册、《三个小宝贝》九册，新中国《中级文艺》若干册。选读十五册已通过者，进读第二段读物。

乙、第二段为开展阅读能力之读物　篇幅视第一段较长，大部分以纯文艺发展其想象生活，小部分参入常识之物语体读物，插图亦多。选用书册为新中国《我的童话》十一册、中级《自然》《社会》若干册，大众《儿童训育丛书》十册，大东《看图讲故事》十册，儿童《半角丛书》《看看图》《猜猜谜》三册，良友《小童话》二册，北新《中级常识》若干册。选读二十册已通过者，进读第三段读物。

丙、第三段为充实阅读能力之读物　篇幅比第二段又较长，插图较少，主要读物在集注于实际生活，以童话、故事为调节，参以笑话、寓言，并及于陶冶人格之传记、史谈。选用书册为北新《中级常识》及《小朋友》丛书，中华《我的书》，儿童《半角丛书》《讲讲故事》《发明家故事丛书》《儿童故事丛书》，大东《儿童故事丛书》，良友《自然科学丛书》。本段时间较长，选读须在五十册以上，关于常识读物，合前段须达到目标三分之二。

丁、第四段为进一步之读物　纯文艺稍重文学之艺术面目，并进读长篇至万余字以上之书；常识除完成目标所未及者，并得进读高小读物。选用书册，除上列未读之书外，计有北新《儿童幸福丛书》，商务《理科丛书》《小学生文库》一部分，新中国《常识小丛书》，中华《小学生丛书》及《小朋友文库》一部分，良友《苏联童话集》，以及单行本若干。

2. 学习指引

每册读物皆揭示一个学习指引片，将默读、笔记、表述等以书面指引之，依进程与类别而别。

（1）标示。同于道尔顿制导言之功用，语较简要。

（2）抽提事项。大约为难解词语、省略部分、与他书关联点、补充或修正处。

（3）问题。此为笔记之主要工作，须次第作答。

（4）途径启示。大约为附带作业，记忆事实、推究要点、整理工作等。

3. 阅读进程

统一工具与常识，从学习方面，依步骤达到企求标准。

（1）开始阅读。查写生字难语，依指引摘记主要语句；复述时依标点符号，为有节奏之会话式的朗读。

（2）初读普通读物。摘记喜读语句；依指引作答；进而写出主要人物，了解其活动事情，以及依原文为简要之复述或表述。

（3）进读普通读物。纯文艺读物，于事项外，依指引提出之点，节要记述事实，写答文中关键，以及择要表演。常识读物，则以写答问题与节要记述为主，并依指引而进行其附带作业。

（4）经过以上进程后，于写答问题、节要记述以外，得进而指引其组织事实，如分项归纳、作表解等，并写读后感想。尤其常识内容，有须观察现象或实在事物，以及证验工作、描绘地图等，应特别指引而致于实用。

至其教学过程，所资以为控制自学之具者，当如下之进程。

（1）第一步，当如何而读。阅读必需多遍，且须分布。欲使应历程中之需要，由阅读产生各别效率，惟有在每个历程中，有附随阅读而表现成绩之适当工作，而后儿童自然必读，且恰如所需应阅读之遍数。故开始历程，在文字之认识与了解，以记生词难语并查得音义为表现的成绩；其次历程为解答工作，进行第二回阅读，以答题及摘要为表现的成绩；最后历程为表述准备，进行第三回阅读，以复述或报告为表现的成绩。

（2）第二步，当如何而作笔记。读的前两个历程，皆表现于笔记。惟解答工作之笔记，因读物进程而进展；其有命题以外之作业，亦须记录者，皆须视指引而进行工作。

（3）第三步，当如何而作表述准备。表述之用，不仅可资考核，且可交换知识。大约分为会话式朗读、分段述概要、表演式的复述、报告式的口述或笔述等。

4. 直接指导

此不外介绍、示范、答问、讨论、讲解、订正五式。其原则不外两点：

（1）如何在直接指导以外，取得多方启示，足以控制其自习，减少个别需要指导之事。

（2）如何使个别指导常能影响于全体或大部分，减少其需要重复讲解之事。

因此，从表现而言，不当专以言语指导，而当利用文字。即如答问与订正，随时揭示小黑牌上，使最先一人所问者，后读者可不再问；最先一人所误者，后读者可以免除。从情况而言，不当专用纯粹的直接指导，而当利用间接方式。如以先读者指导后读者，优生指导劣生，同时读一书者相互商榷。盖前者以工具为移转之用，此则以对象为补救之用，由互助而减轻教师之负担者也。

三、结论

　　河南开封河道街教育实验区小学依方案实施，开始入学者已有两班进至三学期。前两期识字之数，已达到一千四百字以上；第三学期自由阅读已完成普通第一段，阅读书册字数多者四万余字，少者亦近二万字。其曾受他校教育约一年左右，中途依方案进行者，亦有一班进行自由阅读约十二学月，阅读书册字数皆在三十万字以上，从未发现一人在阅读中有怠工或抄写他人笔记，如从前施行道尔顿制情事。因此断定，修满一般小学二年半学习时数，其成绩必可超过四年级程度以上。

　　算术教法与他校亦不同，前两期完全容纳于单元活动以内，养成识数观念。至第三学期始特定时间学习，多由了解环境、事物而进行计算之运用，以三个学期修毕初小标准，亦不成问题。部定课程标准谓年稍大者可以二年修毕四年课程，此则稍变更教法而进行，集中时间以习之者也。其他科目，本无一定限度，惟视设备与教学如何，不具论。

　　国语、常识、算术三科目，虽未完成全部课程，然此三科目能在二年半修完部定标准，其他自易解决。至如何而得到解决，则课程之混合，一出乎自然。教材与教法，全反从来授课式之所为，而取得自发活动之明确完整的途径。国事如此其危，财力如此其窘，部定短期义务，实施尚有困难，不自揣量，谨以一得之愚，作企图民族复兴之贡献，敬希明教。

我的实验教育的课程、教材、教法[*]

个人在未留学以前还没有学校，曾在书院读书，对于中国学术，稍注意朴学。当时有名师教我，要求学问必有成功，必集中目的于一种专业上研究。我奉行此旨治旧学，并应用于求新知方面。

我是最初留学生习师范教育之一人，因受教育学说之熏陶，感觉国家强盛，不是少数人，而是要全体国民都受教育。小学为国民教育的基础，所以我立志研究教育，必从小学起。回国以后，勿论办何项教育，不废小学研究。因为研究日久，又感觉到研究教育，不深究教学法，任何项教育学科，皆不能措诸实用，而教学法又非专靠书本可以了解一切实际问题的。所以，我当省视学、部视学、教育厅长，都时常去实际参观，为系统研究三十余年，历在师范学校及大学任课，专讲小学教材、小学课程、小学教学法。并且多次在小学任课或作指导，以及为书坊编读本及教授书，都是以全副精力，集注于小学课本，不仅近三四年，专

---

[*] 摘自《李廉方先生在镇平讲演录》，河南镇平地方建设促进委员会、开封教育实验区出版部1937年4月印行。由余周黎、彭子福、袁三江、任振声记录，李步青、李东旭校订整理。题目为编者所加。

作小学实验哩。

一、课程

（一）二年半制

这只说到初等小学入学到毕业，拿减少年限来控制实验工作的效率。各处采用，不必以此标榜。第一，原有班次，从中途采用自由阅读，或减年，或不减年，要看从何年级使用。第二，开始依照本教学法实施，聪明的到了二年，如果年龄非过小，或者即可升入高小；太迟钝者到二年半终了，或者尚须延期，但不致如旧时降级所招的困难。至于所以规定二年半制，如下所论。

1. 教学检验

（1）减除原来的浪费。如问答、授课、读讲等浪费。

（2）新成的效率。如集中基本练习，减除散漫的分布时间，注重开始的训练所到转移作用，由部分而得到全部的体会等，是最显的。

2. 生理

儿童在八岁以后身长、体重、细筋肉发达，一般的较有明显异征，所以年龄必须达到九岁。

3. 阅读兴趣

儿童阅读兴趣，在六七岁时接近幼稚时期，他的阅读兴趣都偏重于童话、神话、物语等。到八九岁时，身长、体重及细筋肉均发达，逐渐脱去幼稚时期，他的兴趣渐注重于现实生活，关于写实的自然故事、日常生活的故事、儿童故事等，都感兴趣中心。十岁以后，对特殊事情发生兴趣，如神怪、战争、冒险、英雄伟人，及有关史事的记述，常喜阅读。像这样由想象世界进于现实生活，再进于特殊事情，是通常心理状态。不过由人事经验之增进，稍稍影响心理，使常态兴趣少许变更，所以学习效率提高，阅读兴趣自可在相当限度以内推进。

（二）课程配置

我们的课程是对立的，分为读书式和非读书式，即合科的、独立的：（1）合科的——国语、常识；（2）独立的——算术、国画、手工、唱游。

我们所以要如此分，因为人类学习有两条路线：其一，取得知能必由文字介绍，且从文字上加以练习。其二，不限于由文字介绍，亦无须从文字上加以练习。故其课程分两大类，在广大领域内，向一定之分明路线前进，使能力可以发生相互作用或转移，各从其类而配置课程，不因学科的孤立或混合陷于形式分配，减低学习效率。对立课程特点有二：其一，合科以国语、常识为主，其余科目需特殊练习者，各保持其独立学习。其二，文字工具依据学习心理原则，确立汉字学习的简明方式，取得自学途径，成为理解一切科目内容之基础。

（三）合科学习途径

1. 开始由实际活动取得常识观念，进而抽习其文字。

2. 可由书本上取得的知识，借径于运用文字而理解。

学习共分三步骤：（1）自学初步准备；（2）养成使用自学工具的能力；（3）完成自学功用。

二、教材

（一）混合编制

混合以国语、常识为主，因为国语的构成是靠常识供给的；谈到混合便要废除课本，因课本是学习的障碍。第一，课本内容不适于儿童当前活动。第二，课本形式重在授课，不适于自由阅读，而且学习分量太少。就是由书本上取得知识，教科书体的课本亦绝不可用。

（二）学习过程

我所谓学习过程不是五段教学法，也不是设计教学法，因为它们都偏于形式了。现在先讲单元活动的学习过程：

1. 取得常识阶段　必须从环境、事物引起感觉，以取得知识，进而依进程与能力，由空间或时间推广，用联想以充实其所未逮。

2. 练习文字的阶段　根据取得知识所有的观念，抽提主要文字，一方由文字认识而使观念再生，无须借助于讲解，一方用种种方法变换练习，培养自学的基本工具。自由阅读的过程则又不同：第一步阅读，在文字之认识与了解，以记生字难语及查得音义为表现成绩。第二步阅读，以答题及摘要为表现成绩。第三步为表述准备。每经一个过程，都有进一步的心得。教者惟从所表现成绩而考察，而读者自然分步练习，这都是从前自习法和道尔顿制未有完整规划的。

（三）单元活动

这专就于前两学期实施的来说。活动原则：

1. 单元须分则独立、合则自成系统　固定课本抹煞当前活动，设计教材合全学期，难有完整系统，故本方案专注意此点而谋适当活动。

2. 教材须儿童自己发现　要儿童自动，莫要于自己发现教材，在用固定课本是决不能做到的。形式的设计教学，也不能达到这样境界。然而儿童自己发现，又必须在教者目的控制之下，教材始有价值，学习始能统一，本方案是专向这条路线而进的。

3. 在废除课本下不感供给教材的困难　在过去设计等教学法里找教材，教者常感分歧。我的教法，确定一个找教材的范围和路线，便易进行，而且随地运用，均极合适。

（四）由取得常识的领域确立单元

先分四大单元，即我的学校、我的身体、我的家庭、我的乡土是。四大领域确定后，寻取教材即不涉于空泛，但这里应注意两个要件：

1. 出发点——取得常识必用环境、事物，目的在使儿童能有真实的感觉，并非以此为止境。就是国家、世界所须了解者，都建筑在环境上面，而后能有真实的体会。彼以乡土、国家、世界分期者，已违反直观教学原则了。

2. 适应能力与兴趣——儿童取得知识有三个条件：（1）应当的；（2）可能的；（3）愿意的。根据儿童的当前活动，自然能适合能力与兴趣。

下面四大领域分析项目，以便确立小单元，但这里只提出四项来：

1. 我的学校：（1）入学；（2）教室内；（3）校内各场所；（4）学校四周事物；（5）校内可识自然现象；（6）学校的集会及纪念。

2. 我的身体：（1）身体各部分的名称及动作；（2）我的食物；（3）我的衣服；（4）保健。

3. 我的家庭：（1）住处；（2）呼吸与礼仪；（3）生活需要。

4. 我的乡土：（1）村庄或街市；（2）田园或厂店；（3）物产；（4）交通；（5）名胜古迹；（6）公共机关；（7）外方人居留与往来。

我们要贯彻儿童自学的主张，对于教材的运用，须合于下列诸原则：

1. 项目活用　按时令及当前活动运用上列各项目，四大单元所辖小单元，可以相间配置。又项目并合或分析，或变更，亦可因环境与实际而酌定。

2. 依场所或事物而组织　组织小单元活动，要注意依场所或事情，使儿童在确定范围内各个选择适当的活动。

3. 提供程序　首由观察所得活动，为儿童直接的教材。根据直接而引起联想，以补充观察所不及之教材，即为经验之扩大。

（五）抽习文字

单元活动，分常识取得、文字练习二阶段。

儿童所取得的常识，不能完全写出，只写出一部分，观念却仍是整个的。因之练习文字有下列二点必须说明：

1. 割裂一部分词语　因为有取得常识的经过，不是由文字而领会内容，所以抽习是文字学习的方便。

2. 词语孤立　初识文字，但求文字在限度以内如何比较学得多，即不适于编成课文来读。而且抽习者系由一定范围内已得知识观念而出，即各个独立，相互间具有联会。

（六）文字认识的程序

1. 由实体进于表象

2. 由活动工具进于生活材料

3. 由形象进于动作

4. 由本体进于附随

5. 由名字进于短语

标语是根据当前活动的，非当时教学需要，即用不着标语。

三、教法

今天开始研究教学方法。我们的教法，共分两个大阶段。第一阶段是自学准备期，此阶段又分两小段：（1）自学初步期（即识字期）；（2）养成自学工具期。第二阶段是完成自学功用期（即正式读书期），此期完全注重自由阅读。

（一）第一学期活动

1. 准备——预计观察的场所或事项，以及练习的字牌、图片，或实物与单元中必需的口令，应训练的新习惯。

2. 取得常识——从略。[①]

3. 文字练习——此系就观察联想中既得之经验，提出词语而练习之。不过在练习时，先生不多说话，而叫学生自己活动的练习方式，要多有变化才不机械，才使儿童感生兴趣。

（1）应用教具。

字牌——为儿童进行练习的最要用具，用三分板涂以油漆，约需十

---

① 原文如此。

余块，用时书写，用过即拭。

口令箱——一具，内置当时所用口令片，悬于黑板左上侧，凡进程中命令多不用口说，而以看口令片之，口令片以铁皮制成。

指引尺——一具，读儿歌或故事画，作句片练习用之。

指名筒——一具，内置各儿童姓名片，于指名时即抽此片。

字架——有两种：其一，专作悬挂字牌图片之用，以木条三根，嵌于黑板上；其二，作发字片之用，约需八九具，甚简单。

(2) 练习方式。

甲、对示

在以往的教学法上是提示，即有需乎教者口说的必要。此用对示，便是矫正这样的形式。就应提出之字片和图片或实物两种，先悬示图片，以看口令问："这是什么？"儿童答对后，再对悬字片以看口令问："怎样读？"如式悬示三四种，即令复读一遍，最后以看口令"谁会领着读？"就举手者令领读一遍。这是字片练习之最初步，在使依据图片或实物而读音，这样可以避免扰攘，儿童也特别注意，所以进行较快，而且准确减少许多废话。

乙、查眉标

这是以眉标介绍，使儿童的注意移转于符号与符号之间，由此逐渐与图片分离，使认字片。如当儿童持粉笔等字牌寻找图片时，并不识字牌之上之字为粉笔，然而与管领粉笔图片的眉标，以为介绍，儿童即将字牌对挂于相同眉标上，再俯视图片，即能顺口将字牌读出。似此必经字牌与眉标之一度比较，由疑难而至于成功，儿童深感兴趣。即此经过，已与普通之看图识字诚不可同日而语。其方式分为二种：

①取置式。一是对准眉标挂上字牌，二是对准眉标取下图牌。取置式练习，有抽名片取置、分组取置，教者可酌量应用，取置时图片切不可离开本身眉标的地位。

②错综式。错综式练习，继于取置式练习之后，字牌、眉标、图片三者皆系对准的，做时令儿童闭眼，教者调动字牌一二或二三块，与眉标不对，调动后敲板为信，再令儿童还原。每次可令二个或三个儿童前来，最后亦可调动图片与眉标相对地位而令其还原。这种练习，有何错误，容易改正，而且都感兴趣，注意力非常集中。

丙、对读

儿童因眉标之介绍，对字形已有相当认识，自当进而认识孤立符号，其方式很多，每单元活动可任用数式，作分组或轮次的活动。现略举列如下：

①未撤去眉标以前之活动。一是分给字牌，令对眉标取下相合的图片。二是分给图片，令对眉标挂上而读之。三是分给图片或字牌，先生任读一字牌的文字，持此牌者，即来撤去眉标而读之。

②撤去眉标以后之活动。一是先生任示一字牌，指令读出音来。二是分给字牌，各到先生前，举所持者读出音来。三是分给字牌，先生任读一字牌之文字，持此牌者，到先生前举以示众。四是分给图片，令取相合之字牌举示而读。

丁、对演

进行若干单元后，提示文字有表演动作之语，照下式演之：

①先生拟势，持此字牌者举以示众而读之。

②先生持示字牌，则全体如式表演。

戊、发字片

①发字片的原因。一是使家长易于考查学生成绩,二是补充学生练习文字的机会。

②发字片的方式。其法将已习过之字牌若干个,照印若干字片,其每种字片之数目与学生人数相等。发时每种字片依人数各为一束,分置于字架上,架前并悬相合的字牌。儿童取字片者,立于架前,每种字片需一个儿童管理,字片有若干种,即需若干儿童管理。从第二个儿童起算,同时前来立于架后。管理某字片者,向众持所管之字片而读,误者退出,移坐于原来席次之最后席上,易一儿童前来。管理人读毕无误,则取字片之儿童须读字牌,读时即给一字片。读不出或误,管理人摇手,不许停留。顺序读毕以后,管理最前之一人为取字片人,另由以下席次起来一人补充之,每起来一人则坐原来席次之同学同时向前移坐,以下均依此进行。其时离架前二三尺,排列二三个坐位,不得全付字片者即坐于此,注意以下同学读领字片。坐满,还有人来则最先一人移坐于原来席次之最后席上。领全付者读毕,则坐于原来席次之最后席上。全体领取以后,再检查未领全付者,即同时补发,人数稍多,当于抽习后再行补发。

己、抽习

此系就以上学习经过,查知何种字片,有多人未习熟,何人有较多字片未习熟。于是将未习熟的人序坐一方,酌用以上方式复习,而以习熟的同学订正之。有时在抽习中得利用优生作个别指导。

庚、对字片

此系利用所发字片作齐一活动。

①先生示字牌或图片，或拟势，儿童皆取相合的字片举而读之。

②先生任读一字牌之词语，儿童皆取相合之字片举示之。

辛、补充练习

①用于发字片后练习过程中有余时间，常作分组比赛及猜字游戏。

②用于进行学习期间两三月以后，可进行单字辨认，常作露字、圈字的练习。

壬、综合练习

在三四个单元以后，须进行综合练习，其方法有二：

①闪烁练习——先生拿字牌，很迅速地令学生读（这办法只须五六分钟）。

②设计练习——设计练习方法颇多，如开商店、游园、请客、送信等单元活动。

此外，尚有不同的教学过程，并略述于下：

①入学开始训练——入学之始一周内，先以不正式上课的形式，作训练习惯的学习。

②调节活动——如儿歌、故事画等。

（二）第二学期活动

本期为自学工具获得期，仍以进行单元活动达其目的。学习过程与第一期略同，但活动旨趣已更进一步。

1. 活动内容

（1）单元活动——仍以前四个大单元为范围，因季节与进度而稍有不同，常识研究已较前充实或扩大。

（2）开始自学工具的训练——在本期儿童应获得如下的各种自学

工具：

①认识标点符号。

②注音——令学生会拼读。

③检字——使学生会检查字典，认识音系、部首等。

④书写——完成基本练习，如笔顺、笔画、间架等。

（3）特殊练习——每日必抽出一二节，在课首若干分钟中，或特定若干分钟，作书写、计算的初步练习。此另有详细方案之规定。

（4）文字进于语句独立练习——开始练习不用眉标介绍，最后练习单字分析较为注重。

2. 活动方式

（1）准备——约同前期，惟句片须观察、联想中谈话定之。

（2）观察及联想——大体同前期，惟稍稍进于调查、搜集，并运用记忆画与谈话为提示资料。

（3）练习。

甲、提示整理观察、联想的谈话，提出本单元应习语句，其生字新词，旁注国音读之。

乙、试习　此接续于提示后行之。

①对读——对字牌五式，读字牌六式，教者可酌用，以资变换。

②找答案——变更提示语句的形式，作成答案，或取无文字的答案，使于对读之外更为有意义推求。

作进一步练习，分为对问、对拼、对照、对演四式：对问——以完全语句命题，用断定或说明语作答。对照——命题与图片相对而问答。对拼——将提示语句分为两截。对演——以操作表示解答。

丙、复习　复习的练习方式很多：

①抽习方法同前期。

②单字分析——可分六种方式：辨字形，排句，缀写，拼音符，拼字，集字分部首、形似、音同。

③综合练习——本期综合练习与前期同，但较繁复变化。

（4）应用教具——除前期教学均须取用外，另增以下教具：

①句牌。较前字牌长度加三倍，约须二十块。

②四对筒。装对问、对拼、对照、对演的题目及答案。

③拼字袋。专备汉字拼形之用，如不及备，仅由儿童举示亦可。

④拼字及拼音片。此可预备磅纸数张，临时取用。

（三）第三、四、五学期活动

1. 自由阅读的真旨趣

本期活动为完成自学功用期，即正式读书期，使儿童个别尽量发展其自学能力。此进程时间较长，约估三个学期，其目的在自由阅读。可是在此要知道它虽与道尔顿制有些相同，其实有不相同的地方很多。如：（1）系应用前两期基本准备，逐渐完成自学之功用。（2）混合国语、常识，以读书式的课程与非读书式的课程对立，无同时开放作业室引起之困难问题。（3）读物不用教科书的课本，而且选择自由，足以表现其真正兴趣。（4）学习指引较为明确，可以减少个别指导之繁难。（5）常识读物，全依部定课程标准而配置，比任习如何课本为完全而有系统。

以上五点是本教法的特长。至于过去的一般教法，无论是注入或启发，都是授课式，先生作，学生跟着学，这是很误时的。先生任如何讲得好，是先生而非学生的；先生越作得多，学生越学得少。那么不免发生了两种毛病：（1）不能达到儿童自学的目的；（2）不是在实际活动中去学习。

如果要使儿童的学习觉得是获取的，而不是接受的，则当注意下面三个原则：（1）如何使儿童获取的资料如印象然；（2）如何唤起知觉构成观念；（3）不由感觉而获取的知能，如何使觉得所学的为丰富生活的泉源，或适应其迫切的需要。

本期的自由阅读，为构成第三期教法之唯一方向，占课程主要部分。但与过去视为课外作业的自由阅读不同，因为以自由阅读方式来代替课本授课。所以自由阅读之新意义，当具有如下之条件：（1）各个儿童阅读，能以自己兴趣取得丰富生活之读物；（2）能自己克服困难而了解整体读物之内容，并逐渐熟练其阅读工具，日益敏捷；（3）能各别以自己要求，得到先生适宜之指导；（4）同时集儿童于一室内阅读，能各以力所能及、为适如分量之学习，不受任何牵制，而得相互观摩之益；（5）因兴趣、能力各适其度，不浪费时间，学习进步超过普通教学。

2. 读文与读书之分别

现在课本教学，只是读文而不是读书。中国古时，也是读书的，后来崇尚辞章，才有人读文了，不过还有一部分人读书。到科举制度兴起，读文风气更盛，及八股文流行，竟至专读文了。现在的学校教育，仍受传统流毒，用读文方式来授课，注重逐字逐句的解释，因之读书无多，以此而求言皆有物，自然不可能了。

3. 儿童文学

在我们废除教科书后，教材宜用儿童文学来代替，这名词是由欧美传入的。中国《左传》有童谣，《汉书·艺文志》有小说，《四库提要》分为叙述、杂志、记录、异闻、缀辑、琐语等。但在当时只是一种贵族文学的消遣品，根本不适合于儿童。儿童文学是取资于儿童的言语、适合于儿童的思想与儿童的生活的，它的内容包括童话、故事、神话、寓言、小说、史谈、传记等。

要使自由阅读有效，第一不用授课式的教法，第二不用教科书体的课本，而要用儿童文学来使儿童自由阅读。

4. 自习法

在旧时授课式教法下，倾向于自学辅导，有所谓自习法，总其要点有三：

（1）一般课外作业，以在正课时间外，由教师指导之下，在教室内进行其自习工作，始有明确效率。

（2）自习与直接教授相辅而行，凡学习材料、学习进程，有适于自习，必尽量使其自习，务使授课所浪费时间减少，以发展自学的相当能力。

（3）自习进程有适当步骤——初学三四年开始自习，在此以前，必培养其自学相当基础。及进行自习，有三个步骤：①开始在直接指导下，进行自习；②如上经过数月后，使之完全自习；③在高级则于完全自习中，进行较繁复之工作。

5. 道尔顿制

（1）作业室。分设各科作业室，凡关于本期科目应用书籍、图表、试验器具等，均陈列室内，为适宜布置，室内设教师座位，儿童用长方桌，数人围坐，不另设自习室。

(2) 功课指定。计划一学期应作业之科目，分每月作业为一大段，每大段又分四小段，四小段为每周作业。其材料按各级原有程度而推进，规定最小限度，达到限度及格，优者另给补充材料。并且各种教材力求联络，制定纲要，并作指导作业细目，共分十项，学生依此进行学习。

(3) 成绩纪录。最通行者，有三种表格：①日课登记表——教师在室内记各个儿童成绩，便于统计；②工约表——备儿童日课登记之用，每人各须一张；③周表——此系各科作业总计，存教务处备查。

6. 本方案自由阅读的概要

(1) 读物配置。

根据学习兴趣分段选择读物，常识部分依据部定目标而定，读物分开始读物与普通读物。

①开始读物。谜语——此为试读教材，借以熟练注音拼读，并作检字准备。反复故事——读文较长，则兴趣大；字多重复，则检字无须多费功夫，便于速读。此项读物都在二十册以上，即可进读普通读物。

②普通读物共分四段：

第一段为紧接反复故事之读物。内容纯属于想象生活，图画与文字参半，与篇幅复杂之反复故事略等。选读十五册已通过者，进读第二段读物。

第二段为开展阅读能力之读物。篇幅比第一段较长，大部分以纯文艺发展其想象生活，小部分参入常识之物语体读物，插图亦多。选读廿册已通过者，进读第三段读物。

第三段为充实阅读能力之读物。篇幅比第二段又较长，插图较少，主要读物则集注于实际生活，以童话、故事为调节，参以笑话、寓言，进而读陶冶人格之传记、史谈。本段时间较长，选读须在五十册以上；关于常识读物，合前段须达到目标三分之二。

第四段为进一步之读物。纯文艺稍重文学之艺术面目，并进读长篇之万余字以上之书。常识除完成目标所未及者，并得进读高小读物。

（2）学习指引。

每册读物，皆揭示一个学习指引片，应默读、笔记、表述等，以书面指引之，依进程与类别而别。用处有二：①减少教师直接指导之时间；②使学生减少学习之困难。

（3）读物的陈列。

①先生在阅读准备期间，先示以简单的阅读规则，取书、还书、看书的手续作一练习。

②陈列的册数，要超过学生人数三分之一或四分之一，给儿童有选择之机会。

③书籍每种至少有三册，以便儿童同时选阅。

④书的数目，要逐渐增加。其添书方法：一是在相当时间后，看某种书大家已经看完，可将其取去，另换他书添上；二是考察某种书无人阅读，或阅读者少，非不合儿童需要，或由介绍未清楚，当慎重选书更换。

⑤开始用书。一图书要多，二字句短而有兴趣，三册子不可过厚。

（4）直接指导。

其方式有介绍、示范、答问、讨论、讲解、订正五式，其原则不外两点：

①如何在直接指导以外，取得多方启示，足以控制其自习，减少个别需要指导之事。

②如何使个别指导，常能影响于全体或大部分，减少其需要重复讲解之事。

（5）教具。

①各段读物；②各册学习指引片；③陈列读物的书架；④记载表；⑤小黑板；⑥字典。

下编

中国古代小学的课程及其教学*

上面说汉到科举未废前的教育，都是政府方面的设置，几乎看不出小学教育是怎么一回事。因为蒙学部分，最初已划分出来。自汉以来，政府只是用养士取士的政策，来提倡民间教育，凡是有志作士的和跟着士来学的，都成了民间学塾的任务。这里范围很广，有牵涉到成人学业的，不过蒙学全包在内。蒙学原不划定年限，但最古小学，是以十三岁以前为蒙学的。朱子论定《程董学则》，陈宏谋称为十年出就外傅以上的事。陆桴亭《论小学》，从十五岁前后分划阶段，谓十五以前，多记性，少悟性；十五后，多悟性，少记性。程端礼规定《读书分年日程》，也是把十五岁以前划一阶段，这和孔子十五志学的话恰相印证。蒙学年限，不必管他。若问儿童在蒙塾继续若干年，纯看塾师学问如何。我是注意儿童初入学读书的事情，搜辑材料的。友人孟宪承教授编《中国教育史》说道："民间的家塾的课程和教法如何，材料非常贫乏，这是我们今日写中国教育史最感苦闷的。"这是很诚恳的话。其余的人，不知

---

* 摘自李廉方：《中国古代的小学教育》，开封教育实验区出版部1937年10月印行。题目为编者所加。

从哪里找材料，随便抹煞，竟有把残余不堪的私塾，当作写真，未免不符事实。我说这句话，并不是替私塾辩护，是感慨一般趋新的不彻底和攻击旧的不彻底，具同一浅陋的见解，滔滔皆是。所以不惮烦琐，把我所闻的、见的、身受的事实以及记载有论及或可推及的材料，摘要记述，并且提出微旨，或者在教育史上也可作文献看吧。

一、课程方面

这是记载上较有考证的，似乎和现代课程没有什么比较作用，不过从沿革损益的陈迹，寻出一条线索，很可作史料的研究。汉去周代不远，蒙学所习，当然为幼仪和书、数，书尤注重，这是古代六艺流为注重文字学习的一个转变。《汉书·艺文志》以《弟子职》附《孝经》，特列小学一门，汇辑六书书目。太史试学童能讽书九千字以上，才得为史；又试以六体，最优的作尚书御史、令史，吏民上书字有不正，便举劾。史游《急就篇》，专为童蒙识字而作；北齐李铉九岁入学，书《急就篇》。读经书正文，当亦从汉时渐成风气，不过书无定本，亦不限读何经。汉魏以来，十二岁以下通经为童子郎的颇多。因为书籍经秦火以后，传习经文，最为重要。儿童记性最强，稍稍识字，从师口授经文，事亦甚便。所以初学读书，用口耳，重记诵，或为主要学习，在当时是事实不得不然；后代习为常例，那就成了问题。由识字进于写字，以至练习楷书，作小学课程，当在魏晋以后渐盛，至唐最盛。因为纸在后汉才发明，书法则晋人多有论述。唐人多工楷书，为历代冠，国学列书法为专门，科举有明字专试。写字本为初学易习的事，一代风气所趋，当更重视。唐代学校分五经为大中小三类，《孝经》《论语》为兼习。童子科十岁以下通一经及《孝经》《论语》诵文十道，予官，可见以《孝经》《论语》为初学必读，而且比"五经"要先读的书，当从唐始。又初学读经数部以后，兼看史书及类书，亦当自唐代成为风气。这由科举中有开元礼、史科等专试，可以推想而及；尤其专为儿童作蒙求的类书，见于史志书目，自唐以来，多可考见。这件事和欧洲创教科书体教小学有点相似，用途等于现今补助读本。所以通人不取的《千字文》《三字经》《百家姓》等，皆宋以前所作，普遍于后世私塾以内。唐以后无大变更，惟宋熙宁以后，科举以《论语》《孟子》为兼经，于是"四书""五经"成为初学通读的书。宋儒讲理学，对于蒙以养正，颇为重视。朱子以小学配大学，搜辑传记，作《小学集注》，把日常实践的行动，从书本上玩味体会，即是以口耳的收获，供滋养身心的食粮，和古代习礼乐以了解仪节，已不能相提并论。不过要从儿童生活里探索，作为读本的资料，他和作蒙求的人们，业已略知其意了。明陆桴亭有一段话："文公所集，多穷理之事，近于大学。又所集之语，多出'四书''五经'，读者以为重复。且类引多古礼，不谐今俗，开卷多难字，不便童子，此小学所以多废也。愚意小儿五六岁时，语音未朗，未能便读长句，窃欲仿明道之意，采辑《礼经》中《曲礼》'幼仪'，参以近礼，择其可通行者编成一书，或三字，或五字，节为韵语，务令易晓。俾之即读即教，如'头容正'即教之端正头项，'手容恭'即教之整齐手足。"宋陈淳的《小学诗礼》，就是这个意义。"四书""五经"以外，还有许多蒙学用本，大部分见于记载的，有的是目录称为蒙学用本，有的我见学塾作为用本的。至于记载不录，只是我见学塾作为用本的，都写在下面。

这些用本，可分为文字、幼仪、史事三类，都是清光绪以前所作，可以说是距今六十年以前编的补助读本。作者见解，大概有三处理由：(1) 经书文句不便蒙童诵习，所以这些册子多用韵语，或者语句较短。(2) 经文意义深奥，或偏于成人方面，不易影响于童子日常行动。(3) 经书语多抽象，不尽适于工具的应用。但是经书又不可不读，所以编些蒙求册子，作为补助。犹之现在教科书不适于儿童诵习，另编补助读本，有同样情事。现代人看了这旧时学塾用本，一定看作同经书一样无味，其实现在补助读本何尝不同教科书一样无味。后之视今，亦犹今之视昔，可惜人的惰性太大了。

最早的一书，当推史游《急就篇》。《弟子职》虽为《管子》一篇，仍系后人伪作。庄述祖作集解，王筠作正音，洪颐煊作义证。旧多单行本，学塾用作读本。

《千字文》 梁周兴嗣撰。陈智永和尚用楷、行、草三体书八百份，分赠长江一带寺庙，今尚有不同样的数种原拓本行世，旧时多由塾师照原文自书影本。

《初学记》 唐徐坚等撰。《唐书·艺文志》载《元宗事类》一百三十卷，《初学记》三十卷。注曰：张说类辑要事以教诸士，徐坚等分辑，清内府有刊本。

《李氏蒙求》 晋李瀚撰。陈振孙《书录解》称有徐子光补注。《书目答问》列为童蒙幼学用本，称后唐李瀚撰，宋徐子光注，乡塾难得，川省仿印，杨迦择补注亦可。

《忠经》 原书题汉马融撰。《崇文总目》始列名，《四库提要》断为宋人伪作，清代坊本附刊于《小学集注》后。

《十七史蒙求》 宋王令撰。《书目答问》列为童蒙幼学用书。

《两汉蒙求》 宋刘班撰。仿李瀚体，取两汉事编成韵语，取便乡塾诵习，见《四库提要》。

《小学集注》 宋朱熹撰。内篇四，外篇二，共六篇，皆幼仪的故闻与格言，自序称搜辑以授童蒙。元、明、清政府视与经书并重，今通行本尚多。

《朱子治家格言》 《朱子文集》不载，但坊间多印成小册，清陈宏谋称成童可读，列入《养正遗规》。

《朱子童蒙须知》 凡五项，见《养正遗规》。宋程端礼《读书分年日程》，谓宜贴在壁上，饭后记说一遍。

《少仪外传》 宋吕祖谦撰。采辑旧闻，体例和朱子《小学集注》相似，《四库提要》称为训课幼学而设。

《童蒙训》 宋吕本中撰。朱子《答吕祖谦书》，引舍人丈著《童蒙训》论诗文事，《四库提要》称为家塾训蒙本。

《续千文》 宋侍其良器撰。取周兴嗣《千字文》未有的字，编成四言韵语，见《四库提要》。

《姓氏急就篇》 宋王应麟撰。仿史游《急就篇》，以姓氏各字排纂成章，颇便记诵，见《四库提要》。

《家范》 宋司马光撰。杂采史事，与朱子《小学》体例小异，用意略同，见《四库提要》。

《北汉字义》 宋陈淳撰。以四书字义分二十六门论列，大旨与《字训》同，见《四库提要》。

《三字经》 相传王应麟撰。私塾作为初入学读本，明代已然。吕坤

《社学规约》规定八岁以下必当先读。

《百家姓》 姓从赵起，相传宋人作。旧时学塾初入学时习字，多用原文，明代已然。吕坤《社学规约》规定八岁以下必当先读。

《千家诗》 宋刘克庄编。旧时学塾读书一二年后，即有选读，吕坤《社学规约》列为读"四书"以前的读物。

《性理字训》 宋程端蒙撰，程若庸补辑。仿李瀚《蒙求》，以四字为句，但不叶韵。《四库提要》以为浅陋，断为村塾学究托名。但程端礼与端蒙同时，他著的《分年读书日程》，定八岁未入学前读《性理字训》。又赵汸《答汪德懋疑问书》，称《字训》为初学而设。

《小学诗体》 宋陈淳撰。辑《少仪》《内则》所说，编为五言韵语，以便童子讽诵，原文见《养正遗规》。

《纯正蒙求》 元胡炳文撰。《四库提要》称："是书集古嘉言善行，各以四字属对成文，自注出处于下，所载皆有裨幼学之事。"

《六艺纲目》 元舒天民撰。取《周礼》六艺之文，因郑注标为条目，编为四言韵语，《四库提要》称条析详明，《书目答问》列为童蒙幼学用书。

《广蒙求》 明姚光祚撰。见《续通志》。

《幼仪杂箴》 明方孝孺撰。凡三十则，见《养正遗规》。

《小儿语》 明吕近溪辑。原文见《养正遗规》。

《续小儿语》 明吕坤辑。原文见《养正遗规》。

《人谱》 明刘宗同撰。集古人嘉言懿行，分类辑录，词多平实浅显，《四库提要》称为主于启迪初学，《奏定章程》定为初小修身用书。

《仪礼韵言》 清檀萃撰。取经义编为四言韵语，注解明白。《书目答问》称："童蒙未读经典之先，令熟此编，他日读《仪礼》亦较易，即不读亦知梗概矣。"

《聚课琼林诗对》《四库提要》曰："不列撰人名氏，以浅俗对句分类编次，每类又分一字、二字、三字、四字等目，盖村塾课蒙之作。"我幼时在学塾中曾看过这样相似的读物，但书名已不记忆了。

《三才略》 不详何人作。分恒星图、步天歌、地球图、舆地略、历代统图、读史论略等，《书目答问》称："上海新刻最佳，不惟童蒙，凡学人皆不可不一览。"

《文字蒙求》 清王录友撰。

《龙文鞭影》 明萧良有辑，杨臣诤增订。

《幼学琼林》 程允升辑，周梧冈补。

《千家姓文》 清崔冕撰。以村塾所传《百家姓》，语无文义，因取史传复姓三十四，单姓九百七十二，连属为文，见《四库提要》。

《六言杂字》 就宫室、食品、用具等，编成六言，和《百家姓》《千字文》《三字经》等同样为私塾通用。

《增广杂字》 旧时粗识字的成人多喜读。

《鉴略妥注》 从上古至明的史鉴要事，编成五言，我幼时在学塾看过。

女孩专读的书很少，大部分和男孩读书相同。据我所见，世俗通用的有两种：先读的为《女儿经》，仿《三字经》体。次读"女四书"，这是仿刻本，汇辑古人所作，计有：《女诫》，汉班昭作；《女论语》，唐宫师宋若昭作；《内训》，明仁孝文皇后作；《女范》，清王节妇作。陈氏《教女遗规》，更有《蔡中郎女训》、吕近溪《女小儿语》、吕坤《闺范》、王孟箕《家训》、《温氏母训》、史搢臣《愿体集》、唐翼修《人生必读书》等，乡塾不易见。又宋伯益有《训女蒙求》，以四言韵语，类辑妇女事迹，语皆习见，见《四库提要》。

读书分配次第，旧时学塾极不一致。据我所见，乡间一般学塾多是开始读《三字经》，次读"四书"，后读"五经"。经书都是只读正文的，大约先读《诗经》，以后次第，便不一致，《礼》多有不读，即读只读《礼记》，不读《周礼》《仪礼》。因为当时府州县考试以试"四书"文为主，"五经"试题，乡试才用，然亦看得不甚重要，可见民间读书，是随科举风气为转移的。至于真正读书人家，稍有区别。现在从《养正遗规》所汇辑的，摘要录出，以见一斑。

唐翼修的主张——三四岁即用小木块方寸许四方者千块，漆好，朱书《千字文》。每块一字，盛以木匣，令每日识十字或三五字。后令其凑集成句读之，或聚或散，听其玩耍，则识认是真，如资质聪慧，百日可以识完。再加以《三字经》《千家诗》等书，一年可识一二千字。从师入塾，以五六岁为率，读半年小书，便可读"四书"。读"四书"时，即逐字逐句讲，如俗语一般，使知书如说话。读经有暇，当与调声叶韵，讲解故事。

程端礼《读书分年日程》——未入学前，日读《性理字训》三五段，代替世俗《蒙求》《千字文》；又以《童蒙须知》贴壁，饭后记说一段。自八岁至十五岁前，《小学》习毕，次读《大学》经传正文，次读《论语》正文，次论《孟子》正文，次读《中庸》正文，次读《孝经》正文，次读《书》正文，次读《诗》正文，次读《仪礼》《礼记》正文，次读《春秋》经并三传正文。日止读一书，自一二百字增至六七百字。

大抵终日读诵，不惟困其精神，且致习为迂缓，以待日暮。法当才读数遍，即暂歇少时。

小学习写字，必于四日内，以一日令影写智永《千文》楷字。如童稚初写，先以子昂所展《千文》大字为格，影写一遍过，却用智永本影写。每字本一纸，影写十纸。止令影写，不得惜纸于空处令自写，以致走样。如此影写《千文》足后，歇读书一二月，以全日之力，通影写一千五百字，添至二千、三千、四千字。影写之后，又使对临，以全日之力，如此写一二月，他日方能写多，运笔如飞，永不走样。用笔之法，双勾、悬腕、让左、侧右、虚掌、实指、意前、笔后。

陆桴亭的主张——自五岁至十五岁当读书：《小学》、"四书"、"五经"、《周礼》、《太极通书》、《西铭》、《纲目》、古文、古诗、各家歌诀。

二、教学方面

学塾没有学级编制，没有教学程序，方式止于讲解、背诵，可以说是简陋极了。正惟其简陋，走不上虚浮的道上去，倒还直截了当，不像现在班级制用齐一的课本和进度，以及启发式的形式过程，用得不正确，走入虚浮道上，产生了许多人为的拘束和浪费。试举数点：各读各的书，例如开始读书，有读"四书"的，有读《龙文鞭影》的，有读《鉴略》的，家长可以自己意思指定，这是第一点。各依自己资质取得进步，有半年读数册的，也有读不及一册的，彼此不相牵制。那升级、降级所招的恶果，不会发生，更没有什么开除的事实。如果特别聪明，入学两三年，就读了十余万的书册，作数百字文章，国文和史地，有的比现在高小、初中的成绩还好，这是第二点。欧阳文忠曾有一个计算："今取《孝经》《论语》《孟子》及六经，以字计之。《孝经》一千九百三字，《论语》一万一千七百五字，《孟子》三万四千六百八十五字，《周易》二万四千一百七字，《尚书》二万五千七百字，《诗》三万九千二百三十四字，《礼记》九万九千一十字，《周礼》四万五千八百六字，《春秋左传》一十九万六千八百四十五字，止以中才为准，日诵三百字，不过四年可毕。"更是一个有力的证明。先生就各个当前所需要的分别指导，不说空话。学生就当前迫切来问来听讲，不听不相干的话，这是第三点。课程固然不合，但做人工夫和用世工具，学习时很融合，应用时没有矛盾，这是第四点。

以上抽举事实，并不是推崇古制，而是针对现代教育而发，使保存国粹的或彻底欧化的人们，都要从制度的精神上体会，不要专在形式上讲求，这才是编者的微旨。

编辑儿童读物应有的认识 *

本文共分四章：第一，读物体裁；第二，读物进程；第三，常识要目；第四，编辑要则。

第一，读物体裁

儿童读物，以易读、乐读为目的。其一，必取适合体裁；其二，必循一定进程。由体裁言之，明儒吕新吾有言："小儿皆有语，语皆成章。"又曰："言各有体，为诸生言则患其不文，为儿曹言则患其不俗。"所以儿童文学，端重童话。童话要素有三：一儿童言语，二儿童生活，三儿童思想。此与通俗文学，异流而同趣。通俗文学有三：便于唱诵曰歌谣，由谈笑中取得教训曰滑稽，增进人事经验曰小说。三者皆古代文学所由起，歌谣勿论矣。《史记》所载《滑稽列传》，皆善讽谏者也，《齐谐》专记新奇事实，其余绪耳。《汉书·艺文志》："小说者流，盖出

---

* 原载《教育通讯》周刊第 17、18、19 期，1938 年 7 月 16、23、30 日。

于稗官。"如淳注："王者欲知闾巷风俗，故立稗官使称说之。"自文章专成为文人、学士欣赏之物，书籍惟取其藏诸名山、传之其人，于是世说野乘，为政府与士流所不屑道，所以牖民与启蒙者日远于人事，读书几为初学最苦之役。一任取悦俗好之本，不入士大夫之目者，流传民间，与公家所讲习者背道相驰，盖数千年于兹矣。间有好学深思者，鉴于经文之不便蒙读，别寻途径。自唐以来，如《蒙求》一类，不少作者，然补救亦已微矣。迨西式学校代起，所编小学课本，专袭形式。语其体要，近似古之类书，为通人所羞称。论其功用，则儿童亦不喜读。所以致此之由：其一，产生于授课式束缚之下，任何作者无以沟通前后，抒其妙腕。其二，文字数量问题，学者不知求之汉字本身，而乞灵西药，每以编辑字典之手续，作为识字根据。尤其混合课程，纯属学习问题，非可于课本求混合，亦非国语包含常识之谓也。

明乎以上之症结，欲使读物为儿童易读、乐读，不外三种特点：

（1）音调谐合，即古代文学歌谣一类；

（2）事实能引起兴趣，即古代文学小说一类；

（3）意味能引起娱快，即古代文学滑稽一类。

三者各有特征，皆须原本童话。盖言语不接近儿童，虽叶韵而不易成诵。生活与思想不接近儿童，事实虽真，不能引起兴趣；意味虽善，不能引起娱快。童话所以成为儿童唯一文学，意在斯乎！试分析体裁如左：

（一）由传说组成的童话——以质朴之语，表出不可思议之信念，或以真挚之情，表出爱恋、畏惧之内心，实为产生文学之源。不仅情节与意味，易为知识幼稚者所接受也。凡二类：

1. 神话——系初民信仰及生活之反映，与神怪小说骇人听闻者有别。

2. 世说——代表初民习俗之传说，以其专谈人事，故别于神话。

（二）由故事组成的童话——由自然情节构成具体事实，真实性之成分较大。即非实有其事，亦必归宿于人事，为其可有的事实。凡五类：

1. 神秘故事——目的在由想象而有所感动与安慰，非以说神怪耸听。间或涉及神幻，必系引人入胜，取得教训，与《封神榜》《西游记》《子不语》之造意不同。

2. 滑稽故事——以供娱乐为主，大抵分愚呆、刺谬、巧妙三类，可以引人发噱。有用事实演成者，亦有专用言语表出者。惟语不嫌俗而忌粗鄙，或者言之过谑者，亦不宜用。

3. 儿童故事——专取儿童行为有趣者，可分二类：其一采记述之名人幼年故事可以动□者，不专重示范也。其一从儿童生活出发，掺入激引心灵之情节，不限于采之记述也。

4. 勇敢故事——包括爱国、武侠、冒险、侦探等事实，与儿童好奇好胜之心理相应。虽事不出于儿童，亦儿童所喜者也。初步取其稍含神秘意味者，年龄稍长，则以切近实际人生为要。

5. 科学故事——分二类：其一，摘取发明家在发明过程中特殊事实，足以使人兴奋，与传记表出全人格不同。其二，事物人格化，将无情变为生命，静的呈现活跃，为物语变相的故事。虽取日常事物，然重在表出物理之现象与功用，非为物语以假托而表现人生也。

（三）造作的童话——此不取固有传说之故事，其实故事组成之童话，亦有不尽取固有材料者也。

1. 物语，寓言附——系一种自然物拟人谈话，专从普通生活现象，表现其习性动作。或将人事经验，借物之谈话而表现其意义；或仿效对物戏语态度，而发抒其情感。总之，含有幼儿之神情与口吻，结构多与故事相近，或即附见于具体故事中者也。寓言为物语进一步的文学，固有记载，不少与笑话同其趣味。惟目的不在引人发噱，而在诱起想象与联想。其情节或意旨浅显者，颇为儿童所喜，亦滑稽之支流也。兹以寓言附于物语下者，以简单寓言虽有趣而不成一篇，如为长篇，属人者可并入滑稽故事，属物者则附于物语，因寓言多托物而发也。国人近多反对小学读物用物语，几成为一般人口头禅，诚然书坊卖出版物，多不了解儿童文学，专务形式而失旨趣，有以致之。然物语在低级读物中，占主要部分，且便于使读者有自觉即得到常识与教训，实为文学上最大价值。反对者如反对内容，有怪诞太过、迷信太深，或危险性太甚，则不属于物语文体之本身，不专独对物语而发。若以物之拟人为妄，或所语者非物之本身应有的事实，则旧文学家诗文寄托，往往如此，群经诸子，亦多此例。如《诗经》《鸱鸮》篇全托鸟语，《硕鼠》篇全托于对鼠说话，《籊兮》篇全托于对树说话，孔子且不删之。其实寓言即物语变相之文学，不反对寓言而反对物语者，大率以儿童读物，辄为犹狗之语。不知此正儿童生活习见之状，试一观八九岁以下儿女嬉戏，可以恍然。

2. 反复故事——分平叠、演进、循环、递加四类，段落虽变化而词语多反复，其体例盖由诗歌重言与申言连珠之例蜕化而出，初无义旨可言，而儿童甚好之，为初步阅读唯一读物。式有十三，参考本部实验教育训练班讲义及开封教育实验区《改造国语课程方案》第二卷。

本以上旨趣，求进一步的读物，体要如下：

（一）短篇小说——此为纯文艺读物，系故事扩充体，稍有结构假想之迹，即童话进一步的读物，而进于艺术品质，视普通小说取材于广泛人生者有别。其不曰小说曰短篇小说者，非以篇幅长短为限也。盖其结构在产生单纯感想，以确定目的，提炼复杂事物，凡与目的无直接或间接关系之材料，悉予摈斥。每一段落，皆表现其动机。各句各语，皆互为发明，同以中枢思想为归宿。至文之长短，惟视以想象而连贯之事实，能表出其目的与否，故短篇小说有止于十余行者，亦有长至数十页者，安徒生童话之《幸运的木屐》《丑小鸭》，即其例也。

（二）实话——系切近实际之谈话，目的在传给常识，而体式与物语为近。主要关键，在用如何结构与如何方法，成为谈语。非谓止于用问答体记述，即易使读者体会已也。如安徒生之《孩子们的闲话》《一个母亲的故事》，即开此例。此在开始阅读常识记载，最适用之。由实谈体演进，读杂记体读物，自无困难。杂记不拘体格，或叙一种事物，或叙多种事物，分合可以从便。叙法有抽叙、综叙之别，抽叙者叙事物某部分或某方面，综叙者叙事物全体，皆以提炼事实、适合理解为要。姚鼐以杂记之体，大小事殊，取义各异，游记亦属杂记一类。

（三）史谈——故事体由形式方面演进为小说，由内容方面演进则为史谈。其异乎故事者，故事纯以儿童兴趣为出发点，将兴趣析为多方面，某一类教材，即适应某一方面的兴趣。史谈所取教材，其出发点必与现时代所共感觉之情事发生连属关系，以便适当时动机提供之或各自以当时兴趣而选读。一方面仍本传说的童话之意味，使对材料能激引情感。其体式为一实话之例，用谈话体为宜。亦有记述一事始末，分列题目，或者分篇各叙一事，叠订成册，与杂记同其形式，此则为较进一步的读物也。与史谈并列者尚有传记，故事以事为主，此则以人物为中心，由其所表出事实，能激发其心情与志气，认识时代次之。犹之《四库提要》不以形状为限之意，与姚氏传状类异趣。

（四）儿歌——此不限于造作，世俗流传有趣者亦宜酌采。在形式方面，每首语句不多，句亦不长，以六七句以内为最宜。如一歌数段，每段词语以多重叠或复现为宜。在内容方面，歌词意义必适于以一种手势或身势之单纯动作，随歌唱而表演，所表演情节，又与儿童生活相应。

此外，附及者有三：

（一）实用文——此当适应当时动机而学习，然可适应中级、高级作文能力与其应用需要，列举式例，就书信、笺帖、日记、报告等，分订专册，俾便参究。

（二）短篇散文——儿童进至能用文字发表时，亦需读短篇散文。选文不在多，而在叙事、写景、说理各种体式，各具若干篇，从两方面选辑，用活页订之。

1. 儿童作品——此在鼓励儿童自作，非在示范，宜记年级。坊间刻本，多非儿童自作，反不如教育书籍中附译者为适合。

2. 作家散文——此宜精选，亦可假定标准，从二年级起，分别选辑。每篇对于不易了解词语，宜在篇后附加注释，俾便自读。

（三）图表——此专备阅读中参考之用，分类编制。图分动物、植物、生理、天文、地理、全国名胜、花卉、农产、药材等，附以图说，其中动物亦可分鸟兽、虫鱼、家畜等；植物分①。表分历史、政治、生活等，提纲列表，附以表解。又自然、社会分类之通名、专名，亦可列表稍加注解，附载读物内。

第二，读物进程

由进程言，可分四个步骤：

第一步——取便于运用工具，进行开始阅读，兼培养其阅读兴趣。

此以反复故事为唯一读物，内容纯属想象生活，形式不在多插图，而以每段词语先后反复，无须多查生字。每册字数由百余字进至六七百字，字体头号，楷书。商务印书馆著编《文学读本》二、三、四、五册较适用。其余出版之图书故事可选用，但读者不多。参考开封教育实验区《改造小学国语课程方案》第三卷"阅读与兴趣反应"章。

第二步——开展运用工具进行阅读的能力，兼增进其阅读兴趣。

读物形式有二：

（一）短篇童话故事——间有插图，每篇字数百余字至四百字左右，可合数短篇订成一册，但篇数亦不可过多。故事每篇重自然程序，不重分段、词语反复，读故事亦不以凭借看图为主。如儿童书局陈、潘合编《儿童故事》，商务印书馆编甲乙种《故事读本》，近于此例，但是其中反复故事宜删去。新中国书局中级《文艺》有一部分可用，参考开封教育实验区《改造小学国语课程方案》第三卷"评价"章。

---

① 原文有脱文。

（二）连续图书故事——通常所称故事画，专作幼儿看本，在以图表出故事，间缀简单词语，非图文对照也。又坊间题名之连续图书故事纯用反复体，均不适于阅读之用。此当采旧时连环图体式，每册为一个故事，分若干段，每段图文对照。大东书局《小童话》六册为可用之本，最近董任坚编译《图书故事》亦适用。文用叶韵者，如中华书局《月妈妈》、大众书局《二个小宝宝》，亦可用。字数六百至二千字左右，字体与前者皆用头二号楷书。

第三步——开拓阅读能力，并发展其思考力。

宜于纯文艺外，参入小部分常识读物，二者分编小册，不相混合。文艺以故事为中心，大东书局译《看图讲故事》十册为最适宜的体例，新中国书局译《我的童话》亦多可用。常识以实话体属于浅近实物者为主，如北新书局中级《常识丛书》用实话体编者可用，《云》《雨》《风》其较佳者也。新中国书局中级《常识丛书》有若干册可用。大众书局《儿童训育丛书》亦可用。文艺读物字数可多至五千字，常识读物可多至二千字，字体三号，楷、宋从便。

第四步——从多方面充实阅读能力，作应用与发表的工具。

文艺读物于继续读故事外，进读由童话演进之小说，兼及短篇散文与实用文。此种小说，大体仍近于童话，即以儿童思想与生活为中心。如中华书局《我的书》《猛猩姐姐》，大东书局《故事丛书》，开明书店译《木偶奇遇记》等为较适用之本，儿童书局《小姑娘》《万里寻兄记》，则程度较高者始可读。延续常识读物于继续实话体读物外，进读史谈、杂记、传记之读物。史谈叙一事者，例如良友所译之《白纸黑字》汇订成册者，例如北新《小朋友史话》；杂记如儿童书局《半角丛书•自然故事》第二册，又单行本《人体旅行记》《法布尔科学故事》，良友译《室内旅行记》及《儿童自然科学丛书》，其表概状者，如新中国《热地人生活》，北新《儿童幸福丛书》《自然界的春》；传记例如儿童书局《发明家故事丛书》：皆为较适用之本。又中华书局《小学生丛书》亦本步骤常识可读之本。每册字数二千至万字以上，字体三号。惟此步骤所用时间较长，约一个学期至二个学期以上，当视篇幅长短与内容深浅，斟酌配置次序。

第三，常识要目与配置旨要

文艺与常识之读物配置，上已略举其要。惟常识内容颇繁，必须分别要目。兹综合部定初小常识课程标准作业要领，加以重组，以便分类，且稍有补充也。分列如下：

——自然教材要目

（一）自然现象——昼夜长短，寒暑变迁，空气，风、雨、雷、电、云、雾、霜、露、雪、雹、霞、虹、日、月蚀。

（二）自然景物（系随时令所表现之概状或其特征）——动物之生育换毛与蛰伏，草木之萌蘖与枯落，以及候鸟、鸣禽、鸣虫、候风、梅雨等。

（三）习见之生物——原野与水中的动植物繁殖，动植物之营养与自卫，家禽与家畜，益鸟与害虫，有毒动植物，动植物本体之部位，如动物之外壳、触角、翅鳞，植物之瓣、蕊、苞、芽。

（四）土地形势——山乡、水乡、平原之异状，地方山川之险要以及名胜及其利用,全国主要山水,地球水陆分布与寒温热三带。

(五)身体——人体与器官,疾病与伤寒,卫生与健康。

——社会教材要目

(一)区域分划——地方区划,政治分划(如城、镇、乡等),住址分划(如街巷等),设置分划(如城、寨、沟、堤等),行省区划,商埠,国防疆域,各强国领域。

(二)建置——古迹,官署,公共文化及娱乐机关,关隘。

(三)交通——道路桥梁,水陆空的干线与用具,邮电。

(四)政治——《建国大纲》,行政与自治,赋税,国防与兵役及武器,产业与货币,公共卫生与保安消防,宗教与风俗,禁毒。

(五)史事——纪念节日,革命大事,本国进化史谈,爱国与抗敌史谈,模范人物、乡贤、中外伟人、中外发明家,国耻,国际形势,本国民族演进,世界民族分布。

(六)生活

食类——农产,蔬菜与瓜果,调味与饮料。

衣类——原料,服装与附属物,缝纫与洗濯。

住类——材料部位(如庭院、园圃、墙壁等)。

用类——文具、教具与运动具,职工用具,农具,家具与寝具,装饰品与花草,燃料与光。

其他——畜牧与林,矿与渔盐,工商,灾害。

要目如上,进言其配置旨要:

(一)要目类别之运用,当注重者有二点:

1. 要目颇简略,编订教材,当记述其多方关系。属于生物者必及于习性、发育与功能，非生物者则及于品质、功用与制法或用法。其属于抽象或概状者，则以表出特点或说明意义为主。

2. 目各独立，多有相互作用，组织教材，或分或合，亦有变通。

（二）配置原则有三：其一由具体渐及于抽象，其二由浅近渐及于深远，其三由简单渐及于复杂。开始取具体而浅近且简单者，次取浅近或简单者，再次则为具体之较复杂或较深远者；至抽象宜在最后，如政法一类，即全属抽象者也。

（三）内容之表象，可分为表人、表物、表事、表概状四大类。初期读物，以表人、表物之具体与浅近者为主；次及于表事，以及表概状之较简单者；再次及于表人、表物、表事、表概状之较复杂或较深远者。

第四，编辑要则

（一）此种读物，便于儿童自读，段落须分明，记述须清晰，语句须流利，取授课制的教科书体，其开始阅读能力，约相当于普通初小二年级程度。

（二）编辑读物，须依照上所规定之体裁、进程、要目等种种方法，如课外读物之例，以分篇装订小册为主。

（三）开始阅读之读物，宜分段插图。进度愈高，图渐减少，然亦视内容而定。

（四）读物每篇之后，宜将难词、成语附加注释。

（五）读物册内不附练习题目，惟每册须另编学习指引，作儿童阅读、解答、练习各种工作之指导。式例参考本部实验教育训练班讲义及开封教育实验区《改造小学国语课程方案》第三卷。

（六）关于史地、政治等读物，适于初小儿童阅读者，极不多见，图表可供参考者尤缺，应特加注意。

（七）同类或同目之读物，宜依体裁与进程各编数册，俾便阅读者自由选择。

（八）过去读物缺点，应予矫正。兹撮要分列于下：

1. 童话及故事，多为译品，即为名著，而事实非本国所常见，与夫名词累赘，皆予儿童以不快之感。至于选择不当，译文晦涩，以及任意点窜、增删，每失原意。

2. 自编童话，除极少若干篇近于短篇小说外，大抵惟以荒唐取笑，离奇取悦，甚至杂取极恶劣之俗说。如某出版儿童读物，例言托为不避神怪，而各篇最上者不过《封神传》《西游记》之断片情节，刺谬百出，即号称作家者亦间不免。尤有一种通病，关于结构方面，多以得妻得财致贵显为结局，在外国因取古代传说而然，移译已为不合，改造之作如此，似与时代相远。关于情节方面，大抵属于盗掠、吃人、报仇、杀敌、虐待季女，少弟幼妹良善，国王、王子、公主的遭遇，如其材料非出固有，此种译本似不宜层现迭出。关于文字方面，往往茶曰咖啡，酒曰白兰地，席曰大餐，捕人曰巡捕，处处为上海居民之洋习，凡此极不宜掺入儿童读物者也。

3. 谈话体本适用于儿童读物，惟用此体者每取形式，而忽视用此体之旨趣。其一，在物语方面，不顾物的本身生活习性如何，专借物而发抒感想，使读者显然知能假托，不感兴味。其二，专借问答取便说明，非问答由结则而产生，且所问者亦非出于自然程序，使因此一问而说明便觉清醒，徒以问答敷衍成篇，殊无意味。其三，问答中间有野语，如混账、滚蛋、放屁等，此在话剧中因表现某种野态，不便废去，然儿童话剧则绝不可用。至于通常问答，本可不用，如《岳飞传》某作者亦尚知名，竟有非对降将，屡出此种野语，未免太不伦矣。

4. 中级以上作品，常有三种通病，为新文学家所屡犯。其一，不注重情节与结构，惟尚词句之浓妆艳抹。例如"坐在青草地上"，本甚简明，作者偏云"在又软和又平坦又新鲜像绿绒织成大幅毯子似的上面坐着"，如何隐晦累赘！其二，太注重文法，往往一句长至十余字，虽用字同于口语，而语句组成，非口语所习用，以致儿童读之颇不顺口。其三，袭西式语法。例如"虽然……"或"虽是……"必置于末句之类，与通常说话相反。

5. 读物的材料方面、语句方面、意义方面，颇嫌成人气味太重。尤其常识读物，记叙失之平实，不用艺术描写，干燥寡味。训育材料，不从结构注意，使于过程中自然流露其教训意味，惟以直叙与肯定抽象语为训，不留玩味余地。

合科教学法[*]

一、以国语、常识合科表现的学习经济

这里对于合科的意义，要郑重声明几句话：合科和综合教学不是完全同一意义，综合教学是出发于学习程序，合科是出发于科目本身的关系。所以合科不一定要全部课程混合，才算合科。然而合科也和联络教材不同，联络教材是性质接近的估计，凡合并的科目，可以互为主从的。合并是基础统一，可以互为因果，而不是迭为宾主。

合科意义既明，才可说到国语、常识合科的价值。

（一）根据过去的教学经验

分科教学，惟国语、常识两科，浪费时间太大。因为文字表出的观念，必由常识取得；常识含有时间或空间的成分，又多要在记载上去找，而且心得也要用文字来整理。这样互相联系的课程，分离学习，当然两失。但是设计或综合教学，因为求多种科目混合，往往有不自然的

---

[*] 原载《教与学》月刊第3卷第8期，1938年10月。

学习，或需节外生枝的补充练习，易于丧失科目的固有价值。并且一般教师，不尽兼长技能科目的教学，如果综合教学要借助其他专科教师，就不易配置适宜时间。若是徒为形式上结合，又不免减少学习效率了。

（二）体验自然学习的分野

人类的知能学习，确有两条主干线：其一，不限于文字介绍，且无须用文字练习，如技能科是。其二，必由文字介绍，且用文字加以练习，如国语、常识两科是。算术命题练习，也稍稍合了这样成分在内。常识包含自然、社会，凡他科目含有常识成分者都属这类。

（三）两科目结合自然成为课程中心

这不仅是占课程时间最多，作业成绩便于考核，实以任何科目构成具体教材，从原料言，无一不取资于自然和社会；从所得知能言，无一不借助于国语工具。所以这两科目在基本学习中占主要地位，亦惟两相结合，而后知识和工具确立统一的基础。其他科目，依教师便利，进一步可以任其在中心课程下，循自然而结合，不然就各保存它的独立价值，这是合科最易见效而且最可靠的教学。不过这种合科，是要从学习上求途径，不是教材合一。所以合科教学法的初步学习，在从知识方面取得工具，进一步便不能永久停滞在知觉领域，即当由已习得的工具来求知识，并培养运用工具的能力。

二、以分三步骤立学习经济的基础

（一）目标

谈学习经济，必要从国民教育整个基础上着想，才是正当目标。现今推广教育，暴露了两个大缺憾：其一，不问简易或短期小学，总以念完若干书本了事。书本所含材料，应有尽有，并且同样作文、写字。至于应用达到如何限度，毫无标准可言。甚至期限更短的民众学校，也复如此。像这样教法，学生人数虽多，恐是有名无实。其二，初等教育分许多学校种类，给予行政上不少困难。并且学校和社会都把简易和短期小学看得很轻；教师和学生，彼此更相歧视。这种现象值得注意。要消弭以上两大缺憾，只有从教学进行步骤上打算才是。合科教学法就是针对这点，加以努力。兹揭出所企图的目标如下：

（1）第一个目标是使修业年限不同的，同在一起学习，彼此不相牵制。这年限，学校是并不划分的，不过也有一点限制，就是修业年限必满二年，年长的万不得已，也须一年。至于二年以上延长至六年，皆可循同一轨道前进。这并不是说正则和短期两种小学，一定要混合，而是事实上必得混合，庶不致因课程各别，发生困难。

（2）第二个目标是使儿童年龄和智力参差的，同在一起学习，各得到适度的发展。这里也有一点限制，就是开始入学的儿童，必须专编一级，一齐教学。这专编一级的儿童，如果大多数都在八九岁以下，自然尽量充实准备。这少数年长儿童，可在第二学期中稍稍增加时间，另行调整，使他们早一点进到自学领域。如果大多数都在八九岁以上，少数年幼儿童，当使他们迟一年入学，以便活动教材，专求适合年长儿童的需要。

（二）步骤分划

教学的新生命，在如何引导儿童进到自学领域。不过过去所行的自学辅导方式，是站在班级教学立场，而且以使用教科书为根据的，当然不会有很大的效果。为要贯彻上述的两个目标，便要加以根本改造。兹就步骤分划，说明要旨。

（1）第一步骤是自学初步——习惯和工具的准备。

甲、习惯。这固然是随着教学进程而培养的，不过初步习惯，是建设许多习惯的基础。始基不正，影响极大，这是教学的基本问题。

乙、工具。这在初步学习中有两个必须注意的条件。

A. 要使符号所表出的观念，从认识中了解。这是初识文字的唯一关键，文字的实质来源便在这里，也是文字和知识两种教材的相互关系。旧时教法先识符号，后讲意义，实在根本错误，所以学习极不经济。

B. 要使对于符号的各个形体，具有一种轮廓的认识。这纯属符号本身问题。所谓各个形体，并非每字的形体，而是以数月期间，从种种不同的字，得到种种不同印象，自然可以类化。因为儿童往往能诵全文而不尽识字，所以主张国音符号，不在入学之始教学，而在第一学期末进行。如果开始就由拼读识字，便易养成上说的弊病，而且开始使用两种符号，亦易混淆观念。

在这个步骤里，不论儿童年龄如何，必须经过一个学期，然后字的分析、字的书写才觉便利，这是学习中国文字的必然步骤，也是学习经济的原因。

（2）第二步骤是培养自学工具的能力——这是由识字过渡于读书的工作。旨趣有二，是相反而相成的。

甲、不要开始读教科书体的课文，而以从活动中多识词汇、语汇作准备。这种方法德可乐利已经多次实验，证明可以经济时间一年。在拼音字读法犹且如此，中国文字的学习自更适用了。不过自学准备期间必须更长，才能达到我们的企图。

乙、要使儿童进到读书即能自学。一定有人说，开始数周学会国音符号，不是就可自行拼读吗？要知道这里所谓自学，是包含习惯、知识、工具三个因素，三者缺一，是不够自学的。即以工具论，中国文字有形、声、义三方面。由注音识字，只属于音读方面，形、义便不能理会了。所以要进到读书即能自学，须先在培养自学工具的能力。

这自学工具，包括音符、标符、检字、作写等基本练习，约需一学期。所谓基本练习，就是字能照写，文能缀句，音符能拼读，标符能解用法，检字能辨识大部分部首。至于运用自学工具，完成一切功用，还要靠阅读一步一步推进的。

（3）第三步骤是完成自学功用。

甲、既已进到自学步骤，无论儿童的年龄、程度、智力如何参差，都不增加教学上的困难。

乙、由自学程式进行，儿童必须运用工具以求知；又须发表所已知的，使运用工具的能力随而增进。这种连环式统一知识和工具的学习，效率当然较大。附随的作写机会，在自然情境下数倍于普通教学，能力自亦增进。

丙、儿童可以各为适度的发展，则阅读数量较之用教科书授读，聪明的不止数倍，迟钝的也要超过。

丁、这步骤伸缩性极大，正则小学可以延展至高小毕业，二年制的短期小学，除常识未能修完初小课程标准外，正式阅读数量比得上用教科书的四年初小。工具的应用可以进到无师自修的地步。就是作写能力，也比较授课式的三年级强。

戊、可以减少单级分组的配置。譬如一班四个年级，单级须分四组，这里只分两组。因为一、二两个步骤，是一年级前后两期，循序而进，当占一组；自学合种种复杂程度，自成一组。授课每节四十五分，每日抽三节，每节三十分钟教前一组，十五分钟指导自学组，又专时指导两节，技能科合组一节。如果没有一年级，根本即不需分组。这样教学，教师不增加烦劳，单级教学的种种困难，也不会发生。

三、学习经济的单元活动

（一）活动意义

这里所谓单元，专指在开始一个学年时，为达到前两个步骤的企图，在不用教科书授读下，对于基本的知识和工具，得到一个小小的结束。虽然名称和设计法的单元相同，但是组织和程序，不尽相同。单元只是教材所占领域，具有一定范围，且受一个中心观念的控制，并不一定要依设计式的组织，才能成立活动的。

（二）单元出发的领域

本直观教学的原则，要在开始一学年间，使儿童取得基本的知识和工具。一切教材，必由环境所接触的事物为出发点。于是依据环境的自然和社会，分划四大领域，即我的学校、我的身体、我的家庭、我的乡土是。凡有关国家和世界的教材，为儿童所能了解的，就连类而及。因此空间及于四周，时间及于四季，分则各自独立，合则自成为完整的系统。在国民需要范围以内，由环境调查所得的教材，就可建立一个初步基础。所以构成单元，是循一定场所，体验生活，寻求事物，不限于解决某个问题。因为场所指定后，当然有一个中心观念，同时旁边的反应也可摄入在内，这在初年级开始学习，是比较适宜的，而且还有两个优点：

（1）由体验生活而了解何者为生活，不论年龄和智力如何，各自反应不同，不相妨碍。而且由观察所得，各自发表，交换知识，莫不有话可说，最便于初步的说话练习。

（2）因为摄入旁边的反应，对于词汇、语汇的观念，可以大量增加。

（三）教学过程

由具体活动求自然程序，力矫从前阶段式、设计式陷入形式的弊病。在观念视觉的途径上，分为两段进程。

（1）第一段进程取得常识。儿童没有活动，就不能取得知识，依这观察、联想、整理的自然程序，可以得到一个结束。

（2）第二段进程练习文字。儿童未从所得知识构成观念，就不得抽习文字。申言之，儿童一经认识文字，便会观念再生，用不着讲解意义，这是观念视觉的独有创见，也是文字学习经济的根源，尤其是初认中国文字必须如此。还有一个重要问题要附带说明的，就是常用字和生字排列的先后。前者因环境不同就多变动，这里教材全出发于环境，当然系当地生活必需认识的文字；后者因教材配置和学习环境的关系，也不易固定，这里所认文字，系从当前已得观念中抽出来的，当然没有一点阻碍。教师在可能范围里，能够与其他科目混合。如唱游，就在前段预备练习时先作练习，以便进行活动中应用。如工作，就在前段已结束时进行，增进后段练习文字的观念。至于数的观念和数数，要尽量在两段活动中应用。

（四）练习段的词语和句子

第一步骤为词语，以用实物或图画或操作表现具体观念为主。第二步骤为语句，以注意字的用法和主要事物的表象为主。皆需各自独立，不取语句连属成文。虽然也重组织，只是用中心观念来支配，使教材和单元本体相应罢了。有时旁边反应的词语，也得插入。这是以观念视觉为出发点，便于各个语句分开练习，仍具有独立观念，和旧时用课文授读，偏重听觉记忆者不同。

在偏重听觉记忆的读法下，课文语句组织必须相属成文，便于理解；或者每句叶韵，便于唱诵。其实后者兼含有前者成分在内。要知道语句相属的课文，在读法上唯一益处，只是辅助理解意义和连续诵习，并不能辅助认识符号，这个问题和学习经济的关系太大，兹再加说明。

（1）从过程上研究：

甲、在提授中，词语或句子系由当前活动已得观念抽出来的，这个观念很真切，用不相属成文的联念来辅助理解。

乙、在练习中，各个词语或句子，自以分开练习为便，不应当每一练习即读全文。这时候相属成文以辅助理解或补习的益处，完全无用。并且非独立语句，没有完整观念，便变成无意义的练习。尤其第二步骤不便每句变换形式，使由练习得到进一层的理解。

（2）此外的功用：

甲、各个语句独立，可以多含词汇和字汇的用法，增加文字学习的数量。旧时每课若干生字，是没有正确标准的。而且生字含在课文以内，每课学习的难度，就不是单纯的生字多寡的问题。

乙、便于临时增损变更，以求适合儿童口味，不受上下文牵制。

丙、便于各个儿童为适度的学习，就是资质迟钝的，偶有一二语句不甚熟习，也不妨碍学习进程。

丁、便于教师选取当前活动教材，自编或共作语句。

戊、可以用种种形式不同和意味各别的语句，得到多方兴味。

在习惯了课文授读的教师，或者要觉得不相连属的单词、单语、单句，没有文艺性。其实儿童初学说话，都是由单词、单语，渐渐进于单句的。研究儿童文学，还要从单词、单语、单句起，才了解什么是儿童言语。仅仅相属成文或者叶韵，并不算具备文艺性的条件。由初学说话的情境，用作初识文字的进程，在学习心理上，比读课文还站得住些。

（五）文字练习的活动程式

（1）要从分明进程中使教学两方面，都在当时得到证验。这在具备形、声、义三方面的中国文字，是不当用拼音方式来学的。这里分形、声、义三个因素，每个进程以一个因素为集注目标；每进一程，递加一个因素，和前面练习相结合。那么反复练习，含有新学习的成分在内，资质聪明的非经过若干进程，不能全会；迟钝的因为和前面练习相结合，也可渐渐达到熟习地步。

甲、第一步，由新观念识新符号。因为字的意义，是从知识或操作表出观念而产生的。了解字所代表的意义，然后对于形的认识、音的诵读，具有一个观念。在这里授音读，只需一二遍，过多就妨碍以下分步练习进程。

乙、第二步，以认识字形确立记忆基础。这是矫正旧时盲读的流弊，所以在字形的练习中，不要音读。

丙、第三步，对准字形而读音。经过以上练习，一经学会音读，便不致再有误认情事。这步练习，开始时必须注重授读。

丁、第四步，进一层的理解。这是第二步骤加入的工作，因为自学工具，要容纳在文字练习进程里面，所以在试习中最后步骤，变换原来语句作练习，并使了解字的用法。在复习中单字分析，就是附随取得自学工具的准备。

（2）借教具辅助，使个别练习能适度反复练习并多变化。这教具很简易，却是扩大并改进了闪烁片的用法和范围，效用很大。现在略举数点：

甲、儿童完全用动作来学习，正学习和附学习是结合一致的。就是一切活动，建筑在训教合一上面。

乙、在四十人一班中，除共同活动外，每节每人必有三四次个别学习。

丙、进行任何一种练习，在同时间内，旧教法只容一人活动，这里必有全班四分之一或五分之一作活动准备。

丁、在练习初步，能从部分学习中，对全部有相当的认识。

戊、每个单元从开始到终止，皆由不同方式进行，前后单元也不全用同一方式，并且每节必换数个方式。教室里动作不停，时时充满了紧张精神。

己、调节活动，这在一、二步骤都有两个情境适用调节。

文字练习段内，当儿童疲乏或不安静时候，以及教师整理用具时候，命儿童唱演熟习的歌词，这是和正学习的本身无关的。

每进行三四单元活动后，做一个等于单元的调节活动。其一，读儿歌，是培养想象力的；其一，读故事画，是培养思考力的。这两种活动程序，未进到文字练习，旨趣同于取得常识，但方式各不相同。

四、学习经济的自由阅读

（一）程序

因为自由阅读是道尔顿制所用的名词，教室作业也像道尔顿制的形式，所以谈到自由阅读，便有人怀疑到仅仅经过一学年的准备，尤其是在正则学校内刚进八岁的儿童，如何有自由阅读的能力。其实这里的自由阅读，系循自学辅导主义的步骤前进的。不过不用自学辅导方式，而以培养运用自学工具的能力为手段。这种能力的培养，固然在第二步骤中作准备，实则延展到第三步骤第一、第二两阅读阶段以内。因为必须进到阅读领域，才有正式练习应用自学工具的机会。

在怀疑儿童阅读能力不足的先生们，最注重的是作文、写字，合科教学法又何尝不同样注意？关于写字一项，创制有两种基本练习。因为中国文字难写，尤其是年龄太幼的儿童，细筋肉尚未发达，更不耐用毛笔书写，所以对于字的书写，和识字一样，分为若干因素。各选定基本字，特定时间练习，一步一步地来进行。从第二步骤学期开始，用铅笔习笔顺基本字；第二步骤学期中间，用毛笔习笔画基本字；以后特定时间范写和速写，一直进到第三步骤各个学期。这两种基本练习未完成前，不给遽作附随练习。这样不浪费一点时间，比普通教学写字实在严谨得多。关于作文一项，以附随练习为基本工作，从表现儿童的心得而自由发表。因为为作文而练习作文，效率是很低的。所以第二步骤附于单元活动，提示语句并采其作法，试习中有找答案的练习，复习中有排句和缀写的练习，在读儿歌时还有标符应用的练习。第三步骤附于阅读，有摘记、解答、附带作案等种种练习。至于说话练习，第二步骤在使常识中观察、联想、整理，都有各别适度发展的机会；第三步骤阅读过程就是表述，公开表述，每人每两周轮值一次。

现在再就阅读工作的程序分别说明：

（1）在读物配置方面，分两个阶段：第一阶段读反复故事，参入绘图的连续故事。开始读的篇幅，和普遍二年级读本差不多，不过普通教法是授读，这里是自读。第二阶段读浅近文艺读物，生字虽没有反复故事配得均匀，但是情节具有自然程序，是很容易读的。如果全班都是年幼的儿童，尽可增加这两段读物，延展到一学期以上。那么资质迟钝的儿童也可读到三十多本小册，一年半以上的识字数量，合共当有两千字，还怕自由阅读的能力不够吗？

（2）在儿童笔记工作配置方面，是依着学习指引进行的。第一、第二阶段中命题形式，用单元活动找答案的例子；命题次序，本启发式问答旨趣，次第启示，由自读来了解内容。所以解答很简易，且有线索，作写都不很难。只要教者在前两步骤里，完全依照方案教学，进到阅读时候，稍稍调整，断没有不会的。即可摘记，从第二阶段开始，就是顾及年龄较小的儿童，然而这也不阻碍有能力的儿童前进。进到第三阶段以后阅读时，命题解答工作，还要按能力进步情形，用循序渐进的程式进行。

（3）在指导方面，共同的直接指导，有介绍、示范、讲解、讨论等，个别的直接指导，有答问、订正等，都有详细规定。如果正则小学教师，不易放弃传统观念，尽可在示范时多授几篇选文；或是讲解方面，多做一点共同教学的工作。如果教师能力充实，又富于新教育的研究，亦可用设计式或多方兴味中心法，增加单元活动，但是这些都不可超过自由阅读时间三分之一。不然，前者就易回复到授读教科书的旧路，后者就易流入从前的形式设计，这是不可不预防的。

（二）效用

（1）读物。完全选用坊间出版的儿童读物，二十四年以前出版的一千余种，选定了二三百册；二十四年以后出版的，随时陆续选定。选用的标准，文艺读物依据国语课程标准附件一分类，常识读物依据常识课程标准作业要项分类。再依制定分段程序排列次第。阅读限度，由多次实验结果而定。在规定范围以内，儿童依照进程，随意选读。这些读物的内容，诚不免有未尽妥善处；但是大体上叙次详明，多少带一点艺术意味，儿童颇喜阅读。因为各种教科书课文，只知力求形式匀整，选取的材料往往剪裁得不成样子，自编的更是率尔操觚，太缺乏文艺价值了。就是全部常识，虽还未充分完成标准，然而比任何常识教科书的内容，已较完备。

（2）学习指引。这是启示儿童自学，并减少教者直接指导的一件重要工具。每本读物都附一张指引片，内容比道尔顿制工作纲要周密得多。测验片即从指引片产生出来。

（3）学习过程。分阅读步骤为三个进程，一步一步地进行，前一步即为后一步的准备。每个进程都表现一种具体工作，便于证验，这也是控制自由阅读的一个有效方法。这里附带要说明的，就是在前两步骤，儿童不过识一千二百个生字，其余的生字，可在这过程第一步阅读记录检查出来。每周就生字和熟字同音和不同声的，以及形似和义近的，用小黑板揭示出来，并加练习；每学期终了，查应该加习的字，作补充练习。

（4）记载。最重要的是阅读反应记载，规定详密事项，教师和学生各填出作业中所发现的情事，不过学生填的是心得，教师填的是评判。这种记载，对于教学改进是很有关系的。作业室记载亦很重要，据此作为每周、每月比较统计，很可以鼓励儿童各自努力，并检查已读、未读的书和应该达到的目标对照。

（三）补充活动

因为知识教材，有些不是凭书本可以取得的，所以在自由阅读外，加入补充活动。这补充教材，约有四类：

（1）适应纪念节日的活动，增进必须了解的史事；并且前两步骤所未作的纪念单元，也要继续分期完成。

（2）本地特殊事物，必须深加体验和研究，才能加强爱护乡土的观念，而且适应生活上的需要。

（3）从当时新闻所引起注意事件，便对日前大事都能了解。

（4）试验作业，就作业要项含有理科成分的，分类归纳，每类给以一次共同试验，便儿童经过试验得以理解。

因此，补充活动是要分配单元来学的。不过这里单元活动，不适用前两步骤的活动程式，仅可采用设计式，或是多方兴味中心法，但也不是每个单元都要用这样方式。只是目的同于设计，程式必须活用。譬如（3）就可利用报纸作剪裁和编辑的工作，或者径用讲述。如（4）用普通教学的理科试验方式，但不作零星试验，而是定期分类试验。

在适用设计式或多方兴味中心法的活动单元时，每个单元都要命题作文，使儿童尽量用文字发表。因为这种不常有的活动，给予各个儿童发表的动机和材料，是太好了。

五、结尾说明

这里应说明的有几个要点：

（一）合科教学法是因为感到普通教学、单级教学、分团教学、自学辅导式教学、设计式、道尔顿制等实施的困难和缺陷，以及打破科目、打破年级、适应生活、训教合一等问题，想求一个简而易行的总解决。这在实验中已找到分明而且有实效的途径。

（二）过去教学法中好的进步的程式，或者教育理论和学习心理上好的进步的原理原则，以及教育书籍介绍的各种好的进步的提授和练习方法，凡是能贯彻自学企图，而不是资产社会才得实施的方式，一一尽量收纳于合科教学法，设法配合，构成一个新系统。华虚朋称赞德可乐利教法，能够把近代进步的教育方法中许多良好的要素，连合在一起，并可使已有的教法和教材得以改进。合科教学法的建设，颇有这样企图。

（三）合科教学法有许多理论和方式，不同于其他教学法，甚至相反。这不同和相反，是经过多种试验比较得来的，不是故作新奇，或翻花样。

（四）合科教学法的程序和方式，比任何教学法分明而且详密。诚然方法需要活用，不过必须在一定条件下，才得增损或变更，是不可随意去取，或用传统观念来判别的。不然，就会抹煞原来的精神。

（五）合科教学法的内容，当然有些还未完成，有些尚待改进。不过未完成的部分，要看站在什么立场来说，因为有些事情，不是合科教学法本身一定要做的。改进也是永远没有止境的。

（六）合科教学法对于通常认为极重要的事件，如常用字、文法、尺度或标准测验等，虽不多费工夫去做，但并非漠视这些工具，只是制定这类工具难得大家满意。就是现有不大完好的作品工具，也有相当用处，但是用处只是参考，并非没有这些工具，合科教学法就不能进行，或者进行就得不到可靠性。

（七）合科教学法在整个课程上，是不用等组试验来比较的，因为内容太复杂，没法控制因子。只可在适当时期内，找普通学校超过一二个学期的可靠成绩来作比较，或者令儿童试读各种教科书，考查能力究竟达到如何普通限度。不过在较短期限里，凡是因子可以控制的小问题，都可用等组来试验。

（八）实验课程止于国语、常识合科，工作诚未完全。不过一种工作要彻底实验，一点一滴都要顾到，而非简率从事、单凭空想、好高骛远可以成功的。我们所以集全力先干这点工作，其原因在此。

卡片教学与三个研讨问题[*]

本文系就所提出的三个研讨问题，逐题解答，借以说明卡片教学的概要。

现在先说明本法命名的缘由。开封教育实验区为了本国产业和文化落后，想在基础教育上找出一条学习经济的途径，以较短期间达到最有效的结果。因此对于小学全部课程，特别注重工具培养，国语和常识如何学习，遂成了集中研究的路线。尤其中国文字特别，以及文字所表出的观念又和常识不可分离，在开始学习应如何建立基础，实为唯一关键。经多方实验，开始学习，必从具体活动中已得知识的观念，抽习词语；进至文字练习，用教具补助活动，学习才能经济；到了工具已有相当基础，就要变换程式，运用工具来求知识。凡是由读书可得到的知能，必须把儿童完全放在自学领域内，而后可得到真正的自学能力。就是运用工具，也须从应用中来熟练、来增进。依此一步一步地推进，本法遂以确立。

---

[*] 原载《教育通讯》第2卷第5、6期，1939年1月28日、2月4日。

本法确立后，并未立何名称，有依所在学校称名，有依创作人称名，亦有依课程表分配称名，如称为合科教学法是。此次教部设小学实验教育训练班，命名卡片识字教学法，因为本法在单元活动中，有字牌、字片、口令片、拼字牌等用具；在自由阅读中有学习指引片、测验片等用具，此外还有种种练习片作特别练习。这些近似卡片的用具，固然是本法的特点，但是本法所以表出效率，不完全在此。

卡片教学和《教与学》月刊所介绍的《合科教学法》[①] 名异实同。已介绍者不复述，惟以解答所提出的三个研讨问题为主要说明。原文结尾说明内，曾经声明："合科教学法有许多理论和方式，不同于其他教学法，甚至相反。这不同和相反，是经过多种试验比较得来的。"所以不同和相反，先要有一个根本的认识：

（一）中国文字和拼音字构造不同，专就外国输入的国语教学程式来衡量读法、写法、缀法，总不免有些隔阂的。

（二）语文教学，文字本身固然要紧，如果离开了课程整体或者活动全程，专从本身来谈实质和形式，或者求读法心理，应用到实际教学的复合情境上，不见得就成为唯一原则的。

以下研讨，都是注意到这两点来说。因为科学化的表出，很容易被零碎的形式的程式，以及抽象理论和传统见解所淆惑的。现在为研讨方便起见，把原来散列问题重组顺序。这样排列，前一个问题说明了，后一个问题便省却许多语言。

---

① 见本书第369—384页《合科教学法》。

第一研讨问题——文字练习从义到形,最后到音,和语文学习原则义音结合后认形不同。

这个原则恐怕是教科书授课式下形成的惯例,不一定是语文教学程序的原理,而且是中国小学教学上的传统惯例。通常用课文授读,进行练习,从文中找句子,再从句中找词语,更从词语中找字,这不外心理学从全体求分析的原则,就是分析文字形式,先要有一个具体概念来帮助理解。这原理是对的,不过应用到低级的读课文,纯是教科书授课式下产生的结果。至于谈到形、声、义,只是单字分析,而且惟有中国字,才必如此分析。所以研讨这个问题,先要认清以下事实:

(一)音义以外,还有认形,这问题就不是学语而是识字,专研究语言学者解决不了这个问题。

(二)中国字形,不像拼音字那样简单,专凭外国的国语教学原则解决不了这个问题。

(三)现在所研讨的,是基本单元所用,专在第一学年进行的,不便用广泛的读法理论来研讨。

现在研讨语文教学,何以从义开始?廉方合科教学法关于文字练习的步骤只是一步一步地推进,每步都是同样语句,分步各有专注。不是通常国语教学,专就单字的形、声、义作孤立的分析,而是以观念视觉为原则,在授读时候,只是观念再生,不用讲解意义。这意义是在文字练习进程前取得常识中,由儿童活动得来的。就是俄理威(Olivier)所谓不懂的不要叫儿童读的缘由,懂了才读,有何意义还要解释。因为所读的不是不懂的语言，而是不识的字，要用读来熟习。就是不识的读到能识，不是把不懂的读到能懂。要不识能够识，已经不是单靠读了。假使字的发音，必须加以练习，这纯属音素问题，和意义无关，并不因结合义来读，有什么帮助。

试体察幼儿学语情境来说，他所以会喊爹爹、妈妈，是先从种种情境里认识了爹爹、妈妈，所以到能说话时候，一经告诉他怎样称呼，他就立刻这样称呼。其他语言，也都从活动中自然熟习的。因为意义附在事物本身和实在活动中，必须凭视觉来领受的。初学语既如此，为什么初识字，一定要用教科书课文授读，专靠听觉来结合义、音呢？

就应用心理学从全体求分析原则来说，既是单元活动，在活动中取得概念，所得都是真实的、具体的、整个的。再从已得概念中，抽取语句来习文字，用不着从课文上先求概念。这和心理原则并不相反，而且可避免要靠语句连续来求意义所发生的枝节练习。至于说到义、音结合，也不像教科书授课式一定要从读课文来结合的。因为文字练习中的语句，系取得常识中活动所有的概念，当时虽然也发出音来，但不是读的练习，而是活动的自然表出，纯是求知识所表出的观念。

从义开始，不是一种分析见解，而是所习文字，从取得常识的活动已构成的观念抽出来的，这个理由业已说明，那么先对字形加练习，然后练习音读的缘故，可以接连来说了。

（一）因为过去教学，有几种事实值得注意

1. 是儿童对课文已经能读能讲，但是离开课本，还有许多字不能尽识。

2. 儿童读的时候，只是循声来读，并不一定注视文字。读得对不对，他自己是无从证验的。

3. 要儿童对准书来读，除非用手指点着读，这样一字一字地读，不是正当的读法。

4. 结合音义来认形，假使不加书写练习，是不会巩固记忆的。这就发生以下问题：

其一，细筋肉没有发达，写字太早，有碍生理。其二，开始接触文字，就要依课本生字，每个一笔一笔地照写，很感苦痛。其三，每课至少有五六个生字，每字须连写五六遍，且须分布二次以上，才能巩固记忆。这样书写，费时很多，就要减少读的数量，这对于能早自读就有阻碍。

（二）字的认识程式

初级读法，重在识字，有字才可以读。字是有形体的，音和义附在字上，三者本是不可分离的。所以要加分析，为的是练习得熟。不看着字，就没有读的，不读就没有体验的意义，这是一种自然程式，为什么要颠倒来结合呢？过去用教科书授课，惟教而后有学。教又是专凭听觉记忆来收效，只有音可教读，义可教讲。谈教学法者在西洋的国语读法中，找不着认形的方式，于是读、讲就成了国语学习的唯一教法。虽然有在提示后说到部首和形似等，好像是专作形的分析，这只是过程深究比较中可有可无的工作，和认识不发生密切关系。中国字具有形、声、义三种作用，缺一注意就不算认识。其实教读、教讲的时候，注意的儿童，看着书来听，已经有认形的意识了。不过初学时字尚未识，如何能看？说到看着书来听，必是已能自看，或者凭着指示来看才行，这已是认形在先了。欧美近来读法，多有每课提取新的词语，用闪烁片作练习，确是含有认形的作用，但是只能用在复习中。因为要结合义、音来练习的，这就发生两个问题：其一，学校无力在课本外另制一套片子，只凭课本复习，太少变化（固然可照本法用字牌，但未有）。其二，有了闪烁片，对于开始教读、教讲，还是要用别法使儿童对着字看。所以认字开始，是从形来读音；读后复习，是从读音来认形。总之，形可结合义、音来认，没有义、音结合然后认形的道理。

本法所以先对形、后读音，不仅是读法程序当然如此，还有重要原因，而且先后还有错综。

（一）本法练习文字，在认识时，没有义的讲解，只有形和音的集注。音是要附在形上来读，读才有着落，才能自证，才能知道是否确已认识，不致浪费时间。到了读得不误，字就没有不识的了。

（二）本法不用课本授读，开始认识就用字牌进行活动，在视觉里进行的不仅是方式多变化，且不容有没着落的盲读。要为读减少错误，说明记忆，且容易自己改正，不从对形入手，就不能达到企图。

（三）本法提授语句，必分别循读一二遍，次由对到读，以后尚有种种复习进程。对的进程，只是认识的第一个步骤，并不是分析研究，也不是专靠这个进程，把形要记忆到牢固的地位，而是作对着字来读音的预备。这个对的方式，是用字牌来找同样语句的眉标或揭示，只凭视觉就找得到的。假使不先作对的练习，试问结合义、音来读什么？所以要先对后读，分作两个步骤，理由如下：

1. 注意必有专属，既要对字来读，字又是未曾认过的，那么同时就要有两个新的同等注意，这是学习心理所不容许的。先对，那么儿童专注在形的辨认上面。后读，虽是结合形来读，但是形已经认过的，读就成了专注的唯一目标。由视觉进到听觉，而且必视而后知道所听的是什么，这是当然的次第。

2. 练习进程，必须每进一步逐渐加一点难度，然后可使一般儿童不断地努力，而且进程可在一节以内时间分划，聪明的虽能早熟，因为进程分划各有难度，就不致久闲无事，发生厌倦。对形只是凭视觉寻找，不像音读要凭听觉记忆，先易后难，先具体后抽象，这也是分配难度的当然次序。

中国字各个独立，是部首、音系两体合成的，独体字极少，部首、音系又各有一定的统摄，轮廓是很分明的。对时不要加以分析，只要从大体上得到一点轮廓的辨认，在学习上是很有效率的，所以在音读前特设这个进程。

现在还要声明的有两点：

（一）取得常识过程，对于构成观念，如果活动无兴趣，或者不充分，那么在文字练习过程中，不讲意义，就发生问题。反过来说，活动中取得观念分明，练习时不讲意义，处处都有观念再生，是极经济的学习。

（二）提授语句，循读不可在二遍以上。教学要诀，是要一步一步地推进，前一步可作后一步的预备，后一步又可兼复习前一步所学的。每步各有集注要点，所集注的只是要他认得清楚，知得确实，不是每步都达到熟习地步，熟习是最后步骤完成的。如果每步做得过分，不惟占时太久，而且妨碍依次推进地学习，减少兴趣。提授时所以必须循读，是要儿童知道所授的是什么，不得不读，并不是正式教读，正式教读要在读的练习开始。在提授时循读遍数太多，到了对的进程，就有些读出音来，忽略形的注视。读得不准，当时又不便矫正，这是很有影响的。仅仅循读一二遍，聪明的还是不能自读，就可循序而进了。

第二研讨问题——提授时各个语句独立不相连贯，与近代语言学家如叶司潘逊等主张课文语句必须意义连续相反。

研讨这个问题，当从问题中分成若干问题来说：

（一）儿童语文课程，是否一定要孤立学习；

（二）语文教学是否一定要用授课式；

（三）儿童是否入学开始就要读书；

（四）识字是否一定要从读书中来学习。

这里要郑重声明的，课文语句要意义连续，是当然的。只是初学年是否一定要读课文，这主张就有研讨必要。

谈到（一）的问题，语文符号所代表的意义是什么？当然属于事物方面。事物从哪里来了？当然属于自然、社会方面。不认识事物本身，能从文字本身了解意义吗？不能。既然如此，儿童要了解事物本身，就应该到自然、社会的环境里去，那么学习语文，也应该在这里找词汇、语汇了。勿论根据怎样的中心观念，在广大场所上，事物总是纷然杂陈。综上所说，初学年的语文课程，就不当以孤立学习来编制。如果要取得多方面的词汇、语汇，必限定语句意义连续，编成课文来读，那是不可能的，而且不是应该的。

谈到（二）的问题，要知道这所谈的是国语。儿童到入学时候，不是有话不能说，而是不识所说的作何字，写成文，或者说得有些不大合适。这些工作，都是要由自己活动产生的，而且要自己练习的。教者必须适应当前活动，随时随地取材来启示儿童，那么授课式就不是适宜的教法，也就不一定要用课文来教，还讲什么语句意义连续不连续呢！

谈到（三）的问题，读书是必有的工作，只是入学开始，是否就要读书，却成问题。因为书要靠讲解而后能读，是不感兴趣的。字如不识，就需授读，授读就每课不能有多的生字，那么课文就发生问题，长了生字太多，短了情节无味。国语读本所以没法编好，和用读本授课，学习数量总是不大，就是这个缘故。所以德可乐利用观念视觉法，做初学年语文学习的依据，逐渐进到读书，据所实验，能够经济时间一年，确是近代教育的读法大发现。这样看来，儿童初步语文课程，用课文来读，根本就有疑问。即论课文，不注重教材的情节和结构，只在形式方面，讲究语句意义连续，在进步教育的立场来研讨，似乎没有多大价值。有些国语读本在第一册开始，编印几个故事画，内列简单标题，认识文字，称为书本前阅读教学，这样准备工作，确是适合儿童阅读心理。但是中国文字各个独立，不像拼音字经过一二周，就把拼读做了很多工作，可作读课文的大大帮助。仅仅几个故事画的标识，和正式读课文关系很小。每见用读本的小学，儿童开始读故事画，非常高兴。可是故事画读完了，兴趣也就截止了。由这个事实证明，语文学习不当开始就读书，认识文字更不限定用语句意义连续的课文来读。

谈到（四）的问题，初步语文学习，当然重在识字，假如古代除了读课本外别无识字方法，这问题就不必研讨了。但是混合课程尽有不用课本读课文，识字兴趣还较浓厚。我国过去流行的设计教学，虽然自编教材，仍然用读本体式，那是走入了歧路的。如果语文学习，建筑在混合课程上面，从整体活动中随机学习语文，就是单词、单语，只要适应当前需要，都有价值；而且兴趣浓厚，可以加大数量，和习方块单字根本异趣。

叶司潘逊等主张，是为用教科书的课文授读说，不是初步学习语文必走的途径。由上所说，可以了然。至于本法提授语句，必取语句独立。

第三研讨问题——绝对摒除教科书，而专用坊间出版的儿童读物。

这里要请阅者注意的，不要专从形式上就教科书和儿童读物作比较，要从本法自由阅读的立场来推究原因。从上面第一、第二两个问题研讨，可以明白本法的立场，根本作反抗授课式的教法。所以反抗，因为是以教者主观抹杀了儿童本位，以一齐授课抹煞了个别活动，以教材和时间的固定抹煞了需要和兴趣。所以学习成了被动束缚的工作，因之儿童得不到真正心得，并且各个适度数量也减少了。

怎样教才怎样学，这是授课式习非成是的传统观念。教科书系授课式下唯一产物，勿论编者如何求新，但是套上了授课式的锁链，就无法自脱，因为教科书是备授课用的，不是备儿童自读的。试约略提出几点，都是编者苦心经营，然而结果适当其反：

（一）有些选取很好的材料，因为牵就授课情事，或是把原来的情节和语句，加以删减；或是加入生字，把原来许多单词变成合词；或者插入不必要的语句。在编者认为意义没有什么出入，然而在学习情境上就大变了。

（二）因为前后课文要取连续，或者词语要便复习，当然只在文字上设法，不是无中生有，就是勉强凑合，成为没有意味的语句，甚至整篇课文毫无意义。纵然文章明洁，绝对不发生学习的兴趣。

（三）前一、二、三册，过去都是数句一课，除了谜语、诗歌外，简直不成文体。最近有用反复故事体，可谓极尽能事。但是实际教学，每一课文，要分散课来教。课文虽是连续的，授读还是要分段的，这种学习有什么效率？而且这样体式，不可读得期限太久，整个学期且不可，何况是一二年的期间。试问教科书前一、二、三册，除了反复体外，还有什么方法延长篇幅？

如果仅就片面来说，教科书须经严格审订，编者亦有大费经营的。儿童读物十分之九是潦草塞责的，较佳的大半是翻译来的，其中材料和译文，还有要加斟酌，除了极少数的名著，没有比得上教科书费力。假使拿教科书的精力改编儿童读物，一定有许多佳的儿童读物出来。吴研因先生说"教科书体例严谨，好像科举时代试帖诗一样"，可谓比喻得极其真切。不过作试帖诗诚然极难，但是诗到成了试帖体，简直汨没人的性灵，把作诗的旨趣完全消灭了，由此推及教科书的课文，是不是有同样的感想？

本法专用坊间出版的儿童读物，因为没法自编，而且这样大的工作，不是草率可以从事的。好在出版物还有五千余册，纵然从沙里不易淘出金子来，但使选出的读物只要瑕不掩瑜，或者不是整体顽石，比读整册教科书总要见效。据实验经过，成绩尚不甚差，并且儿童都愿意读这些读物，不愿意读教科书，屡试不爽。这有种种原因：

（1）儿童读物是小册子，数日或数时即可读完，时常更换新书，很合儿童心理。

（2）儿童读物在初步数段，都是图画较多，封面也多美的图画，就是以后各段，插图也比较教科书多，足以引起阅读兴趣，尤其书中附图，可作缀文资料。

（3）每一种儿童读物，概是说一种事物，内容说得很详明，不但易读，而且成分比较丰富，适合求知心理。

（4）儿童读物的文字，不受任何限制，大体纾徐，就使不及教科书课文明洁，比较过于整齐的还是易读。

（5）儿童读物，虽然好的很少，但是作品数量较多，又有种种不同体式，便于选取。

（6）儿童读物种类多，作者也多，读者可以接受多方的心灵。

（7）每段备阅的读物，都是超过应读的三分之一以上，分开陈列，各种各样都有，又不限定同时读同样的书，儿童可依需要、兴趣、能力各方面自由选读。

（8）陈列读物，依进程分段，多半是适应时令和需要，便于儿童选读，这也要用儿童读物，才便配置。

教科书第二册以上，不是没有可选读的课文，但是不能全用。因为连续印刷，不便分订成册，所以未选，并非有意屏除。至于每种读物开始，选文示范，我们就多用活页文或选教科书课文油印，可见选择读物，惟求学习便利。

这里就高君珊先生《影响于儿童阅读兴趣的因素》一文，介绍盖兹研究结果，便可证明本法种种程式无不相合。盖兹氏式例，早经国人论儿童文学者摘译，本法已注意到此。如所研究六种性质结果，在自由阅读分段选择读物，即用为最要条件。如所建议国语生字密度，每六十字一生字，所得较多。最好的方法，是供给长的文字，每生字平均重现二十次。如材料过短，只能重现十次，其余十次，用别种方法温习，成绩必较差。高先生因而论及我国小学第一册国语课本生字的密度为十以下，有待研究。据我们调查，第一册生字复现数最多者，首推《复兴国语教科书》，课文全字数一六六九，生字二零九，平均次数七又小数九六，加入练习课字数四四三，才得平均次数十又小数一。次为《国语新读本》，课文全字数一八六四，生字二四三，平均次数七又小数六七。加入练习课字数四五〇，才得平均次数九又小数五。这两种读本凑足十的密度，已含有盖兹不赞同的别法温习成分，去他所建议的二十次尚差一半。并且这平均次数，是合全册计算的，如果分每课计算，前半册每课生字重现次数，就大大减少了。

我们为了阅读中生字难度问题，作过种种调查统计。例如本法一段读物，专选反复故事，每篇不同字重现次数，大半平均为三倍，最高的不过六倍，和二段非反复故事的读物不同字重现次数相差不多。至于三段读物，每篇不同字重现次数，就多至八倍以上。由统计结果，证明了文艺每篇字数在三四百以上，即不有意求词语反复，不同字自然重现多次，篇幅愈长，重现次数便愈多。但是入学之始，用读本授课，绝对不能用很长的课文，尤其是中国文字如此。课文不同字数重现，无过于反复故事，入学便读反复故事还是极感困难。只有用华虚朋故事钥编法，才可以求合盖兹建议，然而在编辑与学习两方面，还是有些问题。因此本法不用读本开学教学，而由单元活动进习文字，又为避免单提生字练习的缺陷，分成种种不同进程，由对到读，由读到认领字片，由领字片到对字片。虽然不是用生字重组课文，但是每一进程，都用整个语句。练习进度随方式变化逐渐加增，和增长全文字数、减少生字密度，殊途同归。每一单元整套练习，皆在二十次以上，费时亦无多，这是很明显的事实。

到了自由阅读阶段，依上所举一、二、三段的读物，每篇不同字重现次数，由三倍到八九倍。应该加以说明，就是阅读时，儿童已认识一千二百字以上，这里所谓不同字，并非都是生字。这不同字成分，一部分是虚字，几乎每篇大约相同；一部分是实字，和已习单元有连属关系，至少有若干词语为已识的字。据实验经过，所有分段配置每册读物，在一段中，总在十字至二十字以上有一生字，在二段中，多在二十字以上才有一生字，在三段中，往往三十字至六十字以上才有一生字，也没有一册在百字以上才有生字的。惟其如此，假使不从各种儿童读物中找书，便没法分配了。

最后还有一点要说的，就是本法并非袭取西方近五十年来所倡行的直接教学法，这也不是轻视直接教学法，像专用教科书授读，连直接教学法的效率还得不到。因为本法分单元活动、自由阅读两个大阶段，单元活动是为自由阅读的准备，虽然主张是一致贯彻，但是学习程式前后不同。就主张说，有点取自学辅导的精神，但是完全不用过去自学辅导的方式。就单元活动说，似乎以直观教学原则为主，但是凭借整个环境，为取得基本知识和文字的根据，不是有了直观，就成教材。活动情状，有点像设计教学，但是以国语、常识为合科的本位，各科混合只是一种活动手段，不是目的，因之过程也不同。以国语、常识为合科本位，有点像德、奥某种合科情事，但是合并学习是互为因果，不是互为宾主。教学过程,有点像多方兴味中心法,正是教材配置不同,而且确立了两个进程,便于容纳各种新的方式。就自由阅读说,有点像道尔顿制,但是本法的自由阅读,是从单元活动作进步的开展,而且不是分科作业;作业是依学习的进度逐渐开展,各有适合的指引,不是纯依科目本身来进展的。作者曾声明:合科教学法是感到普通教学、单级教学、分团教学、自学辅导式教学、设计式、道尔顿制等实施上所昭示的困难和缺陷,以及打破科目、打破年级、适应生活、训教合一等问题,"想求一个简而易行的总解决"。这就是本法所寻求的途径。

论小学的单元活动教材 *

一、研究范围

（一）问题提出

1. 班级教学　不问儿童性质如何，皆行一齐教学，优者抑之不使前进，劣者则强其难能，是谓两失。

2. 分科教学　明明具有整体之事物，或有互相连属关系，因分科之故，不得不割裂之，或消减之，以致知识多成断片，学习亦觉寡味。

3. 课本　现行课本为教学改造最大障碍物，惟不在根本废除，而在编辑与使用方法之改变。盖其主要原因，系从班级制与授课式之下而产生一种教科书体，过重形式，反不及现有课外读物，较便于儿童自读或自习之用。尤其低级常识课本，等于认读文字；中级以上国语读本，常识成分太重，缺乏文学意味。如果教学长此停滞于授课式之下，课本之习非成是，固无足怪。直言之，即不铲尽教科书体的课本，另编新式

---

* 摘自李廉方：《合科实验的廉方教学法》第一篇"总论"和第二篇"单元活动教材"，中华书局1939年8月初版。题目和文章第一部分的两级标题为编者所加。

读物，较现在课外读物更为优美，不足以改进教育也。

4. 训教分离　分离之弊，已为国人所公认，并盛倡训教合一。惟根本不了解训教分离，由传统教学方式不含训练程序，与夫初期教学非由活动者产生，以培养其学习中基本习惯；而误认训之功用为纯粹道德，必须课文含有道德意义，或者离开各科而另定训育目标，实施其精神训练，以企图达到标准。如此将愈求合一，愈益分离矣。

5. 隔离现实生活　此亦国人所同感，如生产教育、生活教育、民生教育等，不少宏论。然而如何实施，且如何在国民教育中培植其基础，绝非仅仅规定何种章则，提倡何种设备，即能遂其企图。试观已往实用教育，订立各科课程纲要，终成具文。设计教学，自当切近现实生活，结果亦未显见。校园手工室间有充分设备，成绩如何。乡土教材已有尽量补充，效率如何。总之目的难明，研究不甚彻底，取途遂不得其方，未有不徒劳无功者也。

6. 课外作业　在最初实施时，借以补助正课，预习更成一般教学风气，今则流弊百出，徒为蒙饰行政官署之具。学生重感寒苦，教师借口减少正课时数，即有勤加订正，亦得不偿失。

……

综上所论，约为三点：（1）效率低微；（2）浪费时间；（3）学生烦苦。

（二）研究路径

通常研究教材，大率喜就教材之内容与旨要，多所论列，至如何由其教材以教学，殊鲜为系统研究者。其实内容与旨要，部定课程标准即可作为依据。作者置此不论，非忽视也。特以对于教材之特殊主张，在课程标准中，仅有伸缩、取舍余地，正可不必多为泛论，反滋纠纷。不如进一步从如何由其教材以教学而研究之，较切实际。准此，教学进程不同，即当依进程而分期研究教材。本篇所言，属于初期实验，故教材亦以单元活动为研究对象。

于此对于单元如何构成，先有了解必要。授课式全部教材，分若干课，每课为文。课文组成之体系，不仅具体而且独立也。设计教学每个设计，皆为一个单元。由设计定义，即可想见单元应如何而构成。不过谈设计者每根据其活动理想而下定义，极力标榜大单元功用，以致流行之单元设计，无其功用而存其形式。夫大单元功用，莫备于马克马里（C. A. McMurry）之说。要其论列，皆设计之标准意义，无与于单元大小也。盖设计单元，异于授课式分课者，缘于非科目之分类组织，而建筑于具体事物的问题之上。固有综合各科之可能，然不限于必综合各科始成为设计。其综合各科之范围，亦非限于单元愈大，包含科目始愈多也。

本实验课程，进行活动单元之用有二：其一，配置整体课程，初期活动用之。其二，补充读书课程，进于自由阅读时用之。以下所论，皆属于初期活动。

二、关于常识教材

（一）教材选择与组织之根本改造

此所论列，虽止于常识方面，但其选排实质材料而构成单元，实具有整体性。因为文字系由此中抽提，且须在当时活动，业已经过取得常识之步骤，而后可以确定应习之文字教材。非如混合课本由课文而表现，无当于在生活中学习之旨也。故其活动单元，与设计教学同其意义。惟从设计教学中所感到种种缺陷，不得不另寻途径。

1. 须使全学期各个单元教材，分则各自独立，适应当时情境而活动；合则不需论理的排列，自成系统。分科教材，固失于割裂与固定；然其科目本身，系统完整，程序分明。设计教材能矫正其失，而不易保持其优点。如何能顾此而不失彼，此不能不考虑者一。

2. 须使教材由儿童自己发现，而后学习有真正兴趣。课本违反此旨勿论矣。即如设计教学，开始对于各单元的全部教材如何预定问题，即为不易解决之事。进至各个单元活动，以计划讨论为儿童本位之表现者，亦往往流于形式。盖教学与集会异其性质，非可取决于多数者。又其团体学习，重在由交换而取得互助之益，与分工合作异趣。谈教育者颇重视自发活动，终之仅成理论。盖误认自发活动在教材提供以后，而不解教材之搜集与选择，实为产生自发活动之源。然而自发活动之源，又不在教材本身，而在如何立于教师控制之下，使儿童各个集中于同一目的，各自发现，此不能深究者一。

3. 须使教者在废除课本之下，不感到给予教材的困难，即成绩低微，亦比用课本较愈。直观教学仅有教学原则，无教材统制。设计教材止于各个单元本身完整，而全部教材难寻一个自然系统的方向。现行的合科教材，惟以企图综合为目的，而生活需要范围，仍无边际。德可乐利由生活分类列题，似有明显范围；然因受中心问题之束缚，仍不免设计所遭遇之困难，又其范围系从人生需要而分配，非太广泛，即易空乏或生涩。凡此皆易使教育者对于供给教材，感到困难；或者教者能力稍逊，即最易失败。此不可不体验者又一。

更有一个事实，为吾人当深省者，即小学教材，标榜尚实用，或生活化，或乡土观等，大率质变、形式变，而学习途径不变，在实际上成为换汤不换药之教法。所以然者，其根本仍在学习途径，不专系于教材本身，而系于如何搜集与选择。所谓教材如何使儿童自己发现，即教法改造问题，亦即教材改造问题。不过认清学习途径之方向，仍属最先而且最要。欲达到此种企图，不在指示目的，而在使儿童在学习中接触一般生活，了解何者为生活，尤其是社会生活。生活系于生物自身与其所处环境，前者有关于个人活动，后者有关于民族活动。学校教育，如为适应新时代生活准备，学习途径即当于此中求之。

（二）四个大单元划分之旨趣

本方案合科，为适应新时代生活准备起见，建筑于国语、常识二者混合之上，目的即在使活动单元简单化，又不失其整体性。为达到前章三项企图起见，首先注意者，即为单元如何构成。此在设计单元为问题，即与课本之题目同其立场。本方案不先讨论问题或题目之产生，而先规定产生之一定领域，近似设计所称大单元。但非由单一兴趣中心原则而构成，而系从整个环境，划分若干方面，各自容纳多方兴趣中心的小单元教材，便于教者为有目的之控制。计分为四个领域，即我的学校、我的身体、我的家庭、我的乡土（城市乡村均可通用）是也。再由此四大领域，依场所或事情，分成若干小单元。在第一学年中，前后两学期，均依同领域循环一次。前期排列小单元未及学习者，得于后期习之，又得扩充同单元之范围而习之。

吾人当知儿童所以必须由学校而学习者，以学校能为儿童作现代社会生活准备，使其在生活中学习。不过何者为现代社会生活的标准，颇难得到一致的取决。标准不定或强定，则所谓生活标准，往往由主观见解而定，非凿枘不相入，即削足而就履。故教育之学非所用，不限于课程不切实用也，即确为实用课程亦然。

（1）学校教育必为团体学习，各个之性质兴趣，难以强同，宜于彼者未必宜于此。

（2）初小为最基本之普通教育，即论实用，途亦甚广。若言基本，何者为准。所以理论虽易一致，而实际便多纷歧。

上所论者犹为教材本身问题，再从学习方面加以体验，儿童如何自己发现教材，必须每个小单元，皆具多方兴趣而后可。此多方兴趣之教材，必存在于一定领域，为儿童耳目所及，从许多事物中，即入于固有经验，或特殊兴趣所引起反应而发现者，均在教者控制范围之下，然后各个发现，均集中于同一目的，成为全体需要之教材。不惟此也，教材之质与量，更须依其当时了解之进展，逐渐增进，非以一次提供为已足，而提供者亦非限其皆需学习也。儿童对于提供之教材，固有不甚了解者而求其了解；亦有非所了解，因觉其可能了解而亦必使之了解。此于开始在诱致其集注于何种教材，是为观察过程取得之教材。其后则由教材本身之内涵与其关系，整理各个心得，或加以启示，补充其未逮，是为联想过程取得之教材。

因此本方案分领域取得教材，有三个主要之点：

1. 此四大领域所有教材，系教材出发点。吾知必有人疑国家、世界两部分，似非四大领域所能包举者。要知小学教材，从论理分类，仅为教者估量取材之事，学习时如依此排列，便违反学习心理。何也？直观教学，为初学不易原则；充类至尽，为思想发展必循途径。如果全依论理排列教材，分期授课，势必至直观所及，可引申至于国家、世界者反而自画；而国家、世界情况，借助于直观事物之了解而类化者，则又阙如。惟依环境划分选取教材领域，则出发点有明确根据：其一，环境事物，如衣食住等，无一不可依其可能而向空间、时间进展。其二，国家、世界情况，可依当前事实，取得一种基本观念，由已知以及于未知，不涉抽象，亦非不着边际，斯情绪易于激发。如升旗、纪念节日，以及外人居留者所享权力与外货充斥的情实，皆为最好的例证。如此则探取之生活需要，具有适当范围，寻求之基本知能，亦得到正确标准。

2. 儿童取得之教材，适应其能力与兴趣。吾人当知教者提供之完整教材，勿论如何体察学习心理，终有需乎强注。惟此环境占有之大自然、大社会的事物，一入于眼帘，自与其固有经验相结合，发生适当反应。教者但须指引路线，则反应之来，即受其目的控制，各以其已知者进而求知。夫人类生活之源与其活动进展，莫不取资于自然与社会。自前代经验，借文字而传授。学校教育竟舍去本身所接触原料，一一求之于书；鄙弃日常生活不顾，而专事记诵。以致教育与实际生活日离，去平民需要日远。在功用上绝对不能为生活标准，在学习上时时妨害儿童身心。顾竟习非成是，迷不知返，亦大可哀矣。

3. 依四大领域所包含之场所或事情，分成小单元，不可不有一种控制学习之理念。兹仍避去抽象论点，而示以极分明之指导路线。第一，当知教材的自然、社会两个来源，从自然表出者为物，从社会表出者为事。物则意义纯由其本身而构成，事则内容含有人工成分。凡成为教材，必须具有社会意义。社会构成，非由物之关系，即由事之关系；

而事之产生，又往往与物为缘。教者于其预计中，晓然何者为事物混合体，何者为事物单纯性，自知其所以指导矣。第二，当知在场所或事情之规定，目的在生活体验或为问题解决。生活体验有人类需要与当前活动两种：人类需要之体验，在如何而了解；当前活动之体验，在如何而实行。至于问题解决，惟限于指定事情一方面，其活动系做某事或做某物，抑对某事或对某物而研究之，则视实际而定。由所认定目标，寻求活动场所或事情，自有归宿。第三，当知场所或事情之指定，为了解而学习，抑为欣赏而学习。为了解而学习，如人类需要之体验是。为欣赏而学习，则有入手欣赏或结束于欣赏之分。结束于欣赏，必其由了解进于适当情境中引起学习者之热忱，惟做某事或做某物较易达到企图。入手欣赏，则为事物本身之固有价值，或属于美感，或属于娱乐，极为显然。因供给学习的教材之性质不同，则所以进行学习者，不得不分别事项，各示以自由活动之路线。综此三点，利用环境事物，构成单元活动，自不致漫无准的矣。

（三）四大单元所包含之项目

兹就四大领域，分列项目，示以取材方向，便于组织活动单元知所取舍，非谓此即构成小单元之题目也。

我 的 学 校

（一）入学

1. 从游行校内外时发现在校应知事项。例如饮茶、盥洗、大小便各场所作用以及往来留心的事项。

2. 从新结团体中所发现应注意之动作。例如由喧哗、纷扰、无次序所发生之妨害，与由个人言动引起大众愉快之动作等。

3. 关于开课前应作事项。例如排队、排座、贴名条、介绍同学等。

右如组成活动单元，宜省去文字练习过程，注重习惯训练。但宜与游戏活动参互行之。

（二）教室内

1. 各种用具及其布置使用情事。

2. 在教室内活动之一般规则。此以参观高年级上下课与作业，或由当时开始活动，随时提醒。

3. 关于以上之挂图。此系补充前两目不足，不可开始用为观察材料。

（三）校内各场所

此是否分别场所作各个活动，应视本校设置而定。

（四）学校四周有关于接近之事物

1. 本校之校外设备。如运动场、农场等。

2. 四周关于往来或饮食方面危险，与公共保护事物，以及住户与营业，或原有设置足以影响于儿童生活等。

3. 日常习见之风景人物等。

（五）校中可以省识之自然现象

1. 关于天象者。如阴、晴、寒、暖、风、日、雨、雪、虹、电等，以及风雨计、寒暑计等设备。

2. 属于生物者。如四季草木之生长、茂盛、凋落等。

此为偶发或日常一般的自然现象，除最重要者得成小单元外，大部分可于朝晚会时指示观察，而以适当机会，就平时所见者集于正课内整理之。

(六)学校集会及纪念中有关事项

定期集会,如朝会、晚会、纪念周等。临时集会,如游艺会、恳亲会、运动会等。纪念,除本地、本校特有纪念外,国家纪念日依规定实施,此于培养民族意义与国家观念,选择适当教材,最重要而且方便。惟儿童由入学至毕业,每个纪念日皆经过数次,实为培养民族与国家观念之最好机会,应将先后经过,作一种学习进程的规划,借此取得近代史的知识。故其举行纪念,当如下之分别:

1. 每学期指定二三个纪念日作单元活动,分期排列。最重要者并得循环一次,前后互相照应。此当为整体规定,分期编入儿童活动中,俾便实施。

2. 非该国儿童本期指定之纪念日单元活动,惟应全校共同举行仪式。

我 的 身 体

(七)身体各部分的名称及动作

1. 构成的表象。成分如皮、肉、血、骨之类,部分如头、脑、腰、腿之类。

2. 五官的作用。

3. 关于以上图形以及重量、长度、视力、听力、跑步、触觉等练习。

（八）我的食物

1. 日常生活的食物。

2. 食物的来源及其制作。

3. 饮食的关系与其进化。

4. 关于以上的味觉辨认。

（九）我的衣服

1. 衣服的各种类及各部分。

2. 通用的衣料及其来源。

3. 衣服的缝制与洗濯。

（十）保健

1. 关于卫生事项。

2. 关于运动事项。

3. 关于整洁事项。

4. 关于娱乐事项。

5. 以上有关类型。

我 的 家 庭

（十一）住处

1. 住宅所在地点及其建置。

2. 往来学校的路线。

（十二）称呼与礼仪

1. 亲属、戚属各种称呼与其关系。

2. 对长辈、同辈、幼辈之礼节。

（十三）生活需要

1. 工作及其用具。

2. 日常衣食住及燃料。

3. 家中日用什物。

4. 饲养与种植。

5. 产业。

我的乡土

（十四）村庄或街市

1. 镇保及其里巷。

2. 城村、山水、平原及其形势。

3. 职业及其生活情况。

4. 婚丧嫁娶的状况。

（十五）田园或厂店

1. 蔬菜栽培与收获。

2. 农产种植、收获与其制造。

3. 主要生活之商店与其品物。

4. 地方重要手工业与工厂状况。

5. 本地商场流行之外国商品。

（十六）物产

1. 地方有益或有害的动植物。

2. 地方特殊物产。

3. 地方主要产品。

4. 地方主要需要而最缺乏的产品。

5. 非本地种之产物（农产最要）。

（十七）交通

1. 本地与他处往来要道。

2. 邮电。

3. 汽车道、铁路、河道、航空等交通。

4. 各种车、马、船、飞机等。

（十八）名胜古迹

1. 建筑。

2. 金石雕刻。

3. 风景。

4. 名人纪念。

5. 以上有关写真片与刊物。

右须以每个场所为单位，抽提上列各目教材。

（十九）公共机关

1. 属于政治方面。例如官署、自治机关等。

2. 属于文化方面。例如博物馆、图书馆等。

3. 属于军事方面。例如军营、兵工厂等。

4. 属于公共娱乐方面。例如公园、球场等。

5. 属于信奉方面。例如教会、祠堂等。

右在第一学期中，惟娱乐一目较适于活动，余宜斟酌。

（二十）外方人居留及往来

1. 外国人。

2. 非本地籍贯人。

3. 以上各种人之生活及与本地关系。

（四）依据项目选列教材之用法

上四大单元领域所属，项二十，目六十三，在开始一个学期依此构成单元，选配教材必不缺乏。至教材实质为何，一依环境所有而觅取，自可成为一套活课本，视编课本者标榜便于通用，以及倡导乡土教材者而用课文编制，其得失难易可以晓然。兹就用法列举应注意各点：

1. 项目宜活用。有可合一项各目成为一个小单元者，例如（十一）之"1.""2."是。有本目应与他目拼合而成小单元者，例如（二）之"3."是。有一目可分成数个小单元者，例如（九）之各目是。有可拼数目为一个小单元者，例如（八）之"1.""2."是。有两项之目可以相互结合者，例如（十四）（十五）两项之目是。又依环境所有增删各目，亦无不可。惟目可出入而项不可随意省略，斯经一个学期之学习，对环境全部，可识大概。如因教学时间所限或有某项未列单元，当于后学期完成之。

2. 大体程序，自应由学校，而身体，而家庭，而乡土。然非每一大单元所属各小单元，全经学习，然后进行另一大单元之小单元活动，各大单元亦可参互活动，即项内之目亦然。此有两个原则：其一，由活动性质相近或有连属关系，彼此宜于接连进行者，例如学校之（四）与乡土之（十五）（十六）是。其一，因活动进程关于某项目之活动，性质较复难或须深究者，不宜进行过早，得稍为延迟，而另作他大单元之项目活动，例如学校之（五）（六）两项是。惟项目本身具有构成小单元之必然程序，必须接连进行，且不可掺越者，则宜依次第为之，例如学校之（二）（三）（四）各项是。其无此必然程序者，尽可依学习情景为之，无一定顺序可言。又同项目之内容，亦可抽出一部分，于较后时期，构成单元。例如寒暑计、晴雨计等，本包含于学校之（二）（三）两项内，但因活动含有科学试验性质，可自成一个小单元，不妨进行稍迟也。

3. 在取得常识教材时，宜依当时确定活动场所或事情，具有组织设计单元之整体活动的意义。活动以场所为范围者，必须由此活动过程，对场所本身之表现取得完整概念，对所有之主要事物取得具体观念，使从事物本身与其环境，具有如何关系，与社会生活发生如何影响，能在当前活动上得到一种深切了解与体会是也。活动以事情为目标者，必须对于事情之本身具有程序与其关系，能由活动中增加一种新经验，或取得有利人生之理解，不仅止于记述已也。此外尚有散置物品，类集而作一种单元活动者，则宜依其系属或其功用，为同性质的集合，而不可散乱无序。但此只宜补充前列项目构成单元之不足，非项目依此构成单元也。本方案构成单元不取目的为中心，亦不限于单元为一个问题之解决，而认定以场所或事情为构成单元之活动者，意在矫正从前陷于形式之弊，使每个单元具有多方兴趣中心，较便于初学活动。虽避免中心目的之形式，而不可完全泯没其意义。在本实验经过，教者因习于传统的形式教法，每有对于取得常识，专摘取其为文字练习之准备，而忽视此过程构成单元之整体性，斯则本末倒置矣。兹特郑重言及，实施者其知所注意乎。

4. 提供常识教材之程序。此所谓提供者，非如通常授课，教者以业经编就教材提供之，而系就认定活动的场所或事情，指示儿童自觅教材的方向与其集注的条件。在观察过程中完全从直接经验而领受，在联想过程中，在由补充与整理而增加教材，此时亦可借助于图形或含有感觉、触觉之体验。不过观察与联想非截然划分，有时还须为具体与抽象之发表与搜集工作，但不为文字练习耳。尤其联想过程中，有须用两种学习形式而取得教材者，即其一，为比较与综合，此又有三个方面：(1) 个人经验与活动之结合；(2) 各个心得之交换；(3) 教者补充。其二，为推理与应用：(1) 从本身方面之意义与功用求之；(2) 从关系方面之影响求之。此本旧时五段式进程，兹惟取其意义，完成认识与理解任何事物之学习，非如其分划时间以进行也。而且由此进程作活动进一步的取得教材依据，亦无陷于形式之可虑。

5. 关于必须依时令或期限而取得之教材，此在偶发或日常表现之教材，前已论及。兹就比较具有独立单元性质之教材而言。从时令的教材言：(1) 时机已届，必须学习者当即进行。(2) 同一教材，因时令不同而表现其特殊状况；或在一定时令中只表现其一部分之程序，均以当时所见及者为主。非当时所见者，过去事实，惟就足以引起新经验之表出者使加追忆；未来事实，则于以后继续体验，暂不推究。凡分时令而理解之事实，必须分期体验。从期限的教材言，纪念节日占最重要地位。凡类此之教材，必须审量本团可能学习的活动，为适当的配置，不限于某定期单元教材，必须应有尽有而学习，惟每一学期总当有若干单元之适当活动耳。

三、关于文字教材

（一）文字教材应检讨的问题

最宜检讨者，为以往教材上关于文字各种问题，即通常所谓通用字或基本字、生字多少、笔画繁简、认识数量、复现次数等是，兹逐一分别略论之。

通用字与基本字，在教育辞典上仅仅用语不同，意义无别。除基本字稍有从字之构成定选字标准外，大体皆为识字数量最低限度起见。其选字方法不外主观、客观两种：主观系各依自己见解选定应当认识之字，往往数人同一立场而选字，其中一部分字出入悬殊；客观系选定若干读物，统计每字出现次数，此为今人号称科学方法选字者也。然因读物作者立场与其意旨，屡用之词，不一定为常用字；又因各种读物内容不同，同性质的读物，未取多种，用字出入太甚，因此常有一部分文字，不易定其何字最为需要。而且通用因人因时因地因事，需要各不尽同，彼认为必要者，此则以为毫无关系。如果用上之方法备字典选用，自无不可。若以作课本选字，并依年级而分等次，实属漫无标准。

生字笔画等之编配，纯为授课式下编辑教科书体的课本而定。因为受生字限制，课文多为单调，意味索然。至于开始课文，专取简笔之字，不易为文；偶本此旨，二三课即自乱其例，盖亦无可如何者也。艾险舟[①]君所发见识字心理原则，如果开始识字，不应限于读、写同时并

---

① 艾险舟，即艾伟。

进，原则即生疑问。根据本实验多次经过，认识难易，与笔画繁简无关。

认字数量，日本文部省对于小学应认汉字曾有规定。彼以汉字济假名使用之穷，其需要原可大体估定，吾国不同其例。拼音字词即为字，字形又属于极少数之声母而结合，故字多不以为繁。汉字则词从字义而出，字兼数义，形又各自独立，惟依部首与音系，可以确定数量。依词选字，范围颇难确定。若依文字本身构造作初学程序，又与学习心理不兼容，而且势不可能。

复现次数，系全部课文每字屡用平均数，在讨论课本者亦认为一个最要问题，作者十余年前编辑课本亦重视之。赵欲仁君《小学国语科教学法》作此项统计，曾以拙编占最多次数。其实所谓复现次数，并非每字确有如此次数，而系各个字综合之平均数，其中亦有若干字在他课并未复现，或复现而次数极少者。此于分布练习，即有部分缺陷，而且因为注意字之复现，不免有意插入无意味之课文，此惟编辑课本确有深切经验之人所得了解者也。

（二）文字教材之旨趣

本实验对于初期课本，深悉以往编辑种种困难与缺陷，予开始学习文字以种种弊害，故一扫而空，重开有效途径。其与已往教学异趣者，如下所述：

1. 课本授读，从文字入手，即不然，亦由课文求活动，非由真实情境给予工具之需要，惟附益以动机引起与应用练习，儿童终不感觉其如何需要。所以教材上文字意义，必借助于多方讲解。而儿童熟习，则除讲读别无途径。用力劳而实效少者，职此之故。此则提授文字，于当前活动中，对实质业已彻底了解。由此产生之练习，虽止于符号辨认，而实质所含观念缘以再现。变机械学习为有意义的体会，不必依赖文字组为美文，始引起其兴味，则一切学习兴趣，皆无待外烁。教者取材便，学者进程亦自速矣。

2. 设计关于文字教材，每个单元，竟有编成课文读之者，此与读课本无殊，而损失更甚，实为一种最大错误，可不论。若从设计原理求之，学习属于进程者，只有学习机会，无教材规定可言。学习属于中心目标者，则为应文字上某种特别需要，进行其独立单元设计。其在系统上有需要机械练习，如作写者，则另定特别练习时间行之。因为文字学习析为多方面活动，教者稍不经心，或能力稍逊，即影响于儿童学习。此则文字学习，在单元活动中，占有一定程序与时间。所谓独立设计，所谓特别练习，均无须节外生枝，此本方案在单元活动，能保持科目制之优点也。

（三）辨明文字教材实验之疑点

本实验文字教材，系从单元整个活动中，抽取部分词语习之。仅从表面衡量，必发生二个疑问，不可不辨。

1. 从单元之整个活动，割裂其部分词语习之，似乎不成为完整的学习过程。要知本方案之学习过程，分划为两大阶段，正为学习便利起见，二者相因而不必合轨。何也？相因者其关系，故抽习文字，必属于当时已取得之知识的观念。合轨者其形式，故所有取得之知识，不陷于一一组成文字而诵习。在包含常识为国语课本者，常识成分，具由课文而表出，因之所表出者常成为概要形式。愈成概要，常识愈不具体，文字愈难学习。所以本方案力矫其弊，由知识取得以后，关于工具方面，惟进行其可能的认识与应用，与离开活动之孤立的识字不同，其见为部分者，为质与量之考虑，非无意义之割裂也。

2. 词语孤立，似不如课文具有首尾，且由文字间流露意味可以激引情绪。夫所谓首尾必具者，必其原原本本之事实，缺一即使闻者不快。若仅为构成文章形式，并无若何内容可以欣赏，虽具首尾，亦无甚价值可言。至于由文字间表出情绪，亦必为有文学价值之文，如一般教科书体的课文，殊难数见。而况开始入学所读课本，每课之文，大半寥寥数语，虽圣手为之，无能为役。然而因课文构成，必具文章形式，于是本非必要之语，与不易分析解剖之字，亦不得不用，重予教学上以非常困难。世俗蔽于所习，漠然不省。或谓从读课文识字，可使先得整体观念，并词语之个别认识，亦具有联想作用，此惟与旧时看图识字或认单字之教法相较则然，若本方案从取得知识中提授各个词语，其整体概念与联想作用，已于提授前取得之。进于练习，皆含有明确观念，非止记诵已也。所以文字间激引情绪，惟当于正式读书时取得之，在初识字期其如此，未免过早，且亦事实所难能也。

（四）排列文字教材之原则

上之疑点已释，其排列次第，除依活动单元程序而进外，更依下列五个原则求之：

1. 由实体进于表象　实体以具有形体之物为对象，例如粉笔、痰盂等是；表象则仅可感觉而不可捉摸者，例如日、月、风、雨等是。

2. 由活动工具进于生活材料　活动工具，例如笔墨、皮球、斧头等是；生活材料，例如棉衣、白菜、瓦房等是。

3. 由形象进于动作　形象，如前两项所列皆是；动作，例如拿粉笔、洗痰盂、起风、下雨等是。

4. 由本体进于附随　本体为事物之原质，简言之即其本名也。附属则有质、色、位、量之别。质如铜钱、木石等，色如红、黄、蓝、黑等，位如上、下、左、右等，量如斤、两、尺、寸或多少、长短等。在进一步则可涉及功用与其关系，但此须已用短语时行之。

5. 由名字进于短语　名字即代表事物名称之词；短语则于主宾词之中，参入其他品词也，例如拔取麦来、这样扫地等是。

在上举原则外，尚有一种标示，在教学中与实际事物有同等重要者，惟用法与看口令不同。标示有标语、标名之别：标语须逐渐参入，有时仅于遇见时使认识之，并不加以练习；标名除专为教学准备而设者外，亦然。

本团教室内标语，即关于行动规律，亦须与当前活动相应。遇有规定必要时，因而在教学中示以文字。至习惯已经固定，即须撤除。其为全校共同标语，除本团必须遵守者外，不限于逐一指示。校外揭布者，如"当心汽车""此路不准通行"之类，在因活动而观察所及者，必须提授其文字。标名之用，非学校所有场所，而为观察所及者，如公安局所标街巷名、公共场所所标物名，以及商店字牌、住宅揭帖，应利用适当机会而指示。校内标出之牌签或挂图标题，当于适当活动单元中指示。此外并可于器具、树木上特为指示之便，标其名而悬挂或揭贴之。

兹更就每个小单元练习过程关于文字教材之组织，应行注意各点，分别撮列于下：

（1）一个小单元活动，固由取得常识过程而进于文字练习过程，但前之过程的整体活动，仅为一次观察者，其练习过程有时可分为二个以上活动。因为一次之文字练习,独立词语不宜过多。开始惟用五六个词语,经过四五个小单元后,逐渐增多,至多亦止于八个词语左右。

(2)文字练习之配置进程,已如前所论列。大体开始一二月,只宜取有图片或实物对照之词语,而且图片表印象,必须与词语之观念完全一致,无一个字可以增损。此后逐渐参入不必与图片或实物对照之词语。

(3)每次练习各个词语,同字数者须有二个以上,以便得到比较的辨认。

(4)每经过一小单元后,教者应将所用之字统计,新字系以部首,复习字标明次数。此其用意,一方便于分月、分期统计,一方可作继续小单元之参考。

(5)凡提供之语,必生动流利,且近于儿童语。

(6)凡形似、义近、音近之字,一经取为教材,应陆续汇列,以便指示儿童注意。但注意要点,只于以新提供的文字,与已学习的文字相似而不同之点相比较,不可将一字的形、义、音一切不同之点,尽量举出;且不可新授一字,揭出种种不同之点。

综合课程的研究[*]

一、关于综合课程的检讨

（一）综合教学之旨趣

现代新式小学教育，由其儿童中心的思潮与其反抗理智主义的运动，大抵倾向于综合教学。其达此企图，美所倡导者为设计法，德、奥所倡导者为合科。二者目的虽同，取途稍殊，即其理论的根据与概念之规定，亦同样有歧出之处。就大体言之，设计法约有三种：（1）自然进行程序之完成，具有问题的活动；（2）中心问题之具体成功；（3）志愿活动。合科约有五种：（1）以一学科或教材具有特殊价值的领域为中心；（2）分划领导学科，结合他科目中有连属关系的教材为领域；（3）以生物界共同生活体为统合关键；（4）由共同生活体而构成集合作业；（5）整体课程，由统合理想而支配。要其根本不同之点，设计法原本于学习心理，以应用于真实生活之途径，为研究基

---

[*] 选自李廉方：《最经济的合科教学法》第一编第四章"综合课程的研究"，湖北省教育厅国民教育干部人员教学讲习班 1940 年 4 月印行。

点；合科探讨生活需要，以学科或教材之混合为研究基点。虽归宿不无相似之处，而支配课程与进行程序，不无异趣。

所以综合教学共同目标，除排除教材孤立并切近实际生活外，当有如下三个观点：

1. 以往教学在分离授课所引起之障碍或虚耗的事实，得由如何合科而解除之者。

2. 矫正班级教学抹煞个性之极弊，视如何分科，在作业上可以得到一种调协作用或便利指导者。

3. 全体精神之统一，在合教学与训练为一，最低限度必须有一种课程占全课程大部分时间，由其学习程序中，建立训练习惯的基础。

（二）合科与设计法之检讨

上之三个观点，即各国新式学校似尚未尽计及，惟以如何得到大规模的综合为职志。因而愈求极端的综合，自身愈启罅隙。反对者惟□综合与分离之形式方面，为雄辩的批评，亦多迷惑之辞。所以任何一种合科或设计教学，是否全为分科不能及，抑乃含有分科存在之缺陷，有待考虑。故兹先就反对论点，加以检讨。

反对合科之论点。

1. 就各种合科分别诘分者

（1）对中心统合之批评——合科以新组织的教材，替代前此分科的体系，而仅取科目交互关系为中心统合，两者目标无甚差异，合科便无严密的意义。

（2）对分类合并科目之批评——只于反对分科过多，并非完全否认分科，是以合科代替分科，根本不能成立。

（3）对以生活体为合科根据之批评——此之组织教材，在依事实与范围而定，仍不免达到另一分科的状态。

（4）对以统合理想为合科根据之批评——此仍不脱中心统合之圈套，对教材配置，并无若何新的本质。且其教学活动，从一个中心点向种种方面移动，不免专从单纯的直观，或纯任联想的意识之推移而进，殊不能达到全体统一作用之企图。

2. 论理上推究合科教学而诘难者

（1）由认识方面立论——认识意志超越于知觉以上，仅有表象之专属感觉的直观结合，或专属联想的结合，决不得谓之认识。盖生活上各种内容，不经过有力的思维，结合为一个全体的意思，究缺乏统一的意义。此种有力的思维，非依据分科的思维过程方法行之不可。甚有主张小学低级，须采用完全的合科教学，并将种种练习，包括在合科教学以内而处理，实属误解。因为读、写、算等练习，低级颇为重要，须采一定的程序并指定特别时间行之，此在原理上与合科教学殊不兼容。

（2）在陶冶方面立论——任何一个问题学习，融合种种分科活动为一体，在实际上绝不可能。因儿童学习某问题时，不能不依据问题解决之根本形式，给予一定方向，因而产生种种分科的学习活动。合科往往以简括的分科，替代若干细碎的分科，而以一个分科连续居领导地位，终不免陷于一面性陶冶。其所标榜之统一性，如果舍弃分科的思维方式，无从获取。惟科目是否必如现行之多，系另一问题，殊有研究余地。

以上批评，固不免有为分科张目之嫌，其立论与宣传合科者攻击分科缺点，针锋相对。然由此可见种种合科，在原理上、事实上，构成其综合教学之作用，可以归纳如下三点：

1. 合科范围只占有相当的限度。

2. 合科教学不能完全舍弃分科学习过程与方式，且有时必须参以一部分之分科课程。

3. 混合全部课程达到其统一性、全体性的理想，未有实现，将来能否实现，犹成问题。

反对设计法之论点。

1. 对自然组成的主张之批评——此可称为工具学习的方法。申言之，即知识不为学习的目的，而为对于目的的工具。惟其效能限于目前活动的应用。例如，从小商店、小银行设计所得的数目知识，不能完成儿童必需的算术；从戏剧设计所得的历史事实，不能替代系统的历史研究是也。

2. 对中心单元的主张之批评——此亦可称生活设计，但至于高级组织知识的教材，即易变知识为目的，一切组织教材上之缺憾，将尽复现于新组织之中。

3. 对志愿活动的主张之批评——此以课程须由儿童自己决定，能否进于理论组织，殊成疑问。一任自然，结果将成为卢梭自然主义之应声，不成为积极的教育方案。

设计法由心理学习的立场，建设活动课程，故批评论点与论合科者稍异其趣。但于课程组织，亦有相互印证及相辅支持之处。由所批评可以得到三个观点：

1. 由设计法而表现综合教学之作用，不能包括课程全部。

2. 课程专重混合，容易限于形式，其类及于琐屑支离之教材，流弊不减于分科。

3. 活动课程不受预定计划之控制，将散漫浮泛，无所归宿。

综上所言，对于综合全部教学应取途径，已有明确启示者，可得到如下之结论：

1. 综合领域，不限于混合全部课程为一体。惟当审查所有科目，何者确有合并的必要。

2. 综合领域，不在以事实集合或性质关系为合科中心，而在衡量学习途径，何者必须统一，而后学习更有效而且经济，所以补救从前纯粹分科之缺憾。

3. 所谓学习过程与程式，必须求之分科中者，究竟非合科失败之致命伤。因为过程与方式不同，不外理解、实演、练习三种。此三种在分科中只有各自成分之差，无唯一独占之性，如何使认识与陶冶，得到适当学习，与分合之适当与否，有相当关度，并非合之单纯问题。

4. 全体统一之作用，虽非全系于全部课程之混合，但有适当的较大规模之混合，究属有益。

二、解决课程混合的途径

（一）混合课的领域

由前之论，综合教学的作用，在从学习途径上，求其更有效而且经济，可从两方面观之。

1. 综合教学本身方面，即课程或教材，确因孤立而加多障碍或生缺陷者，自不得不求适当混合。

2. 综合教学进程方面，已往缺点，莫大于各种教法，蔽于授课式之传统习惯，一则教过多而学过少，二则学生纯处于被动地位，即启发式亦然。所以改造目的，在进而求如何可以自学，且有一定程式完成其功用。

二者在教学中关系颇密，非可分途以求也。因此体验人类知能之学习，确有两条主干路线：

1. 必由文字介绍，且由文字加以练习，此亦可称为读书式的作业。

2. 不限于文字介绍，且无须由文字加以练习，此亦可称为非读书式的作业。

后者大抵属于技能科目，在设计教学经过中，混合全部学科为单元活动，往往有不自然的学习及须特定时间学习者，极为明显，自须保存分科教学的本来面目。前者为读书式的作业，即国语、常识两科目，常识包含自然、社会，他科目含有知识成分者亦属之（参考拙著《小学低年级综合课程论》教材篇）。试分析此两科目，约有如下数点：

1. 两科目占全部课程时间最多。

2. 作业成绩惟此两科目与算术便于考验。

3. 两科目在基本学习中，最占重要地位。

4. 两科目致用较广——任何科目构成具体教材，从原料言，无一不取资于自然与社会两方面；从所得知能言，无一不借助于国语工具之运用。即如算术命题练习，因文字之认识与理解发生扞格，亦所常见。

5. 两科目性质不同，学习过程却有相互关系——因为文字所表出观念，必由常识而取得；而常识含有时间或空间成分者，多需寻求于文字记载，且其心得又时需以文字整合之。

近代教育趋势，统合文字工具与知识材料为一，设计法则看重此点，德可乐利教育法更阐明其义，由工具给予思想进程之用，更由思想进程而培养其工具，视蒙特梭利教育法只知从手工与游戏，给予教材的具体方法，而缺乏实际生活接触的机会，已不可同日语矣。

因此本实验课程，先着手于国语、常识之合科教学。其取名合科者，由其外形定名，亦以课程对立配置，此名较为切合。初非实验途径，取德、奥合科，而舍美之设计法也。又简易小学、短期小学等，以国语包含常识为一个科目，与本课程之国语、常识合科，根本见地不同。彼以国语课文包含常识成分，科目减少而学习将愈增困难；此则求学习便利，而寻取混合途径，达到工具与知识之统一的企图。即以常识论——并各科目之知识部分，亦得提出，较常识科目领域较大，此不得不声明者也。

（二）合科进行的步骤

合科既依学习途径而定，进行自有必然的步骤，非只形式混合已也。此种步骤，仍建筑于学习心理普遍原则之上。

1. 直观教学、事物教学、感官练习等，为小学低级学习必循轨道，此惟合科易于控制繁碎材料，而得到适当的取舍。

2. 进一步的学习，不永滞于知觉领域，而渐达于观念学习的创造阶段。

3. 上之两个阶段，非限于一个教学过程之分段，尤显著于学习期限之分划。惟其然也，故初期学习，重在从具体事物之观感，取得印象及记忆，确立进步学习基础，亦可谓之准备学习。及基础已立，凡新的学习，皆得自己运用已有经验而理解之、类化之，使思考的培养、概念的发展、符号的应用，结合一致而进行。

4. 应用上之原则，达到统一工具与知识的企图。故初步的学习，以取得工具为主。而工具取得，又必须由事物接触所构成之观念以认识之。进步的学习，则在开拓自学的能力，由使用工具以取得新知识并培养其工具为主。

因此本实验课程，分为三个步骤：

第一步骤——自学初步工具及习惯的准备；

第二步骤——培养使用自学工具的能力；

第三步骤——完成自学功用。

（三）达到步骤进行之途径

第一、第二两个步骤，取途于单元活动，一循直观教学、事物教学之原则，从感官获得知识为出发点。第一步骤所注重者，在使儿童对于文字本身，在大体上得到明确印象，易识而且多识，但与旧时专识字之程式不同。第二步骤由完成初步的全部单元活动，继续识字进而侧重分析，并各种自学工具之基本习练。于此当注意者如下：

1. 单元配置（开始一个学年）——构成单元命题，依以下实施，可以避免设计式之缺陷而取其优点。

（1）依环境分布活动，使进而由时间、空间所扩充之教材，均得由一个明确出发点而类化之。

（2）依据部定课程标准，为完整的规划，使一年间的学习，对于初步应具的知能，建立基础。

（3）凡具有时间性者，均适应之而作活动，使一切当前活动，均在教者控制目的之下。

2. 学习过程——分两个阶段。开始取得知识，必由当前活动而取得，使易于得到明确的经验。次练习文字，必由所得知识构成观念而抽提，使符号认识，依据于自己的观念再生，无须多费讲解。此看似两截，实则打成一片，由其合可以完成整体活动，由其分则活动便于控制，而且各部分亦便于充分活动，打破从前各种形式过程之弊。

3. 借助于活动工具：

（1）使知能取得，皆由训练习惯而来，身心得到协调的作用。

（2）成功与错误，均有明确的证验。

（3）可使多数人同时活动。

（4）便于多方变化，且有分明程序，使练习与理解融合一致，并不流于机械记忆。

（5）便于互相比较，得到正确的辨认，并且时常以小部分的练习，得到大部分的认识。

第三步骤取途于自由阅读，进步的学习由被动的接受，变为创造的学习，不限于借助环境或外来刺□。而且由空间、时间扩充之知识，大抵由书本上取得而来。如儿童自己使用文字工具而理解之，不惟适如其度，而且确实而迅速。欲使此种企图完善，必须注意以下条件：

（1）须有分明进程之读物，且便于自修者。

（2）须有分明学习过程，表现其具体工作。

（3）须有辅助自学工具，足以引导自修，减少问题。

（4）须有适宜指导，在教师不嫌繁碎，在学生恰如所要求者相应。

此当声明者尚有三点：

1. 进行途径之形式——前两步骤取途于单元活动，或以为同于设计法；最后步骤取途于自由阅读，或以为同于道尔顿制，非也。吾国小学率称低级用设计法，高级用道尔顿制。试询以二者衔接，贯彻如何目的，前者对后者有何准备，大抵无辞以对。本实验方案以培养自学能力为主，多方贯彻其目的，系对班级制、科目制、书本授课式以及复式教学、分团教学与设计法、道尔顿制所形成之弊，求一个总解决；并舍短用长，更进而求其积极有效，易于实施。故单元活动之结果，系为自由阅读之准备；自由阅读之进程，又系开展单元活动已成结果之功用。即形式相同，途径已殊其用。关于学习活动，与设计法、道尔顿制出入之点，由上之说明已可概见。最要者，即进于自由阅读，各个以自己兴趣与能力，取得适当进度，超过于分团优点而无其缺陷。整体学习立于自学基础之上，彼此不相牵掣，又不虑同时冲突，无取乎旧式教学。其认为问题者，惟在一年级，然以分团论，初年无分团的必要。以复式论，则一学年与其他学年同等编配，所有自习、作业时间，根本成为虚设，故日本进来单级班，每以二部制调节之。欲使儿童早逮于自学地位，一学年儿童更非独立学习不可。如不得已，对一年级生用二部编制，固亦甚当也。

2. 自学路线中的读书式学习——此非偏重读书教育，特以文字为一切学习之工具，初步不得不植立其基础，而文字又不便于孤立学习，更不得不结合常识，使由真实情境中取得明确观念，□学习可以事半功倍。如从表面观之，则开始学习，绝对不凭借书本而识字。所以然者，一从书本识字，便难学而且乏趣味。故本实验课程，虽以增进读书量为最大企图，而学习途径，一反书本教学之传统方法。虽以运用文字工具为推进自学原动力，而学习内容，并非以认识或理解文字为唯一功用。

所以进于自由阅读，即有许多知识，须取资于观察、调查、实演，或借助于试验，而后自学功用，可以完成。

3. 混合之歧途——国语、常识之合科，非有两种教材混合之谓，更无课本可以混合编制。故自由阅读中，国语文学与常识，尽可分编读物，仍得进行其综合教学。吾人当知二科所以结合，由于文字所代表意义，皆为知识所付与；常识之取得与应用，必借语言文字为工具。二者结合，当于学习程序中求之，非国语可以包括常识而成为一独立科目也。若以读国语课文为求常识，或依常识目标编国语课文，作为混合课程，在实质上各丧失其固有价值，在学习上各增益其繁难，不仅两无所得，其至两相妨碍。盖教学而以课本为唯一工具，效率已减，益为混合编制，害又甚焉。所以混合课程与混合课本，不能并为一谈，虽常识读物，吾人甚希望其能用艺术描写，具有文学意味，此特为读者乐读起见，非谓读此即盖学习国语之功用也。其有称用混合课本比普通课本成绩较优者，亦课本与课本之比较，非综合教学与分科教学之比较也。

《京山县新志》序言*

大凡社会进化，重有赖于人类者，莫要于以前代之事教后代人，次之以地方情状为甲地或乙地之人相互介绍，其用亦宏。从来教育家以此为唯一志愿，历史家则以之为应尽职责。然必所教之事与介绍情状，真实而且重要，有助于新时代人生之改进，始有价值可言。而供给此种材料，端资纪载，方志由图经变演，成为史之支流，具有史法、史识，而异乎类书体制者，功用亦若是耳。

余夙治教育学，专究国民教育，尤致力于教材研究，而主张小学教材以乡土为基。尝慨夫为一国人民，不知其国之历史、地理若何，而责望其爱国有方，其道无由。本此推之，为一县之人，有询其县之地方情状与其文献，而茫然不省，是亦虚有其籍而已。于此而思由教育以振之，则乡土教材尚已，而方志实为主要资源之一。然浏览旧志，又觉其编辑之旨趣与方式，不惟无以应教材之需，即作旅行指南，亦不甚适用；至由其纪载以推究其政制文化之得失利弊，更不足达其企求也。因

---

* 选自李廉方：《京山县新志》，湖北通志馆1949年2月初版。收录本书时删去了序言的后半部分。

是曾有重修县志之意。辛亥首义，吾鄂成内防唯一重镇，历年由武人主政，不佞饥驱省外，无力及此。

……

三十七年十二月除夕李廉方序于湖北通志馆，时年七十有一

对识字课程和课本的教学建议＊

识字运动的成果,是否有效和经济,几乎完全建在这里。我们首先要认清的有下面几个观点:

(一)扫除文盲以识字为目标,也是唯一任务,并不只是一个中心或重点。必须从它的本质的体系来设立课程,不要混合其他观念渗入功课里面,因为受教育者只得抽取工作余暇的很少时间来学习,虽然功课也要有正规规定,但不必像正式学校那样完整形式。其一,识字是人民受政治教育和参与政治活动必具的基本条件,而不是识字就要有政治意味或工作。虽然在集体识字中很有团结政治的可能,或有时谈及时事和政府最要的法令,但必须偶尔在课余来说,不可妨害习字正课时间。其二,识字是普通教育不可缺少的工作,然而不是从普通教育中分出来的科目,所以识字教育也不能凭普通教育分科或合科的观点,衡量它的独立性或全面性。不但此也,识字是国语、国文科目中的基本因素,虽然联系也要有这个具体功用,然而究竟不包含这科目全部应有研讨的问

＊ 摘自李廉方:《全国识字运动初步方案的建议说明书》,《教育资料汇编》第4辑,中南军政委员会教育部1950年6月编印。题目为编者所加。

题，所以做法也要切合实际才对。

不过任何工作，都有必然的联系：其一，相关或需要的学习，应该和识字同时并进的就是算术，这理由不必说。必要说的就是人类最初立学，只是读、写、算，我国古代教育也是书、数并重（书即文字，数即算术）。其二，识字经过相当阶段，能够自读，就当逐渐从书本上获得知识，才可发挥识字效用，这当然是第二阶段。这时候应该在国语外加读常识课本，这是近代教育趋势统合文字工具与知识材料为一的做法。再进一步要提高文化，这可说进到第三阶段，就应该授浅易的科学知识。自然和社会分门授课，与国语并重，这是工具和知识的统一最高阶段。如果初步学习就要合知识与工具为一，尤其是开始识字如此，那就不免躐等了。

（二）这是成人识字，应该体察成人的需要和愿望。苏联识字运动，自第二届会议立教学设计局，对教学指示，力戒把儿童教法搬到成人学校里。我国初级国语教学，由旧式传统和晚近仿效欧美，流传不少错误。尤其国语课本，为书坊编者制定似是而非的式例，影响到今日工农课本上，习焉不察，似乎不可忽视。现在谈到教育，都说要与实际生活相应，又说学以致用，可是这话不应该只是原则，随便空谈，而应该从教学方面处处表现出来。因为没有认清走的路线，说得很是热烈，做来依样葫芦，这现象还是普遍存在。现在提出几个题目来：其一，识字是不是定要用课文来读，还是要认了若干字才得读课文；其二，开始识字，是不是要读课文时用书写来练习；其三，课本是怎样地用才有效才经济；其四，怎样才适合受教育的需要和愿望。看了以下所说，自可以得到解答。

（三）已受过识字教育的人怎样才不致再变成文盲？一九二五年苏联扫除文盲工作者发现受过识字教育者返为文盲的情形，很重视这个问题。我们进行识字运动，就应该有预防的规划，这注重的有二事：其一，工作者要贯彻这个目标必须达到进程的那些条件，务要进行到底。因为识字教育不像那正式学校的教学，是年龄、程度同等，由始业到毕业，以一定年限和每日一定时间修完课程标准，而且不可能这样来做。只得因应他们的劳作余暇，设法加紧学习，分别阶段。每整年修完一个阶段，每一个阶段总要有个结束，至少要修完两个阶段，才能够无师自修，能看一切普通书报，且能用文字传达自己浅近意思，这才是脱去了文盲。其二，与教育有关联的机构，都按识字各个阶段，配合供给识字自修的东西，使受教育者在课外随时随地有应用机会，这是使他们不返为文盲的社会设施，也是这些机构应该做的任务。例如文化、出版、新闻各机构的业务，过去做社会教育的工作，只是为知识分子锦上添花。尤其是民教馆、阅览室、阅报所、新闻副刊，都没注意这点。以后力加矫正，对识字间接方面是有很大帮助的。

（四）字与文是对立的，文又有口语与文言的对立，这双重对立性存在汉字本质上，初步识字因作用混淆，很容易发生内容纠纷的问题。既因古今时代不同，音义和写法有些改变；又因中西文异趣，初级倾向欧化教法起了偏差。一般青年国文程度都差，最大原因是基础不好。现在注重文化普及，从识字起，要怎样才有效而经济，首先要寻根究底，矫正过去教学错误，才不致不自觉地形成了粗暴作风。

根据以上观点，分识字课程为三大阶段：第一阶段是半文盲以前的学习课程，第二阶段是半文盲的学习课程，第三阶段是提高文化的课程。其中，第一阶段国语课程以字课为主，教式分不用课本与用课本两种，教学程序分认字不兼书写、认字与书写结合、先教习音符后识汉字三种。

甲、不用课本　这不是像过去设计法自编教材换汤不换药的做法，而是不从课文来认字，另用不比课本价贵的字片代替课本，很便于活动练习，教法详下。

乙、用课本　这是为教师拘守旧习，不肯或不知道改用新法（其实新法很简便，不过教师不打破旧观念便有扞格），不妨用课本来教，也可以比较证验。

这用课本也分两种办法：主要的是不为课文而为字课，与不用课本的教材相同。即各地方规定教材，一印成字片，一印成课本，教材同教法不同。用课本的照旧法来教，不另外规定教材，即采用他处印行识字课本来教。

国语教学并不是绝对不用课本，而是认为受教育者要大体能够自读的时候，课文才有用处，在初步识字是不相宜的。说到课本，不是大家都说教材要适合受教育者的生活需要吗？然而大家又觉得自编很难，只望中央颁发课本；然已经进行识字的，又觉得中央指定采用的课本，实际教课不很适合。中央也要颁发课本，然又说有些怕各地方不很适用。这样反复矛盾，应该根本解决。人人都说打破传统，却是做来还是不脱传统圈套，这就费解了！况且为工农分编课本，各地农民、地理、生活、习惯不尽相同，用同一课本，是不是隔阂很多呢？至于工人业务性质，不同的点更多。说到课文，形式上唯一功用，不外构成语句，便于诵读；语句相属，便于理解。实则字如不识，如何能读！不认识的东西，单就字面来解，是不易了解的。而且便于诵读和理解，对于字形认识和记忆，是毫不相干的。因为读的是文，所以专凭口耳也就有效；书（课本）是文编成的，所以过去读书注重口耳。认字专凭口耳是没用的，句和句相属才成文，字和字相属才成句。识了这篇文的字才能读，不教也会读，为什么要从文中来认字呢！又为什么识字课本要编一课一课的课文呢！

这是有原因的，是不可不说破的。原因受了文人学士的影响，这些先生们是有知识的人，都是要从书本上来求知识的。以为入学就要读书，对于仅仅识些字的人是看不起的，对于俗人看的小本和用《千字文》《六言杂字》来识字是鄙视的。一谈到文字，就要讲"六书"，"读八家文"，弄得后辈莫名其妙。尤其对于那些无知识人们的苦处——因为不识字才不能看书，且没有工夫读许多书来识一切字——是毫不体会的。这不是阶级意识吗！这不是阶级意识形成觉后觉的传统成见吗！我们要扫除文盲，首先要清扫这觉后觉的传统成见，才能使全体不识字的人民受到适合的识字教育，这才是正本清源的办法。新式作家只是研究怎样创作，没有闲心来替不识字的人打算。那些编教科书先生们，尤其是编初级课本的，因为课本要一课一课地编成课文，这是由传统成见演变来的；只是从形式上那些似是而非的条件用工夫，愈加工愈钻牛角尖。小学教师照本宣科，短小和民校更是依样葫芦。这识字为读书锁钥，而且是自修基础，有谁当作教学上唯一基本问题来研究呢！现在这阶级意识留下来的传统成见，普遍存在，是不可忽视的。近因受了欧化人士的影响，汉字结构是演形的，和拼音字演声不同。拼音字认了字母，拼法可在读课文中渐渐学习。汉字各个独立，又不能教完了独体字才教合体字。开始即读课文，认字就发生许多障碍。教学法从欧美搬来，倾向欧化的不免抹煞过去识字教法，连编国语课本也要仿西式为是。这是一种新的阶级意识，存在新知识分子里面也很普遍。尤其强调教育心理学家"全体中求分析"的原则，拘守语言学家"语句意义要连续"一句话，搬到初级国语教课。因此课本要编成课文和字要从文中来认，几乎成为经典定义。过去有人说过这样形式演绎错了，然而大家还以为欧美专家名言是不敢否定的。苏联第一届会议对于"整句教学法"发生错误，减少识字效率，明白指示，这是值得我们玩味的。

现在要问是不是除了用课本的课文来教，就行不通呢？不是！考之古代，从来是先识字后读书的，识字是各个独立来认。欧化兴学以前，许多读书人家，儿女五六岁没有上学，只是认字；就是私塾还是识字教材和书本相辅并进。抗战前有人觉得汉字要凭视觉来识，视觉要结合观念，只有从独立词语来识字，"观念视觉"才单纯明确。曾经在开封城内手工业区和城外农村，各办一个实验小学和几班年长失学的教课，彻底改造国语课程，二年半就读完一般小学四年课程。欧洲比利时德可乐利小学也有类似试验，证明观念视觉来识字是最经济而有效的。西欧近十数年来，新式小学多有这样倾向。——这都是初步识字过程，彻底打破传统教学程序来做的。

现在说明"不用课本课文"的做法。先谈教材：第一，不是单字而是各个独立的词语；第二，每课词语配合，不是依事物种类来分配词语，也不是依品词性质来分配各字。因为这样做法，是死板板地机械认字，起不了活动的感觉；这样无生趣的教学，是不可不摈弃的。单就每课单元题目来看，这组织性就要具备设计法的单元作用，且不详述原理，但作一个概括意义的说明。要知道字是一个符号，每个符号所代表的意义是什么？无疑的是各个事物。不认识事物本身，能从符号了解意义吗？不能！那么要了解事物本身，就应该到自然社会的环境里去。因此学习语文，也应该在环境里去找词汇、语汇，才是各人当前必要认识的字，也就是日常应用的字。尽管事物杂然纷陈，从人们当前生活分成几个方面，体系是很分明的。就这些方面先尽日常接触的事物，看各个是用什么符号来代表的，逐一认识这些字，那就识了最通用的字了。在这个阶段里，各处识的字不尽相同，字数也有参差，如果所识的和各人当前需要应用的相合，比较那从想象的或武断的硬定应识的字和字数，实际效用就相去甚远了。

所以教材组织，随环境所在，分学校（部队为军部，工人为工厂）、身体、家庭、乡土（依地方分乡村与城市，依劳动分农、工、商）四大领域，依据"共同纲要"的项目（这项目是概举的，可以共同，最好由中央识字运动委员总会制定。形式近似课程标准，但内容不同，且宜活用，项目下分别列举式例和说明。《改造国语课程方案》及《廉方教学法》都有专篇，可参考）。开课前，工作者从事调查搜辑，依项目分析，确定小单元。每一领域分若干单元，每单元为一课，提取应授词语，临时可以增损。这当然是校或班就所在地方联合编制印发为宜（照纲要的项目来定具体课题和词语，有分明范围可循，普通教师都能做）。不过为制印字片的便利起见，"农"可就本地的地形生活的大体相同，合数县或若干乡合作，制印同样字片，每校或每班仍得临时补充（片数无多，又不常有，写出不大感困难）。城市在大都会或大商埠各制印同样字片；普通城市由各省制印同样字片，并参用所在地方农民用的字片。

"工"在大工厂设班很多的可以专行制印字片；小工厂依性质相近的制同样字片，并参用所在地方的市民或农民用的字片。部队由所在军区与当地识字运动委员会商同制印。

次谈教法，分两方面来说：（一）是认些什么字；（二）是怎样来认字。

（一）认些什么字——这和教材组织是有联系的，把接触环境的事物，都分属在四大领域范围内。每课单元从一个领域的项目下来确定，但各个单元要错综配置（不是完成一个领域再做另一个领域，因为领域大范围虽不同，而事物每有联系），却在一定范围内各自独立。课与课的前后不限定有关或相属，每课字不限定复现，凡是过去课本编课文的必守的条件，在这里没有用处。哪些词语要用，依领域项目的性质来检查，显而易见，不像从前应见什么字或缺少什么字，必须作全册总计始得发现，这是属于整个体系问题。

说到识字次序，前段开始数课，先就当前眼见事物的名称来认字（名为单字或合二字以上成词听便，但大体单字是很少的）。三课后参入带有动或静的合词（如白布、黄雀、洗面、漱口）。以下渐次参入口令的短语。先以上课用的口令为限（如起立、坐下、举手、向右看），可以拟势对照的。再次参入问候语或恭敬语或交际语，总要较简单不含复合词在内（如你好、请坐、再会、贵姓）。到了后段，每个单元得参入单句，即含有主语、述语的简单句子。这样单句逐渐加多，尽可能在句中分次散见构成单句各种应用虚字（口语字无多）。后段下半，可以酌量情形，一个单元可以全用单句为字课，但每单句仍要具有独立性，不要语句相属成文，因为独立单句是最具体的，最适于初学人们来读的，苏联红军战士课本第一册就有这样趋势。

过去对于初步识字，应识些什么和识若干字，五十年来，先后不少非正式的估定，然而没有哪一种为大家所满意，不必逐一细说。就是所谓学者号称科学方式，从多本用书检出每字复现次数见百次以上的字，也靠不住是常用字（一称通用字）。现在估定性还是普遍存在，有的把一千字左右定为识字限度；或者估定工人识一千二百字，农民识一千字（旅大地区报告）。实则识的字数和识的那些字是有密切联系的，不考虑受教育当前必需的字，只是说适用的时间、地方尽可能地广泛些，那就成了编者地方主观性的看法，不但不可为常用准备，而且在地方也不尽是当前必需的字。现在报告，都是识字运动中的状况。至于若何阶段完成以后，是不是每人能看一切书报，脱去了文盲或半文盲，没有严格有系统的检验。尤其是冬学运动如此，是否费力和成功相当，是很值得考虑的。

要知道应识的字难以估定的，只是实字中的名字，这名字占总字数百分之九十六以上（据《康熙字典》以前字数），因人因地必需认识的就有不同。人们先尽环境当前要用的字来识，不必限定业务不同、地方不同，都识同样的字，那么应识的名字数量，就有一定限度且不很多了。至于实字中的动字、静字成分都不大；各种虚字为数更少；这些字口语常用的字不过二百字。除去文言字以外，还有科学术语和译名，不是日用字所有的；成文（数句相连）的承接词和起止词，不为构成单句的用字——都是初步，暂可不识。前二种等待兼求知识时候，自然会在读书中来识；后一种的字极少，从看书报中来识，也很容易。

（二）怎样来认字——使用的教具（代替课本），是把厚报纸裁成字片，长短三种，最短的为词片写（印）二字至三字；稍长为语片，写（印）二字至四五字；最长为句片，写（印）四五字至七八字。每一字方八分，字片长短准此裁制。片的左方穿一小孔，紧系着细麻索。每课完后，学生把字片贯到索上，放在字盒里（纸制、木制听便）。

每课开始，教者约计数分钟，就本课单元所包含的内容概况，集注词语有关联方面，启示学生观察或陈述，引起对各个事物的观念。这观念具有独立性却不是孤立的，就是观念视觉发生的根源。这过程和旧教法预备段同旨趣，而做法不是抽象的。经了这过程，随即分发本课全部字片（预先配置，临时交各排或各行组长分发）。每提出一个词或语，教者板书或举起字片，同时令学生照样找出字片举起来，片先向外，大家订正无误，才得平视（错的再找）。教者范读，学生看着字片循读，约两三遍，再逐次如式读其他字片，遇有可用动作者当作势表示。范读时只是读，不讲词或语的意义，也用不着讲解，白费时间。因为读的字只是词或语，这词语所代表的是已经见过的事物，或已懂的言语；那么见过或不懂的词语是不教的，这是初步识字的唯一要诀，也就是比用课文节省时间的明证。

这里要特别说明的，就是自范读以至各个练习过程，都是看和读要结合进行的，可以说是"看读法"。看读是识字所以认得准、记得熟的唯一关键，而且使受教者可以自己证验自己的错误。因为音读仅是音的读得准不准，那读的是不是这个字，他自己无法证明，惟有读与看合起来才一目了然，也是他得到的自觉。现在把过去失败的事实说一说：

（1）学生对课文已经能读、能讲、能背诵，但是离开课本，还有许多字不识。

（2）学生读的时候，只是循声来读，并不一定注视文字，因此读得对不对，他自己得不到证验。

（3）每个生字究竟要经若干次和若干时间才得熟，没有明确标准。而且生字和课文混在一齐，究竟课文是不是对生字认识有真正补助，也没有分明凭证。甚至因读讲课文，多占了时间而减低熟习生字的效率，反有很显明的表现。

了解这三点，以下练习，都是看和读结合来学的，就有了正当立场。不过用课本就不能每个词语分开练习，看读作用就显不出来，这观点要认清的。

范读过程已完，合全课字片进行练习。最要注意的，每练习一遍，教者要把自用的全课字片错综颠倒一遍（学生的字片照常放着不动），这是使学生必反复注视才找得出要读的字片来，是最有效的作用。第一遍教者每举示一个字片（教者不要读），学生照样找出相同字片举起来读。先分组做，每组做，其余各组看举起和读得是否有误。各分组做完了，然后全体如式齐做一次。第一遍教者不举起字片，只是读出词语的音来。每读一个词语的音，令学生找出字片举起来，也是先分组做，后全体齐做。在这两遍练习中，教者要注意哪些学生是有错的，是很慢的，并注意常错的是哪些词语，哪些是照样举起字片而读得不对，哪些是照读的词语找错了字片。于是进行"调整练习"。调整练习有二式：其一是抽调学生，看他们多错的是哪些人，令他们起立，再如式进行一次范读，不起立的仍随同循读。其二是抽取字片，看哪些是举起字片读得不对，哪些是对照读的词语找错了字片，都以错的人多或错的次数多为主，教者把这些字片抽出来，分别一齐练习。经过调整练习，更进行

"闪烁练习",教者把全课字片用闪烁式一片一片随举起随放下,每举示一片,学生即齐读这片的字音。在闪烁练习中,哪些读得对,哪些读得太慢,再提出这些字片作一个调整练习。最后学生一片一片取出来,对照字片每片连读二三遍。有了这样练习,学生注视当日每个字片看读不止十余次,不熟的就很少了。又词语是"表动作"的,或是教者只举示字片不读音,学生一齐拟势表演并读音,和游唱时且唱且演一样。或是教者只拟势表演不举示字片也不读出音来,学生一齐照教者拟势举起字片对照。这拟势认字,或是单独提出字片来练习,或是分散在全部字片练习中,由教者自便,总之是打破过去死读课本和蛙叫式新途径。

以上说的是"当日练习",止此还是不够的,以下说"反复练习"。先要说破过去、破课本的惯例,从课文复现已教过的字,是白费力而且对熟习毫无把握。学习心理发现原则,凡是文字认识,一定要依时日距离,最低限度复习三次,每次进当熟的地位,才能保持长期记忆。试问课文教材必须每课不同,勉强把教过的字,分布在不同教材里面,那就破坏了教材本身体系。参入不大相干的词语,编的人费尽心力,读的人反觉无味;复现次数愈多,编出的文愈是没趣。而且复现课文次第和学习心理复习距离也难恰合。所以编者只在凡例上夸张其词,实际上并没彻底照做,甚且编者不少违反定例。这在过去课本是显而易见的。过去也有觉到正文复现生字很不合适,每隔若干课,在正文后附温习材料,才是比较聪明的办法,但是仍有缺点:一是把限定那些教过的字,整体做成新的词语,很难有趣味,练习不免干燥;一是反复次数不够,已经不能达到熟习的企图。如果在温习材料中仍有错误或不完全,怎样补救,还成问题。现在反复练习为三次:最初是本课教完以后,继续的二三课，在每课当日练习最后时间内，各参入前课一部分字片，合作一次全体看读练习，务在继续三课内分布完成。其次是继续本课教了三课以后，把本课全部字片特加练习，同时也可稍参入这三课的若干字片一同练习。这个练习是把学生分组进行，亦得参用指名练习，练习时间不得超过十分钟。又次是从本课至第十课教完后（以下本课前三课后六课合本课为十课），把这十课的前七课抽提若干字片，进行一次综合练习，字片可以多至二十个（当然取以前常错的字片），时间不超过十五分钟。

这反复练习，除用以上方式外，在其次、又次的练习中可兼用以下所说的方式：（1）"露字"。练习用一张较大的纸，预先写出当时应习的词语，临时贴在黑板上。另用一个约宽三寸长尺余的硬纸条（如用木制，就开孔处嵌一小活板于孔旁，可以推动更好）中开一恰露一个词语的孔，进行练习时，教者拿起硬纸条按在写词语的纸面上。如孔大，兼露出其他词语的字（词语的字多少不等），教者侧身轻轻以手掩着。每次移动，恰露出一个词语，就令学生齐读或指名读（指名要时常换人，以全体轮到为宜），指名读后大家订正。有些词语，教者斟酌情形多露几次，多认几回。（2）"圈字"。教者把应习词语，先后写在黑板上。每写出一个词或语，就令全体齐读，错了订正。各个词语写完后，教者每读出一个词或语，就指名来圈出（用粉笔圈），错了订正，另指一人来圈。各个词语圈完后，教者每读出一个单字的音（从词语中分出，如"玻璃"的"玻"）指名抹去。来抹的人先用手指，不错才抹。或教者任指一单字，令全体读出音来，读对即抹去，至抹完为止。练习方式有趣的很多，这里只择取最便、最有效且合用的来做。

怎样选取教材和怎样教，具如上说。现在举例来说，尤便类推。例如都市各商店的牌匾签条，因字号不同，生意不同，上面写的字各不同。还有标题通用口语，如"货真价实""言不二价""童叟无欺""赊欠免议""当心玻璃"……更有把通用的或新出的东西和价钱，标示到铺面上，或者特印仿单分送。中药房较大的门外必挂上"拣选地道生熟药材""自制各种膏丹丸散"两块直牌；铺内用小牌或单签标出各样药名，或印或贴在架匣的板面；更有包药的纸分别印上各药物的用法说明；中西医也有揭示能治的病症及就诊、出诊的时间和价目。其他酒席馆、布店、茶庄、医园、粮食店、文具店、木器号等，各标明本店卖的东西和告白，种种不一；就是小熟食店也贴出所卖的东西和价钱以及注意事项。合各店各种各样的标识，市面要识的字都在上面。此外市面的广告和街坊的告白，如"吉屋召租""此巷不通""小便远行""禁止招贴"……以及警局牌示"靠右边走""车马缓行"……差不多各处一样，这还不算人们必要识的字吗！遇着纪念日和重要会议，贴出各样标语，由认这些字而添些时事知识，更是要紧。又如戏场每一曲戏，电影场每一部影片，都揭示剧名、演员姓名；公共机关各处房屋门前标明何处（如传达室、会客室等），品物、器具都贴上签条。这也是人们应该认识的字。假使分别性质和种类，各找一二家代表商店，分段指定地点，分日去观察一遍，随地当前指示，再到教室加以练习，这样教课，凡是教的字，都是当前应用的字，才可算是常用字。受教者认了几个字，就自己觉到这个字的用处；既便临时自动练习，又随时觉到自己的进步，这是自动自觉的最浅显的证件。至于乡村没有这些可利用的标识，如果就所在地方，分日期、分场所，把住的、吃的、用的、地面生长的，凡是眼睛日常看到的，分别用签纸条写出，贴在那东西上面，使人一望而知

（不可贴上的用字片和实物对照）。教课时把字片拿取指示与笺条对照，然后在教室加以练习，也不费事。再加上从各人身体方面，指着头和四肢的各个部位（如口、耳、手、脚）认识名称和功用的字；从谈话方面，把各人姓名用介绍方式来识各个姓名的字；又报告家庭的男女老少和戚属，使认得称呼的字；又从往来路线谈到经过街坊和本宅的门牌，使认识日常见到的字——这些都照当时所指所说，抽提出来，用字片来识。除了这些日常接触的事物符号，还有比这靠得住的常用字吗！这些符号都产生在活课本上，这活课本是当前的自然、社会，不是别的，要人们就地观察得来。学习这符号，要有活动才容易认识。范围愈广泛，观念就愈不明确，是不是常用字就难说了。现在要估定常用字和应识字数，如果循着旧路线走，是跳不出旧圈套以外的，值得我们深切考虑呀！要知道书是不要死读的，字也不应该死板板地坐在教室凭课本来认。只是把估定的字数，编入课文，受教者读完了这几册课本，如果不继续求学，这读过的字，是不是都能识？或者经过书写练习，是不是离开课本都能写得出？单凭当时测验通过，时日稍欠，还有些靠不住。所以读完识字课本的人，仍旧返为文盲，确是有的，而且很多的。过去的民校、短小以及读过初小一、二年级停学的，常有这样情事。

现在把视觉辨字形有说明的做法也要连带说一点。就是凭视觉来辨字形，是从近代识字最新的教法（拼音字一样有效但不及汉字要紧），体验汉字形式来做的。一方面矫正晚近流俗抹杀汉字本质来识字，一方面却打破传统固守六书成见来教初学。因为读书要从识字入手，是中国古来传授知识的唯一途径，值得我们深切体验。不过识字运动，是为扫除文盲，集注在成人身上，要在很短的时间发生很大的作用。虽然要从识字入手，然要知道时代不同，字也有古今异用，并不是古非今是，或古是今非。古来提高文化，以能读古书为准。汉字由篆变隶，由隶变楷，虽然外形有些变而本质构成并未变，所以识字必讲六书。因为古书的字，有些音变和义通，追溯字源，就可得到解释。现在识字，以能看普通书报为准，只要能读字音、识本文的字义就够了，用不着拘守六书的古董成见，反而扞格难通。所以提出辅助辨形的式例，都含有正作用和副作用的二重性：正作用是一看就显出形的特点，易于记忆；副作用是为写字或检字作准备的。简易分析，只是独体、合体孳乳成字的外形，而不是追溯六书的字源——因为字的外形省变已太多了，并且许多字今已经不通用了。在教读中要以当前需要为主，不能依字的独体、合体分别先后，只得指出各个形的特点，使学生一看就易分辨。独体字数既少，笔画亦简，大概是象形、指事二种，但今形已无所象、无所指了。它的特点完全表现在笔画构成方面。认识时不必了解全角结构，只注视起止处就行。

　　本阶段进到后段，为转入第二阶段的连锁，就是完成准备工作的关键。要知道先识字后读书，并不是把一切字识完了才得读书；就是前段识字，也不是把单字一个一个作为教材，而是从具体独立的词语来识字。词语固然很多，但长此停滞在一个一个的词语上来教读，学习兴趣就易减低，字的功用也不得尽量表现出来。要知道字的功用，在成形上是代表事物意义的符号，在使用上是传达人类的意思。没有前者，意义无所依据；没有后者，功用不得表现。要了解字的怎样使用，必须知道字怎样结合才把人类意思传达出来。它的结合就是用字写成文，在使用某方面可以代替口语。文是句和句相属才成的，了解单句怎样构成，才是作文的基础。可是了解单句，不一定要每句加以分析，只要从认读中晓得各字的位置所在就行了，因为笔写出来的文字和口说出来的语言，是可以互证的。所以后段开始，各课单元要逐渐参入单句；到后段下半就可全用单句，但这要按情形来定的。

后段进程为下阶段自读准备，有两个新的工作开始：（1）习音符，开始一周专行学习，以后每课范读，是先令学生试行拼读，教者才正式范读，另详下。（2）查字典预习。旧时入学读书，并不估计应识若干字，只是在读到相当进度时，教者指示用字典查字。所以进而无师自读，也能识一切字。照这方法看读，前段已经识了数百字，字形的偏旁、冠脚，有同形的亦经过多次指示。部首是形部分一个重点，在后段特别提出，是不会不懂的。

开始教课，在每课最后时间数分钟，把当日生字提出，指示学生查字典；他们明白检法以后，就在每课开始，令学生先查生字，如已习音符，即令学生拼读，错了订正，随即进行范读。

现在附带谈及"简笔字"问题，这与识字是有联系的，主要功用是大多数的字笔画减少，可节省书写时间，利益大而且多，不过要依汉字由繁而简的历来趋势，才行得通、不生弊病。现在先从字的历史变迁来说，古代由篆变隶，由隶变草，又由隶、草变为分楷，行书是在草和楷二者之间，找出便写而又易辨识的一条路线。这些变迁，只有篆变为隶是一种大改革，草、行、分楷只是写的笔法不同，字体并无大区别。为什么篆变为隶？（1）因笔画繁重（篆书也有比楷书笔画少的，不过大多数的字是笔画多）；（2）因笔法困难。总之是为书写便利而又迅速作打算，所以隶书简单，比后来楷书还多，这在一切汉隶碑帖是可查考的。

草书在汉时已文告通用，因缮写的人只求便利和迅速，不免各人笔画有些不同，不易辨识（这和老解放区流传的省笔字各个不同，情形相似），发生了很多误会，于是大家都想整齐划一，分楷遂占势力。行书本易辨识和速写，因为当时阶级分位严重，上行公文就以正楷为合格；只有草稿、批答和通讯，得用行书。然而晋、唐、宋、明各朝，奏章犹间有行书笔书和简笔字，因为简笔和行书是相联系的。清朝自乾嘉以来，镇压官吏士民，注重文书，奏章、试卷最为严格，字字笔画都要正写（乾嘉以前朝考卷犹有简笔字），腐儒更推原六书，厘正字体，如《字学举隅》一类刊本，风行一时，这是不足道的。

这里得到结论有两点：一是汉字由繁而简，是必然的趋势，做法是只为书写便利且迅速的，和字的意义读讲是不相关的，并不是什么教育问题（间接和教育影响），是不能用拼音字的读法来评断的。因为汉字和拼音字比较，不是易识难识的问题；单就认识方面来说，汉字比拼音字还容易认识，这是另一问题不谈。一是流传的简字，只是把原字的形和笔画减少，间有变形，多是从原字的同义同音中找一个简易形书来替代，和六书假借、转注的例子差不多，而且不违反形声字的原则。那些笔画本简的仍旧使用，并不是创一个简笔新例，来改造一切字。所以识了这些字的人进而读古书，也可相当理会，不是绝对扞格难通，这是行得通的唯一原因。

过去想改造汉字和自作简笔字的官员和学者们，都是违反上说的两点，值得今后考虑。

制定简笔字，应该有这样准备，分两项：第一，调查搜辑已行的简笔字，分别排列以备检讨，这来源有三方面：（1）自汉至清旧有的隶、楷、行、草碑帖，凡有简笔字应逐一摘出抄录，尤其是行书的简写和改写，应照式记录。（2）旧书关于简字材料，或收入丛书内，或单行小册不通行，或附见某种论述里。例如隋僧智永《千字文》真草，唐人《千禄字书》，清人《字学举隅》，近人《今字解剖》等，原书是辨明正俗讹的，我们倒转来用。又有商务印书馆《通书》、中华书局《国语文学读本教授书》亦可供参考。尤其民间的唱本、连环套等，印得愈坏，简笔字愈多，是大量简笔字的蓄水池，应多方在各省、市、县旧书摊上去找。（3）各商店记账和货单（尤其是杂货店），多写简笔字，大都是用同音字来替代的，多方查访，必有可用资料。要知道简笔字的产生，在文人们是一时简略，在俗人是只图省便，并没有丝毫造字的意见。及至得到流传机会（文人手迹、俗刻歌本、商店学徒辗转相传），一传十，十传百，百传千至万，遂得相习成风。现在制定简笔字，那笔画本简的自不必再减，当然有形可省或有画可省的还是从减。怎样才算简笔，谁也定不出标准来；不过从拉丁化字来比较，总可作一个推论。拉丁化字四个和三个字母拼成单字的成分最大，汉字通常用字多在十二画左右。不超过十二画的，书写时间，比拉丁化字三个字母拼成的不致更长或者稍短，那么不超过十二画的自可算笔画不繁的了。拼音字印用正书，写用草书；汉字用行书写，有何不可！把各方调查得来的简笔字汇合起来，加以整理，那省形省画的字一定很多。切不要只从号称专家学者们身上去找，这不是脑筋想得出来的东西呀！

　　第二，追寻汉字笔画繁重的根源所在，主要的是合体字。合体字最多是形声字，其次为会意字。

附录

李廉方对清末民初教科书的贡献*

郭　戈

中国新式教科书起步于清末,活跃于民初,一批教育家、出版家如张元济、陆费逵、王云五、戴克敦、范源廉、蒋维乔、李步青、沈恩孚、高凤谦、庄俞、沈颐、张相、谢蒙、杜亚泉、方浏生、陈懋治、顾树森、吕思勉、黎锦熙、董文、陆基、刘师培、高步瀛、陈宝泉、俞子夷、吴家煦等,为此作出了开创性的重要贡献。其中的一位杰出代表便是"廉方教学法"的创立者、被誉为"平民教育家"的李廉方(即李步青,1878—1959)。正如他自己所说(1949,1937):"余夙治教育学,专究国民教育,尤致力于教材研究"①,"所以我当省视学、部视学、教育厅长,都时常去实际参观,为系统研究三十余年,历在师范学校及大学任课专讲小学教材、小学课程、小学教学法,并且多次在小学任课或

---

* 原载《课程·教材·教法》2013年第4期,收入本书时有改动。文中所引李廉方关于教科书的论述,在本书中均有体现。
① 郭戈编:《李廉方教育文存》,人民教育出版社2006年版,第510页。

作指导，以及为书坊编读本及教授书，都是以全副精力，集注于小学课本"①。概而言之，李廉方是清末民初教科书领域的一位开拓者，他不仅较早从日本引入和实践了新式教材，而且在民初编撰了一系列中小学和师范教科书，还实验创立了革新小学课程教材的"廉方教学法"；他所编写的教科书及其他教学用书，既涉及"国民教育"的主要学科（如修身、算术、国文或国语），也涉及中学和师范教育的一些领域（如教学法、教育史、修身和伦理学）。本文就李廉方在清末民初，特别是民初时期对教科书的贡献做些考述和总结，以期对百年来新式教科书，特别是教科书人物史的整理研究有所助益。

一、清末西式教科书的引入者和实践者

李廉方编撰教科书的经历可追溯到清末。当时内忧外患，促使清廷痛定思痛，决意革新教育，引西学、废科举、兴学校，新教育制度得以确立。由于先进的日本与中国在文化上多有相似之处，新学堂章程以及教育理念便从东洋学起，即所谓"近采日本，以定学制"。在教科书方面也不例外，正如吴小鸥、石鸥所言（2011），包括李步青、范源廉在内的一大批"留日学生编译的教科书融入了一些与传统不一样的现代元素，对中国现代教科书产生了深刻影响"，从而"确立了中国知识分子在教科书编译（撰）中的主体地位"。②

---

① 郭戈编：《李廉方教育文存》，人民教育出版社2006年版，第414页。
② 吴小鸥、石鸥：《晚清留日学生与中国现代教科书发展》，《高等教育研究》2011年第5期。

1902年，旧学出生的李廉方赶上了中国第一拨留学潮，与黄兴、金华祝、张继煦、周龙骧、万声扬等作为湖北游学师范生被选派到日本弘文学院速成师范科。在学期间，校长嘉纳治五郎（1902）说的一段话对其影响很大："教科书，为造就国民之种子。教科书一不善，则全国受其影响。中国现有教科书，非失之讹误，即失之芜杂，亟宜编辑简易教科书。虽迟延时日，耗损经费，所不宜惜。如以事体重大，难以分办，莫如各省联络一气，庶全国之书不相歧异，名词亦可一律。其有地方情形不同者，则多编数种，听其自择可也。编书之人，则中学深者，加以考察外国教授之法，即可从事，不甚难也。"[1] 于是，他们编写了有名的《师范讲义》（四册，1903），内容包括教育原理、国家教育学、学校种类及系统、师范学校、小学教育制度、小学校教授法、中学校、德法英美教育制度、法制大意、经济大意、地理大概、理化概要、生理卫生学，还附录课外讲义和参观笔记。其中，"教育原理"还介绍了教科书采选与排列、教授材料选择与结合、教科书编纂等内容。据李廉方称（1947），该书"版权捐赠昌明公司，曾畅销数年，获利两万元以上"[2]。他们还用部分稿酬购买了一部幻灯机和一些具有革命内容的幻灯片，在武汉到处放映并宣传世界各民族反抗压迫、进行革命的情形。[3] 教育史学界认为，这套书是留日学界出版最早、内容最全、影响最大的师范教科书和教育著作之一，为发展清季师范教育、补济教材之

---

[1] 李廉方记录：《课外讲义·嘉纳治五郎之演说》，黄兴、李廉方等湖北师范生编：《师范讲义》第四册，昌明公司1903年版。
[2] 李廉方著：《辛亥武昌首义记》，湖北通志馆1947年版，第2页。
[3] 刘建一、李丹阳："武昌花园山机关"初探，《辛亥革命青年学术讨论会论文集》，中华书局1982年版。

不足、传播教育理论和新学科,都起到了很大作用。如陈景磐(1983)和王策三(1985)都认为,湖北师范生编辑的《师范讲义》是较早由国人自编的教育著作,它也较早"从日本详细地介绍了赫尔巴特派'五段法'","对清末新教育制度的建立影响更大"。[①]

1903年夏,李步青因排满嫌疑被勒令返国。至辛亥武昌首义时,历任长沙明德学堂和湖北两湖总师范学堂教习、湖北师范戊堂堂长、方言学堂监学、艺师养习所总理、省视学等职,一方面暗中革命[②],一方面从事教育工作。他所管理的学校大量延聘洋教习和归国留学生来学堂任教,也设置和引进了不少国外的新课程和教材。李廉方本人在此方面也做了许多工作,尤其注重中国语言文字、教育理论和教学法以及修身、国文等学科的教学研究。他在辛亥革命胜利后几年内,能够很快编撰出大量的教科书,与其在清末的教育经历不无关系。此外,李廉方在20世纪30年代主持开封教育实验区时,为了课程教学实验工作,还曾翻译引进美国教育家华虚朋(C. W. Washburne)的个别化算术课本(1935年,与李秉德合作)。由此可见,在中国新式教科书发端之时,李廉方就积极参与其中,不仅有仿习日本引入西式教科书之功,也有多年在学堂试行和使用新式教科书之实践经验。

[①] 陈景磐编著:《中国近代教育史》,人民教育出版社1983年版,第150、260页;王策三著:《教学论稿》,人民教育出版社1985年版,第47页。
[②] 郭戈:《李廉方与辛亥革命》,《文史知识》2000年第10期。

二、民初新制教科书的编辑者和撰写者

（一）创立武昌共和编译社并编撰小学教科书

民国成立，新学制的制定和学校令的颁布，给课程教材和教育出版带来了新机遇、新变革。当时各种课本的编写出版十分活跃，中华书局的创立即为典范，辛亥革命首义地的武昌也不甘落后。1912年初，辛亥革命功臣、武昌学界先锋李廉方、张继煦（春霆）、向大锦、王式玉、金华祝等，共同筹办武昌共和编译社，并草拟了十三条办法，由李廉方作为代表呈报教育部并获得批准。该社宗旨"以译印书籍为灌输文化之资、注重小学及社会教育为增进国民学识之本"。教育部认为："武昌共和编译社所拟办法十三条，规划分明，倘能实力从事，日起有功于教育界，所裨匪浅，自应准其立案。"[①]

李廉方于1912年底1913年初在武昌共和编译社，先后编纂出版了《初等小学国文教科书》（两册，1912—1913，与张继煦合作，冯兆南绘图，万声扬、王式玉校阅）和《初等小学国文教授书》（1912，与向大锦合作，万声扬、张继煦、王式玉校阅），并参与校阅了《初等小学修身教科书》（两册，1913，王式玉编）和《初等小学修身教授书》（两册，1913，王式玉、金华祝编）。[②] 其中《初等小学国文教科书》"与前

[①]《教育部批共和编译社代表李步青申报该社成立缘由并附开办简章请立案呈》，《政府公报》第102期，1912年8月。
[②] 北京图书馆、人民教育出版社图书馆编：《民国时期总书目（1911—1949）·中小学教材》，书目文献出版社1995年版，第17、22、36、64页。

清部定教科书采及伦理训辞者不同","本书选取材料,本教授原则及经验,务求合于儿童心理,一、二学年纯就直观事物,由身体、家庭、学校而渐及于社会、国家,课文多有韵致,足以增学生之美感",并且"本书由语入文,先选列常用名词,进为言文一致之语,再进为通俗之文话,更进为平易之文言"。《初等小学国文教授书》"参以历年经验,义求精审,语求普通,复实施于教授,斟酌取舍,录为教案,足供实用",并"全用白话体,经编者惨淡经营,复由同人更番讨论,编为定本,俾教师持书教授,但有语法次序之变,更无文字翻演之繁难。各教师临时试用,比较他书,自能分判"。①

(二) 任职中华书局编辑出版中小学教材

说到民初课本出版,自然不能绕开中华书局,因为100多年前由陆费逵在上海发起成立这个书局是中国出版史也是教材史上的一件大事。而说到中华书局课本,又不能不提及李廉方,因为他作为教材编辑人员在初创之时的中华书局工作四年,成绩卓然,并与范源廉(编辑长)、陆费逵、戴克敦、沈恩孚、沈颐、谢蒙、张相等名家合作,保障了各种教材和学术著作出版的质量和水平。加上天时地利,书局业务蒸蒸日上,很快成为仅次于商务印书馆的全国第二大出版机构。笔者查考,李廉方在中华书局主要参与了"新式""新制""中华""单级"等系列教科书的编辑工作,还撰写出版了一批较有影响的中小学和师范教育教科书。下面,逐一做些介绍。

《中华女子修身教科书》(三册,高小用,中华书局,1914)"本书

---

① 见本书《〈初等小学国文教科书〉编辑大意》和《〈初等小学国文教授书〉编辑大意和教授要例》等。

为女子高等小学校修身课本，遵教育部教则，以涵养儿童德性、导以实践为主，尤注意女子贞淑之德，及自立之道。"教育部审定批语曰："是书条理清晰，意义显明，实为难得，应即审定，作为高等小学教员图书。"① 侯励英在《〈中华女子修身教科书〉与民初女子教育》一文中，对该书的内容和价值有专门研究，并认为："《中华女子修身教科书》是中华书局开局的作品之一，也是中华民国成立未几新学制下的新生儿，故以此来了解近代中国女生的小学教育，富有意义。"②

《新制修身教本》（四册，中学用，中华书局，1914，谢无量即谢蒙编写了第四册）"按照中学课程标准编纂，书中多引经传古训，将中西伦理融会贯通……并注重方法，不侈谈学理，期养成学者之思想情操，使之实践躬行，而于国民弱点、学生习弊，尤多补求矫正之弊，为现今修身教科第一善本"③。1919 年该书印了 6 版，到 1922 年仍在印刷再版。王小静在《清末民初修身思想研究——以修身教科书为中心的考察》一书中，将该教本列为民初出版的修身教科书的代表作之一，并对该教本中的一些观点做了述评和肯定。④

李廉方参与编写的《新式国文教科书》（八册，国民学校用，中华书局，1915—1916，与陆费逵、戴克敦、沈颐和姚铭恩合作，其中李廉方为第六册第一作者，其他七册为第二作者），在"编辑大意"中写道："根据小学教则，确定本书之宗旨：（1）修练儿童之语言；（2）授与切

---

① 教育部：《教育公报》一年五期"公牍"，1915 年 9 月。
② 侯励英：《〈中华女子修身教科书〉与民初女子教育》，《人文中国学报》第 24 期，上海古籍出版社 2017 年 8 月。
③ 中华书局：《中华教育界》"夹页"，1914、1915 年。
④ 王小静著：《清末民初修身思想研究——以修身教科书为中心的考察》，人民出版社 2012 年版。

于实用之文字文章，养成发表思想之能力；（3）培养国民之德性；（4）启发智识。"该课本每学年用两册，每册正课50节（多为文言文）、附课四篇（白话文），足供半年使用；且文字与图画（第一册为彩图）并重，课文进行程序按册递增20字（诗歌例外）；均按照一定的文字、文章、材料、图画标准选材。《教育部审定中华书局出版图书评语》曰："该局所编春季始业初等小学国文教科书，曾经审定在案。此次遵照新章大加修改，选择教材，斟酌字句，均较前书为妥善，准予审定，作为初等小学春季始业学生用书。"①

作为中华书局编辑，李廉方参与"校阅""阅订""校补"的中小学教科书主要有：《新式算术教科书》（八册，国民学校用，1915，顾树森、沈煦编）、《新式国文教授书》（六册，高小用，1916—1917，陈健等编）、《新式修身教科书》（八册，国民学校用，1915—1916，钱巩等编）、《新制单级修身教授书》（初小用，1915，方钧、丁锡华编）、《新制单级国文教授书》（甲、乙编各一册，初小用，1915，董文、钱巩编）、《中华女子修身教授书》（高小用，1915，方钧编）、《新式修身教授书》（六册，高小用，1916，方浏生编）等。②

（三）编写师范学校教科书

李廉方编写的《新制各科教授法》（师范用，中华书局，1914，范源廉、姚汉章阅）分三编：第一编"总论"论述了教授的要旨、材料、方法和阶段；第二编"分论"讲解了修身、国文、算术、历史、地理、

---

① 《图书月刊》第1期"图书批评"栏目，1915年。
② 北京图书馆、人民教育出版社图书馆编：《民国时期总书目（1911—1949）·中小学教材》，书目文献出版社1995年版，第23、24、72、106页。

手工、图画、唱歌、农业、缝纫、体操和商业科的要旨和方法；第三编"单级教授法"论述了单级学校，单级的设备、编制、教法以及二部教授。此书集"编者十数年之经验，语多精审"①，是国人最早自编的各科教学法著作和教材之一。李廉方在书中对"教授之材料"，主要是教材的选择、排列和联络分别进行了阐述。到1921年该书已发行到12版。

《新制教育史》（师范用，中华书局，1915，范源廉校阅）分为绪论、我国海禁前之教育、世界新教育之潮流、清季教育及民国学制四章。到1922年印达13版。教育部审查批语曰："是书叙述中外教育盛衰及学术异同，多用比较立论，且于近年所说网罗略备，俱见匠心。"②教育史学者蔡振生认为，该书是我国较早自编的一本教育史专著，是"中国教育史研究发轫期（1912—1927）"的代表作之一。③ 郑刚认为，该书最早注重"从丰富教育学理论的角度来探讨学科价值"，"较准确地把握了教育史学科的研究对象。这对当时尚处于学科萌生期的中国教育史学科来说是至关重要的"。④ 并且，范寿康在《教育史》（商务印书馆，1923）中，"借鉴李步青的研究方式，通过对教育史与文明史、教育史与教育学史的区别，来进一步表明他对教育史研究对象的理解"⑤。

李廉方主持编写的《实用修身伦理学讲义》（师范用，中华书局，1915，与周日济、潘武合作）共14章，即在校之责务（对于学校之规

---

① 中华书局：《中华教育界》"夹页"，1914、1915年。
② 教育部：《教育公报》二年十期"公牍"，1916年12月。
③ 蔡振生：《中国教育史研究的历史回顾与反思》，《北京师范大学学报（社会科学版）》1988年第3期。
④⑤ 郑刚著：《史学转型视野中的"中国教育史"学科研究（1901—1937年）》，华中科技大学出版社2013年版，第169—170、171页。

则、人、物)、卫生（节制、清洁、锻炼与活泼）、修学、言语、容仪、动作、公德、自立、对家庭之责务、对国家之责务、对社会之责务、对人类之责务、对万有之责务、教师之修养（品性、智识、形式之修养）。到1920年该讲义已发行到第7版。

此外，李廉方在中华书局还参与了《实用小学教员讲义》（六册，供小学教员用，1915，与顾树森、周维城、吴家煦等合作）的编写工作。并且，作为编辑，他还校阅了《新制学校管理法》（师范用，1915，周维城、林壬著）等不少师范教材或著作。

三、国语课本和统编教科书的先行者和探索者

中国古代，语文在学校里不是一门独立学科，而是作为文史哲综合性的学科进行教学的，学的是儒家经典、文选读本和作为启蒙读物的《三字经》《百家姓》《千字文》等。清末开办新学堂时，才有"国文"一科，教授的仍是与口语脱节的历代古文。五四新文化运动提倡白话文，反对文言文，于是教育部又将国民学校"国文科"改为"国语科"。新中国成立后的"语文"实际上是将"国语"和"国文"合二为一。在语文教育及其课程教学这一革新过程中，李廉方全程参与、十分关注且有着重要贡献。就教育而言，李廉方对小学教育或国民教育贡献最多；就学科而言，李廉方在中国语言文字及其教育上的成就最大。他说过(1934)："少时于治经史、词章、图算之余，粗习文字学。及东瀛游学归，深有见于国民教育为立国之本，国语文字为一切学习工具，因之致力于此尤勤。……三十年来，凡国语教材及教法之种种问题，靡不推究

其因果与关系。"① 当时，无论是国民义务教育还是语文课程教学，都与国语运动有着密切的关系。因此，一方面，先后作为北京政府和南京政府国语统一筹备会委员的李廉方，始终走在国语运动的前沿，积极倡导和实施言文一致、国语统一；另一方面，先后作为中华书局编辑和教育部教科书编纂员（后改为编审员）的李廉方，以钻研小学语文为主要抓手，编写出版了一系列教材——既有带点白话文色彩的国文教科书，又有言文完全一致的国语教科书。

（一）国文统编教材编撰与国文教学新研究

早在民国元年全国临时教育会议上，李廉方"即提出改国文为国语"②。他深感当时民智不适应新国体和时代的需要，左思右想后得出首要解决的当为文字问题，也就是他一直提倡和推行的言文一致、国语统一与简化汉字和注音问题。1912年，李廉方分别与张继煦和向大锦合编的初小国文教科书和教授书，已经把白话文作为一个重要问题加以考虑了。初小国文教科书"编辑大意"指出："近出各教科书纯用文体，虽意求浅显，而文不通俗，不易了解。本书由语入文，先选列常用名词，进为言文一致之语，再进为通俗之文话，更进为平易之文言。语法与文法同异，极费斟酌，循序渐进，儿童易于领悟。"并且，"本书另有教授书，按照钟点用白话编为教案，以供教员之用"。1915年，李廉方与陆费逵等合作的影响较大的国文教科书也加入不少白话文，正如《民国时期总书目（1911—1949）·中小学教材》评价的，李步青等编的

---

①② 郭戈编：《李廉方语文教育论著选》，语文出版社2006年版，第192、196页。

《新式国文教科书》（1—8册）"每册附白话文四课，为以前教科书中所未有"①。

1914年，北洋政府教育部新设教科书编纂处，颁布《教育部教科书编纂纲要审查会规程》和《教育部教授要目编纂会规程》②，"宣示编订中小学校教科之要旨，编纂修身国文教科书，探取经训，务以孔子之言为旨归"③。并新设办事机构——教科书编纂处（也称编辑处），意在加强教科书编审工作，特聘请李廉方及熊崇煦、陈润霖、黎锦熙等专家为编纂员，主要"编订初小国文读本纲要和国民学校修身教科书"。笔者查找到他们编有《小学校修身教科书编纂商榷书》《初等小学校修身教科书编纂纲要草案》《初等小学校国文教科书编纂纲要草案》《高等小学校国文教科书编纂纲要草案》《师范学校国文教授要目草案》等，明确了各科教科书编纂的标准和原则。袁世凯称帝失败后，这个机构无形消亡。④ 据黎锦熙在《国语运动史纲》（1934）中称，他们四人"每主张国文宜改国语，闻者但微笑。后来只把第一册勉强用些言文接近的句子；第二册将'的''么''这''那'等字附在课后，以与课文中的'之''乎''彼''此'对照。但终于被删去"⑤。当时国内局势动荡，此教科书昙花一现，未能推行。但李廉方则潜心研究小学国文教学问题，在《中华教育界》杂志上先后发表了《国民学校国文教授之新研

---

① 北京图书馆、人民教育出版社图书馆编：《民国时期总书目（1911—1949）·中小学教材》，书目文献出版社1995年，第38页。
② 《大同报》（上海）第20卷第25期，1914年。另见《昆明教育月刊》第1卷第6期，1915年。
③ 《法令》，《教育周报》（杭州）第47期，1914年。
④ 顾明远主编：《教育大辞典》，上海教育出版社1990年版，第290页。
⑤ 黎锦熙著：《国语运动史纲》，商务印书馆1934年版，第107—108页。

究》(1916)和《小学国文教授实际之研究》(1919)等长篇论文，深入系统探讨了中国文字（如文字之特质、字数、字体、字音、笔顺、联想文字及特殊教授之法等）、文法（如汉语文法、国外文法等）及国文教授法（如文字教授、句读教授、教授次序、教授方式、自习方法等）。

（二）国语教材编撰与国语文学读本研究

"五四新文化运动促进了学校教育有不少改革。其中影响最大的为推行国语运动。"① 正如西方的启蒙运动一样，语文的革新走在教育革新的前面。在西方，民族语文代替了拉丁文；在中国，白话文替代了文言文。在1919年首次召开的北京政府国语统一筹备会上，作为教育部视学主任的李廉方不仅被聘为委员，而且他提出了大会第一案，即《请改正注音字母名议案》，要求改"字母"二字为"符号"。他还被会议主席指定参与负责国语统一进行方法案、编辑国语词典案等事宜。② 翌年，教育部接受该会提案，明令把小学一、二年级国文改为语体文，并规定至1922年凡文言教科书一律改为语体文。后来大、中学校的教科书或讲义也逐渐废止文言。这实在是中国教育史上的一件大事。

1922年之后，为适应上述新形势，已卸任河南教育厅长，专任教育部新学制专员、教科书编审员和武昌高师教授的李廉方，又用数年之时并集十数年之功，不但在《中华教育界》《初等教育》《新教育》杂志上发表《义务教育进行计划案》（1922）、《小学教材之商榷》（1923）、《教学历程应如何组织》（1924）、《新小学》（1924）、《小学教育经费问题》（1924）、《小学国语文学读本之研究》（1925）和《小学教育根本改

---

① 顾树森著：《中国历代教育制度》，江苏人民出版社1981年版，第269页。
② 《记国语统一筹备会》，《教育公报》六年九期，1919年8月。

造论》(1926)等有关论文,更在中华书局出版了他独立编写、适用新学制的新小学教科书——《新小学教科书国语文学读本》(初级,八册,1925—1928)、《新小学教科书国语文学读本》(高级,四册,1927—1928)以及《新小学教科书国语文学读本说明书》(1925)和《新小学教科书国语文学读本教授书》(四册,1928)。[①] 其中,供初级小学四年之用的《国语文学读本》,注重儿童学习心理和文学陶冶,"选字凡二千三百余,皆普通必用之字"。"分量较一般之国语读本为多,并多反复与变化"。该读本用语为"纯正国语,且完全儿童化","选材以读的儿童文学为准,儿歌、童话、民话、谜语、谐谈、寓言、故事、传记、小说、剧本等各体皆备"。李广在《小学语文教学论》中指出,该读本"一年级第一学期一开始就读韵文……课文内容颇有情趣,生字重复率高,便于巩固。此外,教材因受五四新文化运动的影响,也反映了一些反帝反封建的思想内容"。并且,这类读本的"长处"在于:"用白话文编写语文课本,使小学生的语文能力得到提高。这在我国小学语文教材史上是一个重大的发展";"编入了童话、自然故事、生活故事、历史故事、山歌、民歌等,增强了语文的文学性和趣味性";"由于五四运动的影响,增加了反帝、反封建和热爱祖国的内容。所编入的课文,有的揭露列强的罪行,有的称颂爱国历史人物,有的赞美祖国河山等"。[②] 其中,供高小使用的《国语文学读本》虽然也是语体文形式,但"力矫近来白话文种种流行之病,一方体会自然语言,使句句便于上口;一方运

---

① 北京图书馆、人民教育出版社图书馆编:《民国时期总书目(1911—1949)·中小学教材》,书目文献出版社1995年,第56、64、74页。
② 李广主编:《小学语文教学论》,东北师范大学出版社2005年版,第46—47页。

用古人作文文诀,由用字之诀,使声调谐和,由用笔之诀,使控纵自如。儿童熟读各课,自易领会造句与作文之法"①。

李廉方在《新小学教科书国语文学读本说明书》中又阐述了对国语课本的观点主张。他指出,当时国语教科书(又称读本)主要有两种体式:一是改良式,抄袭旧式教科书之窠臼,形式内容渐倾向于儿童文学,多用于一般小学;二是文学式,改换旧式教科书之面目,文字尚重复,内容重趣味,多用于新式小学。他认为:"国语读本,由儿童文学组织而成者也。教授书,所以辅助读本进行者也。非国文素具根柢之人,精研儿童文学,兼于教学原理实验有得者,以彻底之研究,编辑读本,不足观也。夫读本之要,人所共知;而成书之难,世或未喻。学者浅尝,仅窥一斑于全豹;作家率尔,时误千里于毫厘。"② 他通过研究文学为何、儿童文学为何、以往国语读本之缺陷为何,"得读本应以儿童文学组织之原则二:(一)取儿童教材,适合于学习心理。(二)取文学陶冶,达到教育目的"③。关于国语读本应具之性质,李廉方主张,国语读本不是"听的儿童文学""看的儿童文学""唱的儿童文学","应为教科书体裁"④;"国语读本,必集合各类儿童文学,以自然语言、通常文字、教科书体裁,重加组织,便于诵习,而成为教学之工具,可断言已"。⑤其《国语文学读本》就是他在对国语读本的性质及其与儿童文学关系,以及对儿童语、选字、目标、进程、选材、结构、分量和教授书等方面深入研究的基础上而编写出来的。

另外,这一时期,李廉方发表了《小学教材之商榷》(1923),详细

---

① 李廉方:《新小学高级国语文学读本》"凡例",中华书局 1927—1928 年版。
②③④⑤ 郭戈编:《李廉方语文教育论著选》,语文出版社 2006 年版,第 66、69、69—71、71 页。

论述了教材组织与教学方法、预定教材与科目分合的关系，是李廉方最早专门研究教材问题的论文。1925 年，他又出版了《新小学教科书国语文学读本说明书》，这既是其编撰的一系列"新小学教科书国语文学读本"之先期说明，也是其最早专门研究学科教材即国语课本的专著。

四、国人自创课程教学法的实验者和创立者

20 世纪 30 年代，李廉方在担任河南大学文学院长兼教育系主任以及开封教育实验区主任期间，学术重心从教材编纂转向课程教学整体改革的实验研究上，先后创办《教育周刊》和《开封实验教育》杂志，发表和出版了《初小国语测验预备材料及方式之说明》（1930）、《实验小学教育》（1931）、《教材研究》（1932）、《教学单元应有的基本认识》（1932）、《对于劳作科课程和教学之意见》（1933）、《儿童读物审查报告》（1934）、《小学低年级综合课程论》（1934）、《国语算术计划纲要》（1934）、《改造小学国语课程》三期方案（1934—1935）等文章和著作，并以此为实验依据，在实验区的两所小学实验创立了彻底改造课程、教材、教法的"廉方教学法"，从而达到了他教育学术事业的顶峰。

李廉方改造教育的"根本体验"在于中西工具即语言文字异趣、中西社会经济悬殊。他认为（1935），当时小学教育缺陷多多，如分科教学被奉为金科玉律、班级教学不问儿童智愚优劣、课本过重形式反不及课外读物、分段教学忽视儿童心理和活动、训教分离仅限于知识传授、课外作业流弊百出成为蒙饰官署之形式、讲读纯用口耳几乎成为教学唯一途径，等等，从而导致与现实生活脱离而效率低微、浪费时间、学生烦苦。再以课本问题为例，他认为，现行课本乃教学改进最大障碍物，但不在根本废除，而在编辑与使用方法的改革。从班级制与授课式之下产生的一种教科书体，过重形式，反而不及课外读物较便于儿童自读或自习之用。尤其低年级常识课本，等于认读文字；中级以上国语课本，常识成分太重，缺乏文学意味。因此，"合科教学法是因为感到普通教学、单级教学、分团教学、自学辅导式教学、设计式、道尔顿制等实施的困难和缺陷，以及打破科目、打破年级、适应生活、训教合一等问题，想求一个简而易行的总解决"①。

"廉方教学法"的主要目标是以一般小学两年半学习时数修完部定四年小学课程，并努力实现教育与生活相适应、教与训合一。在课程上，分文艺、劳作、游戏、特别联系四系，文艺包含国语、常识、图画三门；游戏包含体育、音乐二门；劳作包含服务（整洁、记载、传习）、实习（技能训练、科学试验）二门；特别联系则由上三系之作业部分抽出练习。算术进至技能完成期，独立占时较多。这些课程有一套新的组织方法：一是统一知识与工具，二是结合出于自然。在他看来（1935），"1. 离开了一切学习活动，便不能产生切合实际需要的文字材料。2. 文字是进行一切学习活动的工具，至少算术、常识是这样的。惟其如是，工具和知识技能就须统一起来，而这种统一又须建筑到环境上面，教育见解才可以贯彻到底"②。因此，李廉方将其课程教学过程分为三期：第一期为正式阅读前准备期，可以说是认字学习期，把常识、算术、游戏等完全结合在观察、联想、发表三个阶段里面；第二期为取得自学应

---

① 郭戈编：《李廉方教育文存》，人民教育出版社2006年版，第471页。
② 郭戈编：《李廉方语文教育论著选》，语文出版社2006年版，第201页。

有技能期，可以说由识字过渡到读书时期，常识、算术、游戏还是统合学习，不过得有少许的特别练习时间；第三期为完成自学功用期，可以说是正式读书期，就是使每个儿童尽量发展他的自学能力，如果离开学校不再升学，随时也有自修的力量。此外，为配合教育实验，李廉方在开封教育实验区还出版了20余种"小学教学活动纲领及参考资料"，如《龙亭》《相国寺》《岳飞与朱仙镇》《包拯》《新年》《端午》《儿童节纪念》《国庆纪念》《孔子圣诞》《淝水之战》《民族英雄史可法》《九一八国耻纪念》《云南起义纪念》，以及《健美早操》《日常生活小歌曲》《小小工程师》《儿童字典》《写字与认字》《涂色画片》《一个小间谍》《怎样剪纸》等。

经过几年的努力和探索，"廉方教学法"实验成效显著，影响很大，一时间参观者络绎不绝，且都给予高度评价，尤其是教育名家黄炎培、王世杰、俞子夷、江问渔、孟宪承、朱有光、萧承慎、王秀南等则撰文推崇有加。至今，该法仍被誉为"国人自创教学法"的主要代表。[①] 我国台湾学者徐珍（1974）称："廉方教学法最大贡献，尚不在经济教育年限，而在革新过去我国教学之弊病，而创一种适合国情的教学法。"[②] 这种方法，因其"以一般小学学龄儿童两年半授课时数修完部定四年课程"，经济而有效，初名"二年半制"；又因为它在识字教学上颇有成效，且不采用课本，应用卡片之处甚多，又称"卡片教学法"；还因为国语、常识合科，课程教材有综合的思想和组织，遂名之曰"合科教学法"。

---

① 司琦著：《中国国民教育发展史》，三民书局1981年版，第269页。
② 徐珍著：《教学方法演进》，复兴书局1974年版，第118页。

全面抗战爆发后，李廉方应聘担任教育部实验教育教材编辑主任、教科用书编辑委员、特约编辑，国民教育辅导研究委员会委员以及国民参政会参政员，继续从事课程教学实验和教科书编审工作，又发表和出版了《编辑儿童读物应有的认识》（1938）、《合科实验的廉方教学法》（中华书局，1939）、《异哉中国文字拉丁化运动》（1939）、《中国推行义务教育应有的基本认识》（1939）、《最经济的合科教学法》（1940）、《初小习字范本说明书》（1943）等文章和著作。新中国成立前夕，李廉方作为特邀代表出席了第一届全国政治协商会议。后出任中央人民政府政务院文化教育委员会委员、中南军政委员会委员兼中南军政委员会教育部副部长等职，并发表《关于精简课程的意见》（1950）、《全国识字运动初步方案的建议》（1950）、《关于识字教学的几个问题》（1950）、《对新学制的认识》（1951）等文章。1959年李廉方去世，人民政府庄重公祭，挽联道："遗著犹新与辛亥革命历史共存，此生无憾见中国社会主义实现。"并对李廉方在辛亥革命、国语运动与语言文字、民俗与地方史志及其在教育事业上的突出贡献，都给予了充分肯定和高度评价。